# L'ABC d'une bonne planification financière
## - au royaume du saumon atlantique

Connaissances essentielles pour améliorer sa situation financière

Assurances de personnes
Financement
Fonds communs
Immobilier
Marchés boursiers
Préparation de la retraite
Réduction des impôts
Régimes matrimoniaux
Stratégies d'investissement
Testament

Marc Beaudoin, MBA ès services financiers, M.Fisc., fiscaliste
Philippe Beaudoin, M.Sc. Finance, CPA, CGA
Pierre-Luc Bernier, BAA Finance
Pierre-Philippe Morin, Ph.D.

Catalogage avant publication de Bibliothèque et Archives nationales du Québec et Bibliothèque et Archives Canada

L'ABC d'une bonne planification financière – au royaume du saumon atlantique: Connaissances essentielles pour améliorer sa situation financière
Auteurs, Marc Beaudoin ... [et al.]
4ᵉ édition revue et corrigée

Projet de publication en anglais (format imprimé et format électronique)
sous le titre : Financial Planning – In the Atlantic Salmon Kingdom : A Beginner's Guide
Comprend des références bibliographiques et des index
Publié aussi en format électronique
ISBN 978-2-98081-603-1
1. Finances personnelles. 2. Planification financière personnelle

I. Beaudoin, Marc, 1956- II. Beaudoin, Rigolt + Associés inc.
HG179.A23 2013          332.024'01          C2011-906839-7

Dépôts légaux : 2ᵉ trimestre 2013
Bibliothèque nationale du Canada
Bibliothèque nationale du Québec

Conception graphique de la couverture : Studio Caserne
Illustration de la couverture: Stéphane Poirier
Mise en pages : Studio Caserne
Typographie : Aperçu - Colophon Foundry
ISBN 978-2-98081-603-1
(Publié précédemment par Les éditions Un monde différent ltée
ISBN 978-2-89225-649-9)

# Table des matières

**Note**

Le contenu de cet ouvrage est strictement réservé à des fins éducatives. Ni Beaudoin, Rigolt + Associés inc., ni les auteurs n'assument de responsabilité quant aux erreurs, inexactitudes, omissions ou contradictions qui pourraient y être décelées. Tout affront à des personnes ou à des organismes serait involontaire. Les lecteurs doivent faire preuve de jugement ou consulter un professionnel en mesure de proposer des solutions s'appliquant à leur cas personnel. Tous les personnages de cet ouvrage sont fictifs. Toute ressemblance avec des personnes vivantes ou décédées n'est que l'effet du hasard. Par ailleurs, au cours de votre lecture, vous retrouverez des mots ou des groupes de mots indiqués en **caractères gras** dans le texte, quand ils y apparaissent pour la première fois dans la trame du livre. Ils vous renvoient aux index lexiques de la fin du livre qui vous en donnent la définition.

# Préface

Ce livre, qui s'adresse d'abord à un public jeune, aborde, avec humour, simplicité et clarté, différents aspects de nos finances personnelles. Il utilise la situation d'une excursion familiale de pêche au saumon atlantique pour présenter, sans détour et dans un langage accessible à tous, les notions théoriques et pratiques de planification financière. Dans ce contexte ludique et détendu, les notions les plus arides seront plus facilement acceptées et absorbées par le lecteur qui, en prime, apprendra beaucoup sur le saumon atlantique et sur les techniques les plus efficaces pour le capturer.

L'histoire que nous proposent les quatre auteurs, qui sont des spécialistes de la finance, est celle d'un père, Yves, un passionné de pêche au saumon et de deux jeunes, son fils, Mathieu, et sa fille, Léane. Comme l'un termine ses études collégiales et l'autre, ses études secondaires, leur père leur propose, pour fêter l'événement, une partie de pêche au saumon en Gaspésie. Au cours de sa vie, Yves, comme la plupart des parents, a rencontré des difficultés financières, parfois importantes. Il a fait des erreurs de gestion de ses ressources qui auraient pu être dramatiques. Ses années d'école, en ce domaine, ne lui ont presque rien apporté et il a dû apprendre, par lui-même, à la dure, tout ce qu'il sait maintenant à ce sujet. Il voudrait bien en faire profiter ses enfants, mais comment aborder avec eux des sujets aussi ardus que la planification financière, la bonne gestion des ressources, les impôts, les assurances et les stratégies les plus intéressantes pour préparer sa retraite?

La partie de pêche lui servira donc doublement. Il en profitera pour transmettre ses connaissances comme pêcheur de saumon ainsi que ses expériences, durement acquises, de gestionnaire de finances personnelles. Pour ce qui est du saumon, Léane a d'ailleurs une longueur d'avance sur son frère puisqu'elle a été assistante-guide-saumon pendant ses trois dernières vacances estivales. Mais, pour les finances, elle est beaucoup plus novice que son frère.

À l'inverse du cours magistral théorique, cet ouvrage, qui reste cependant didactique et très informatif, utilise, pour atteindre ses objectifs, une approche interactive dynamique en privilégiant le dialogue, la discussion, la conversation ouverte et sans contrainte. Une façon efficace de transmettre des notions qui, il faut bien l'avouer, ne sont pas des plus attrayantes, surtout pour des jeunes.

*L'ABC d'une bonne planification financière* invite donc les lecteurs à pénétrer dans le royaume passionnant du saumon atlantique, tout en faisant l'apprentissage en douceur, presque sans s'en rendre compte, des notions de finances personnelles les plus fiables et en profitant des conseils précieux que nous livrent les auteurs, tout au cours du récit.

Jean-Claude Thouin,
Un ami des Beaudoin

**L'ABC d'une bonne planification financière** - au royaume du saumon atlantique

# Introduction

L'été est enfin arrivé. J'ai le sourire aux lèvres, le cœur léger. Tout semble respirer le bonheur, la tranquillité. J'attendais ce moment depuis si longtemps. J'ai subi mon dernier examen au Cégep de Rosemont, sur l'île de Montréal, il y a un mois. J'y ai réussi tous mes cours. Par ailleurs, je viens de négocier avec l'entreprise qui m'embauche à temps partiel la possibilité de prendre quelques jours de congé consécutifs que je reprendrai en juillet.

L'automne prochain, ma sœur Léane entreprendra ses études collégiales alors que ce sera l'université pour moi. Comme cadeau de fin d'année, Yves, mon père, nous amène en voyage de pêche au saumon atlantique dans une belle région de la Gaspésie. Nous serons près de la **baie de Gaspé**, là où serpentent trois magnifiques rivières à saumon : la York, la Dartmouth et la Saint-Jean. Un peu plus à l'ouest, sur la péninsule gaspésienne, nous pourrons aussi découvrir une autre belle rivière à saumon, la Madeleine.

Tout comme Léane, je suis un mordu de pêche. L'autre jour, Monique, ma mère, m'a montré une photo de ma sœur cadette à l'âge de quatre ans et de moi à six ans, sur laquelle nous avions «le sourire fendu jusqu'aux oreilles». Je tenais une perche de bois au bout de laquelle était attaché un mince fil de plastique transparent. Léane tenait avec fierté l'extrémité du fil orné d'un brin de laine rouge, afin d'imiter une petite **mouche à saumon**, semblable à celle que papa avait déjà utilisée pour capturer un beau saumon argenté.

Bien des années plus tard, pour son 13ᵉ anniversaire, Léane la chanceuse a pu suivre des leçons de lancer à la mouche et apprendre des techniques de pêche au saumon en rivière. Quant à moi, lorsque l'occasion s'est présentée, j'ai plutôt choisi de recevoir un équipement complet de lancer léger pour pêcher la truite mouchetée (omble de fontaine) dans un lac. J'ai fait ce choix même si j'ai toujours été intrigué par les mystérieuses aventures de mon père et les nombreux stages d'été de ma sœur au royaume du saumon de la Gaspésie.

Mes amis ont toujours trouvé un peu bizarre que je m'intéresse à une activité de plein air plutôt que de rester en solitaire devant un ordinateur, un jeu vidéo ou une télévision. Si la randonnée à vélo est un sport, alors la pêche en est certainement un aussi puisqu'il aiguise la patience. L'euphorie qui s'empare de moi quand je sens un poisson au bout de ma ligne est, à mon sens, comparable à l'effet que me procurent les meilleurs films d'action au cinéma. Et puis, il faut se rendre vers un plan d'eau, en pleine forêt, tout en arpentant des sentiers tortueux et accidentés. Il faut parfois parcourir de grandes distances à pied si l'on veut dénicher les meilleurs endroits.

Croyez-en mon expérience de pêcheur, ce n'est pas toujours de tout repos ! La dernière fois, en pêchant la truite mouchetée dans un lac, en compagnie de mes parents et de Léane, j'ai perdu mon hameçon et quatre leurres parmi mes préférés, je me suis fendu le coude sur une roche et j'ai failli perdre les clés de l'auto d'Hubert, le meilleur ami de mon père, qui était notre conducteur. Elles sont tombées d'une poche cargo de ma veste de pêche que j'avais oublié de refermer. Pas de téléphone et aucun signe de vie humaine à moins de 10 km à la ronde, sapristi ! Par chance, au bout d'une demi-heure de recherche, Yves a aperçu un objet brillant à environ 25 m, sur la rive entre deux pierres. J'ai eu bien peur !

Comme on peut le deviner, Yves est lui aussi un mordu de pêche. Quand nous allons au lac Memphrémagog, nous nous rendons au chalet d'Hubert où nous lui empruntons son bateau pour passer du bon temps sur l'eau. C'est environ à 1 h 30 de Montréal où nous habitons.

L'été dernier, alors que nous étions à la pêche au lac, j'ai vu un balbuzard pêcheur, une espèce de rapace diurne piscivore de la famille des aigles, s'élancer du ciel pour plonger dans l'eau en attrapant un poisson avec ses puissantes serres. Dommage que je n'aie pas pu capter ce moment sur un caméscope ou avec un appareil photo ! Nous sommes tous demeurés ébahis de voir ce magnifique oiseau de proie avec sa tête blanche, donnant l'impression d'avoir un bandeau noir sur les yeux, à moins de 200 m du bateau.

Yves a pris congé pour 6 jours et nous revenons mardi soir, le 24 juin, fête de la Saint-Jean. Pêcher le saumon près de Baie-de-Gaspé est une merveilleuse idée, mais pour s'y rendre nous devrons rouler environ 12 heures en automobile sur plus de 900 km ! Yves a déjà loué un beau chalet en bois rond, près de la **Société de gestion des rivières de Gaspé**, afin d'avoir un accès facile aux quelques rivières à saumon qu'il a choisies pour nous.

« Mes enfants, nous irons aussi chez " Suzanne de Gaspé ", que Léane connaît bien. Mathieu, si tu te souviens bien, c'est chez Suzanne que Léane a séjourné les trois derniers étés afin d'apprendre tout le travail d'un guide-saumon. »

Cette fois-ci, nous allons tester l'expertise de Léane qui sera notre guide sur les rivières Dartmouth, Madeleine et York où nous allons pêcher. Évidemment, nous allons rencontrer Suzanne afin que Léane puisse mettre à jour ses apprentissages en matière de stratégies halieutiques. Léane aimerait travailler un jour comme guide-saumon dans l'équipe de Suzanne, mais il lui faudra d'abord « faire ses classes » avec nous !

Je me rappelle tout à coup qu'Yves voulait me parler de quelque chose de particulier; je verrai de quoi il s'agit en temps et lieu.

Le soir même, Yves nous montre le chemin à prendre pour nous rendre en Gaspésie. Nous longerons la rive-sud du fleuve Saint-Laurent vers le nord-est, en passant par Québec, Rivière-du-Loup, Rimouski et Matane. De là, nous atteindrons le village riverain de l'Anse-Pleureuse pour pénétrer, direction sud-est en paysages montagneux, à travers la grande forêt mixte de conifères et de feuillus de la péninsule gaspésienne. Après avoir traversé la ville minière de Murdochville, nous arriverons finalement à destination, dans la municipalité régionale de comté de la Côte-de-Gaspé.

Nous apportons deux glacières pleines de victuailles et de boissons variées. Tout est enfin prêt pour le grand départ. Tout comme Léane, je suis excité à l'idée de ce voyage. Depuis qu'Yves m'a annoncé la nouvelle, au mois de février, je n'arrête pas d'en parler à qui veut bien l'entendre. J'imagine que c'est la même chose pour lui. Il est actuellement 7 h et nous devrions arriver chez Suzanne aux environs de 20 h, puisque nous pique-niquerons en route.

«Alors, Mathieu! As-tu une idée de ce dont je veux te parler au cours de notre voyage?

– Oui, tu vas me transmettre tes petits trucs de pêcheur afin que je puisse capturer mon premier saumon atlantique!

– Évidemment que nous allons parler du roi saumon à qui les scientifiques ont donné le nom latin de *Salmo salar* mais, cette fois-ci, je vais laisser ta sœur nous enseigner ses techniques élaborées de pêche en rivière qu'elle maîtrise déjà mieux que moi. Aussi, nous aurons tout intérêt à devenir ses élèves afin de bien comprendre tout ce qui touche la pêche à la mouche. Alors, devine l'autre sujet dont j'aimerais te parler!»

Je n'en sais vraiment rien. Yves n'est pas très prévisible, c'est donc difficile de savoir où il veut en venir. Il n'aurait pas planifié une conversation aussi longtemps à l'avance, avec un voyage coûteux comme celui-ci, pour me parler de relations amoureuses; j'ai déjà eu droit à ce discours-là. Le sourire moqueur, je le regarde en disant:

«Tu veux m'offrir une voiture décapotable!

– Mais bien sûr, je te paie également un voyage de deux mois dans les Caraïbes pour quatre personnes, toutes dépenses payées. Tu amèneras tes meilleurs amis. Ah j'oubliais, je t'offre également une petite maison meublée sur le bord du lac Memphrémagog avec 125 m de façade sur le lac!»

Yves aussi avait envie de se payer ma tête. Nous vivons à l'aise, mais ce n'est pas avec son revenu familial qu'il pourrait m'offrir de telles choses. De toute façon, même s'il était très riche, il ne ferait jamais cela. Il ne voudrait pas que je développe davantage mon petit côté paresseux, déjà bien présent. Je commence à le connaître pas mal, le paternel.

«Alors, papa, de quoi veux-tu me parler?

– Eh bien, c'est un sujet dont j'aurais aimé que mon père m'entretienne quand j'avais ton âge! Je veux te parler de finances personnelles!

– De finances personnelles...? C'est vrai qu'avec des rêves de cet ordre, il vaut mieux songer à économiser. Aoutch!

– Tu es déçu?

– Es-tu sérieux? Tu sais, je viens de terminer au cégep le cours complémentaire de **Gestion des finances personnelles**. À vrai dire, je ne me sens pas trop concerné par ce sujet. C'est vraiment de cela que tu veux me parler?

– Oui, et je ne me moque pas de toi. Tu es parvenu à un âge où tu dois apprendre à être indépendant et autonome. Tu as ton travail à temps partiel qui te permet de ramasser un peu d'argent de poche et tu résides encore à la maison. Tu auras bientôt des stages bien rémunérés. Je veux seulement t'enseigner tout ce que j'ai appris à mes dépens au cours de ma vie. Je ne veux pas que tu sois aussi serré financièrement que je l'ai déjà été, parce que tu ne connais pas les principes de base d'une bonne planification financière.

– Mais quand tu étais jeune, il n'y avait pas de cours de gestion des finances personnelles. Je pense avoir eu un bon aperçu de tout ce qu'il y avait à apprendre dans ce cours. On pourrait plutôt parler d'automobiles, de pêche, de ski... As-tu peur qu'on manque de sujets de conversation pendant tout ce temps? Moi qui croyais que tu m'amenais à la pêche au saumon pour cultiver notre relation parent-enfant!

– Mathieu, voyons, ne t'en fais pas, on va prendre le temps de discuter d'autres sujets. Chose certaine, c'est important de savoir quoi faire avec son argent.»

Discuter de finances personnelles pendant 6 jours, la randonnée risque d'être longue et pénible. J'ai tenté bien sûr de le convaincre de changer d'idée en touchant ses cordes sensibles. Je suis quand même un bon négociateur par moments, mais je ne pense pas réussir à orienter la conversation autrement, et comme c'est lui qui m'offre le voyage tous frais compris, à moins que...

«Papa, j'ai une suggestion. Je vais te dire quels sont les thèmes que j'ai approfondis grâce à mon cours, puis s'il y a des éléments que je ne connais pas, alors tu pourras les aborder.

– C'est une bonne idée, mais je veux que tu m'expliques tout ce que tu sais. Je veux être sûr que tu ne te contentes pas de me mentionner certains titres de cours sans élaborer davantage. Je te connais, tu es plus futé que tu n'en as l'air.»

D'un air faussement offusqué, je le regarde et je lui dis:

«Bon, c'est d'accord. J'ai subi mon examen de fin de session il y a quelques semaines, je devrais pouvoir me souvenir des différents sujets traités dans mes cours. Alors, veux-tu commencer tout de suite?

– Non, que dirais-tu de remettre cette conversation à plus tard dans la soirée, en préparant notre équipement de pêche? Il faut faire le plein d'essence et j'ai un petit creux. Voulez-vous arrêter quelque part pour manger?

– Bonne idée!»

# Chapitre 1
## Économie et finance 101

En arrivant à Gaspé, nous allons directement chez Suzanne, ravie de retrouver Léane. Après de grosses accolades, sachant que Léane sera notre guide-saumon, elle lui donne quelques consignes susceptibles d'augmenter nos chances d'attraper un saumon. Puis, nous devons repartir puisqu'il se fait tard, mais juste avant, Suzanne nous donne trois mouches attrayantes comme porte-bonheur. Ces mouches ont des noms étranges comme *Tiger Ghost, Mickey Finn,* et *Blue Charm*. Par un signe de tête, je remercie Suzanne qui ne ménage pas ses encouragements !

Chemin faisant, je me demande pourquoi les mouches que Suzanne nous a données portent des noms anglais. Léane nous raconte qu'au 19e siècle, la pêche sportive au saumon s'était surtout développée en Angleterre et qu'à la même époque chez nous, elle était surtout pratiquée par des militaires britanniques.[1] Par la suite, cette tradition anglaise s'est transmise à des anglophones notables qui ont créé des mouches artificielles en les nommant dans leur langue. Aujourd'hui, les pêcheurs francophones ont un peu généralisé cette propension pour l'anglais en qualifiant le saumon par des noms empruntés de l'anglais comme *grilses*.

Après être allés chercher les clés, nous arrivons à notre campement en bois rond. C'est un petit camp pour quatre et nous ne sommes que trois. Nous avons donc chacun notre chambre. Il y a une salle de bain, une grande pièce où l'on retrouve la cuisine, la salle à manger et le salon. Il y a même un petit balcon sur le côté de la maison, qui donne sur le salon. C'est un peu rustique, mais tout de même moderne; ce qui donne une ambiance champêtre. Il y a l'eau courante, l'électricité, la radio, la télévision et le chauffage. C'est ce que je pouvais imaginer de mieux. Nous apprécions beaucoup ce confort et cela nous donne encore plus de plaisir de nous retrouver au pays du saumon atlantique.

Nous mettons nos bagages dans les chambres et nous rangeons rapidement nos affaires pour finalement commencer la préparation de notre attirail de pêche au saumon. Assis à la table de cuisine, je relance la discussion.

« Puis, Yves, as-tu hâte de nous voir pêcher, Léane et moi ?

– Oui, J'ai surtout hâte de te voir "accroché aux branches" avec ces belles mouches à saumon que Léane a fabriquées pour toi. Léane peux-tu expliquer à ton frère ce dont on a besoin comme équipement de pêche ?

– D'accord. Tout d'abord, nous allons enfiler nos **bottes-pantalons** puisqu'il faut pénétrer dans le lit de la rivière et il arrive, parfois, que nous ayons de l'eau jusqu'à la ceinture. Nous avons, aussi, un filet pour la capture de gros spécimens pouvant atteindre 10 kg. Ensuite, voici nos trois cannes à moucher de 2,7 m, chacune avec son moulinet, dont le tambour contient, principalement, une **soie à fuseau décentré** de couleur vert pâle, terminée par un **bas de ligne** auquel on attache une mouche à saumon. Nous avons, aussi, nos permis de pêche ainsi que nos droits d'accès aux sections de rivières recommandées par Suzanne. Plus tard, je te montrerai quelques-unes de ces mouches artificielles utilisées pour agacer le saumon afin de le ferrer. Finalement, chacun de nous devra porter une paire de **lunettes à verres polarisés** afin de filtrer les rayons du soleil qui rebondissent sur l'eau pour nous éblouir. Elles nous permettront de mieux déceler la position du saumon dans sa **fosse de repos**.

– Avec tout cet équipement, nous verrons bien ce qui arrivera, mais bon... le plus important serait d'en attraper un puisque ça semble être un événement assez rare. Il ne faudrait pas être étonnés de revenir bredouilles. Mais il sera certainement intéressant d'en apprendre davantage sur les "caprices" du saumon atlantique.

– Ça reste à voir... Alors, Mathieu, que connais-tu de l'économie et du monde des finances ? Raconte-moi donc ce que tu sais.

– Ah bon ! On commence tout de suite. Je me souviens qu'on a vu la **loi de l'offre et de la demande** !

– Et ensuite ?

– Ensuite, on a étudié les différents types de **placements**. »

Yves me regarde avec un grand sourire, je sais que je ne réussirai pas à écourter cette longue discussion qui ne fait que commencer. Misère noire !

« Qu'est-ce que tu as appris sur ce sujet ?

– Eh bien, on a appris dans le cadre de la loi de l'offre et de la demande que les biens et services produits par les différentes entreprises constituent l'offre ! Quant à la demande, c'est ce que les consommateurs désirent. Si l'offre dépasse la demande, les prix baissent.

Si la demande est plus forte que l'offre, les prix montent.

- D'accord, explique-moi donc cela un peu plus en détail. Pourquoi les prix bougent-ils avec le niveau de l'offre et de la demande?

- Franchement, je pensais que tu connaissais bien ces concepts.

- Je veux savoir ce que, toi, tu connais. Supposons que tu appliques ce principe à l'achat d'un bien quelconque, disons une bicyclette, comment ça fonctionne?

- Tu en poses des questions pièges, me prends-tu pour une encyclopédie?

- Connais-tu vraiment le sujet ou bien as-tu eu uniquement quelques cours pour meubler ton temps à l'école?»

Décidément, je ne pourrai vraiment pas y échapper. C'est bien le style de commentaires d'Yves, à la fois direct et moqueur. Comme il dirait, vaut mieux prendre la vie en riant. Je réfléchis un peu à sa question, puis je me lance avec un exemple.

«D'accord, supposons que j'aie une bicyclette d'occasion. Je l'ai achetée neuve à 600$ et je compte la revendre, car j'ai besoin d'argent. Un seul acheteur manifeste de l'intérêt, mais il a le choix entre plusieurs bicyclettes et il ne veut pas débourser plus que 200$. Je dois donc lui céder à son prix ou à un prix inférieur, si je veux la vendre. Sinon, il achètera sa bicyclette de quelqu'un d'autre. Par contre, si j'ai 10 acheteurs potentiels qui souhaitent acheter ma bicyclette, je pourrai en obtenir 250$, voire 300$ en poussant un peu.

- Wow, je suis estomaqué, je ne te pensais pas aussi assidu à tes cours. Je suis bien d'accord avec toi! Par conséquent, s'il n'y a qu'une seule compagnie pour un certain marché, est-ce à dire qu'elle peut faire la pluie et le beau temps?

- Je pense bien que oui. Elle devrait pouvoir fixer son prix comme elle le veut.

- Tu as raison d'une certaine façon, mais dans une telle situation, on parle d'un **monopole**. D'ailleurs, lorsqu'une entreprise domine un marché, souvent le gouvernement intervient et lui impose des restrictions pour qu'elle n'abuse pas des consommateurs. Nous n'avons qu'à penser à Microsoft qui a eu des démêlés avec le gouvernement américain et l'Union européenne parce qu'elle régissait une trop grosse part du marché. Mais continue ce que tu disais.

- J'ai appris que plus il y a d'entreprises dans un secteur, plus le consommateur a son mot à dire sur le prix qu'il désire payer pour ses biens ou services.

- Cela signifie-t-il que lorsqu'une multitude d'entreprises se livrent une concurrence féroce dans un même domaine, le prix pour les biens ou services en est ridiculement bas?

- Non, pas tout à fait. Elles doivent être rentables et du moins couvrir tous leurs frais de production.

- C'est bien, mais me permets-tu d'en rajouter un peu?

- Vas-y, c'est toi l'expert.

- Pour un produit de qualité à services égaux, le client achètera au prix le plus bas, c'est logique. C'est pourquoi dans certains domaines, la forte concurrence entre les entreprises fait énormément baisser les prix, donc les profits des compagnies. Dans ces cas-là, il y a souvent disparition de petits joueurs qui ne peuvent plus survivre avec des **prix de vente** aussi bas, à moins qu'ils ne se démarquent de leurs concurrents.

– Mais j'ai appris que ce n'était pas toujours le cas. Mon prof est propriétaire d'un petit restaurant et il nous a dit que, peu importe la taille du marché, une compagnie peut percer en misant sur des caractéristiques qu'elle a que les autres n'ont pas.

– C'est vrai, Mathieu! C'est justement ce que je disais tout à l'heure sur le fait de **se différencier** de ses concurrents. C'est un bon exemple que tu viens de me donner là.»

Léane, qui ne s'intéresse absolument pas aux finances personnelles, trouve que notre conversation devient un peu trop sérieuse et elle décide de préparer chacune de nos cannes à saumon sans toutefois y ajouter de mouches artificielles. Ces dernières seront choisies alors que nous nous approcherons d'une fosse à saumon. Quant à Yves et moi, nous devrons entreprendre toutes les autres tâches relatives à la propreté du chalet.

«J'attends la suite, Mathieu. Quel est le prochain sujet? Tu as parlé des types de placements quand tu énumérais les sujets qui t'ont été inculqués tout à l'heure. Mais avant que tu me parles de placements, sais-tu pour quelles raisons les banques existent?

– Euh, en voilà une bonne question! Je donne ma langue au chat.

– J'imagine que tu n'as simplement jamais pris le temps d'y penser. Si tu connais les sortes de placements, mais que tu ne sais pas pourquoi ils existent, tu es passé à côté de l'essentiel. Il faut que tu sois en mesure de comprendre ce qui se passe quand tu prêtes, empruntes ou investis. Les banques aident à régulariser les échanges d'argent entre les personnes. Certaines d'entre elles ont besoin d'argent, alors que d'autres en ont trop. Quand tu as trop d'argent ou que tu veux que ton argent te rapporte davantage, il y a des moyens pour le faire fructifier. À la base, la banque se sert de l'argent des épargnants pour prêter à ceux qui en ont besoin.

– Dois-je comprendre que les banques s'enrichissent en prêtant à un taux plus élevé que ce qu'elles donnent pour les placements?

– À l'origine, les banques ont été formées pour l'échange de capitaux et elles font de l'argent de cette façon. Par contre, c'est beaucoup plus complexe que cela aujourd'hui. Les banques servent aussi d'intermédiaire dans les entreprises d'après le même principe de départ. Quand celles-ci ont besoin d'argent, elles émettent des actions ou elles empruntent des particuliers, de la banque ou d'autres entreprises.

– D'où sors-tu toutes ces informations-là?

– Ah, tu verras! Avec l'âge, toi aussi tu deviendras plus savant et plus curieux. Par ailleurs, tu chercheras à saisir ce qui se passe autour de toi. Mais laisse-moi finir ce que je veux te dire sur le mécanisme des **emprunts** et des **investissements**.

– Vas-y, je t'écoute.

– Tout d'abord, on a le choix entre un emprunt et un investissement. C'est crucial! Lorsqu'on prête ou qu'on emprunte, on connaît le **taux d'intérêt** et les modalités de paiement. Le **risque** est limité puisque l'emprunteur a l'obligation de payer le prêteur selon les normes du contrat et souvent, une garantie est exigée pour plus de sûreté.

– J'imagine que ce n'est pas la même chose pour un investissement?

– Tu es futé! Le risque est plus élevé pour un investissement puisqu'il n'y a pas d'**actifs** en garantie ni d'obligations de paiement. La valeur de ce que tu investis dépend de la **valeur marchande** attribuable à cette compagnie. Tu peux donc perdre tout ton argent.

– Attends un peu, je ne comprends pas vraiment cette histoire de valeur marchande. Qu'est-ce que c'est?

– C'est la valeur que les gens sont prêts à payer à un certain moment donné pour ton investissement. Je vais te donner un exemple qui t'aidera à mieux comprendre. Supposons que tu as acheté 100 actions à 15 $ chacune : tu as déboursé 1 500 $. Si un an après tu ne peux les vendre que pour 11 $, la valeur marchande de ton investissement est de 1 100 $ (100 actions x 11 $).

– Ah bon, je comprends mieux! Est-ce que ça veut dire que la valeur marchande dépend aussi de la loi de l'offre et de la demande?

– Oui, on peut voir ça de cette façon. La valeur marchande est fixée par l'équilibre entre le prix que les acheteurs sont prêts à payer pour acquérir des actions et le prix que les vendeurs sont prêts à recevoir pour vendre ces actions.

– C'est intéressant de constater qu'on peut trouver plusieurs applications au même concept de base. J'avais vaguement entendu parler des principes du financement, de l'investissement, et de la valeur marchande pour les **marchés boursiers**, mais pas de tout le reste.

– C'est pour cette raison que je tenais tant à te parler de finances personnelles.

– Ça, je pense que je l'ai compris.»

Nous sortons tous les trois sur le balcon en bois rustique. Il fait frais, mais le temps est plutôt agréable. Il y a encore un peu de lumière au loin, car le jour n'est pas tout à fait tombé. Il n'y a pas un seul nuage à l'horizon et déjà les étoiles brillent dans le ciel. Puis, Yves prend la relève.

«Alors, Mathieu, veux-tu continuer notre échange sur les placements?

– D'accord, mais pour ce que j'en sais, il y a les **comptes bancaires**, les **dépôts à terme**, les **certificats de placement garantis** ou **CPG**, les **obligations**, les **fonds communs** d'actions ou d'obligations et les actions.

– Ce sont les placements de base, mais bon, vas-y, dis-moi ce que tu as appris sur chacun d'eux.

– Les comptes bancaires sont les comptes en banque que chaque personne possède. Tu peux y placer et retirer de l'argent à n'importe quel moment. Je sais qu'il existe différentes sortes de comptes bancaires, mais mon prof m'a dit qu'ils offrent à peu près tous le même rendement médiocre, à moins d'avoir beaucoup d'argent. Mon prof nous a même raconté qu'il avait déjà entendu parler d'une personne si déçue du rendement médiocre de son compte bancaire qu'elle avait préféré déposer son argent dans son coffret de sûreté plutôt que dans son propre compte de banque en se disant que, pour le même niveau de sécurité, elle ne serait pas complice d'une banque qui s'enrichit "sur le dos des gens ordinaires".

– Il ne faudrait pas que tout le monde fasse cela, car cela pourrait certainement réduire l'argent en circulation et nuire à l'économie. Aussi, savais-tu que certaines institutions financières offrent des comptes d'épargne à rendement élevé?

– Non, mais cela ne doit pas être fameux quand même.

– C'est tout de même meilleur puisque ces comptes te rapportent environ le **taux préférentiel** moins 1,5 à 2,5%.

– Peux-tu m'en dire un peu plus sur le taux préférentiel?

– C'est le meilleur **taux d'emprunt** qu'il est normalement possible d'obtenir. Il vaut mieux placer dans un compte d'épargne à rendement élevé toute somme d'argent qui "dort" dans ton compte bancaire. Par ailleurs, il existe une autre solution de rechange aux comptes bancaires traditionnels qui offrent des rendements médiocres. Il s'agit du **marché monétaire**. Ces fonds se négocient avec les compagnies de fonds communs et offrent eux aussi des rendements variables pouvant aller jusqu'au taux préférentiel moins 1,5 à 2,5%.

– En laissant ton argent dans le marché monétaire plutôt que dans un compte de banque, tu augmentes significativement ton rendement. Il doit certainement y avoir un inconvénient que tu ne m'as pas dit?

– C'est sûr, on n'a jamais rien sans rien. Le seul inconvénient, c'est qu'il faut une journée pour retirer de l'argent.

– Tu ne peux donc pas payer avec une carte dans un magasin, j'imagine?

– Non, mais l'argent peut être directement transféré dans ton compte bancaire et, à partir de ce moment, tu peux l'utiliser. C'est une option intéressante, mais nous n'étions pas rendus là. J'étais sur le point de parler de dépôts à terme. Ce sont des placements garantis à court terme avec des échéances de 91, 182 ou 364 jours.

– Je présume que c'est la même chose que des **bons du Trésor**?

– Non, tu te trompes, Mathieu. Bien que peu de gens le sachent, les dépôts à terme sont émis par des institutions bancaires alors que les bons du Trésor sont émis par le gouvernement fédéral. Le rendement est légèrement plus élevé quand c'est émis par une banque. Alors, si tu continues ton énumération, qu'as-tu appris de plus?

– Il y a les certificats de placement garantis ou CPG qui sont habituellement à échéance fixe d'un an et plus. Plus le **terme** est long, plus le rendement est élevé. Le risque de ce type de placement est limité, ce qui fait que son rendement est lui aussi assez restreint.»

Je lève les yeux pour admirer la voûte étoilée. La vue est splendide. La nuit est complètement tombée et des milliers d'étoiles couvrent le firmament. Je me tourne vers Yves qui me regarde en se demandant à quoi je pense.

«Eh bien, Mathieu! As-tu oublié que tu me parlais de placements?

– Non, je prenais simplement une pause.

– Je dois dire que tu as plus de connaissances sur le sujet que je ne le croyais. Sais-tu pourquoi un plus long terme te donne un meilleur rendement?

– Selon moi, c'est que le terme est plus long faisant en sorte que tu accumules plus d'argent au fil des ans.

– Non, pas exactement. Un CPG te donne plus de rendement pour quatre années que pour trois. C'est la non-liquidité de ton placement sur une plus longue période qui fait qu'on obtient un meilleur rendement annuel.

– Ah oui, je me souviens du concept de **liquidité**! C'est quand on peut avoir accès à son argent très rapidement et à n'importe quel moment. Plus les placements sont liquides, moins ils rapportent. J'ai également vu une certaine relation entre le risque et le rendement. Normalement, plus le risque est élevé, plus le rendement est grand, et vice versa.

– Hum, ce n'est pas tout à fait ça! Plus le risque est élevé, plus le potentiel de rendement est grand. C'est très important de faire la différence entre le rendement et le potentiel de rendement. Quoique si on jette un coup d'œil rétrospectif sur la moyenne des placements, en général, quand le risque est élevé, le rendement est élevé. Il ne faut pas que, comme investisseur, tu tiennes cela pour acquis. Le rendement passé ne garantit pas le rendement à venir. Tu peux avoir un placement très risqué qui ne te rapporte pas, car l'entreprise a fait faillite. Comprends-tu le concept?

– Oui, ça va.

– Sais-tu quel autre nom les mauvaises langues peuvent donner à un CPG?

– Un certificat de pauvreté garanti.

– Ah, je suis déçu, je pensais que tu ne connaissais pas cette expression! Sais-tu alors quel rendement un CPG peut te donner?

– Non, je sais seulement que ce n'est pas très élevé.

– En effet, habituellement, pour un terme d'un an, le produit ne couvre même pas l'**inflation** une fois que l'on tient compte de l'**impôt**. L'inflation, ça te dit quelque chose?

– Oui. L'inflation est le rendement requis afin de préserver le même **pouvoir d'achat**. Si ton placement ne couvre pas l'inflation, tu es perdant puisque ton pouvoir d'achat diminue avec le temps. Je pense que le taux d'inflation est environ de 1 à 3 %.

– En fait, 1 à 3 %, c'est la cible du taux d'inflation que la Banque du Canada essaie de maintenir depuis le début des années 90. Historiquement, le taux d'inflation a déjà été plus élevé. Pour continuer avec les CPG, on peut presque dire que c'est habituellement un outil qui te permet de maintenir ta richesse au même niveau lorsque tu acceptes de geler ton argent pour des termes de 3 à 5 ans. Ce n'est vraiment pas sensationnel. Bon, je reviens, ce ne sera pas long. »

Yves rentre à l'intérieur. Je penche ma tête vers l'arrière et je m'appuie sur le dossier de la chaise. On ne peut pas dire que c'est le confort réinventé. Je m'en fous un peu, je regarde le ciel. Puis Yves revient. Il a enfilé un chandail et changé ses sandales pour des chaussures de course. À peine a-t-il le temps de se rasseoir que je le questionne à nouveau.

« De quoi discutions-nous ?

– Wow, tu démontres de l'intérêt, je vais en profiter pendant que ça passe ! On parlait de CPG. Dis-moi ce que tu en penses, Mathieu ? Est-ce que tu en achèterais ?

– Euh, je ne sais pas trop ! Je ne me sens pas encore vraiment concerné par les placements.

– Bon, je vois que tu en as appris suffisamment pour obtenir de bonnes notes, mais pas nécessairement pour en saisir vraiment l'importance. Tu dois prévoir mettre de l'argent de côté dès que tu commences à travailler. C'est important d'acquérir la **discipline** de placer tes sous et de savoir quoi faire avec ton argent. Je n'ai pas appris cela avant l'âge de 40 ans, et j'en ai été grandement pénalisé.

– D'accord, je vais répondre à ta question. Je sais qu'un CPG ne donne pas beaucoup de rendement, mais je ne sais pas si c'est une bonne idée d'y investir ou non. J'imagine toutefois que si tu voulais me faire la blague du certificat de pauvreté garanti, c'est qu'il n'est sans doute pas génial d'y investir.

– C'est bien, Mathieu, bon raisonnement. Continuons un peu sur ce sujet, puis nous préciserons les types de placements dans lesquels investir. Dis-moi ce qu'il y a après les CPG ?

– Je crois qu'on peut parler maintenant d'obligations. On trouve des obligations gouvernementales, que ce soit au fédéral, au provincial ou au municipal. Il y a aussi des obligations d'entreprises ou **débentures** qui ont une bonne **cote de crédit**. C'est de l'argent qu'elles empruntent à des particuliers pour financer leurs activités. Quand il s'agit d'obligations, je pense que l'échéance et le rendement sont fixés d'avance.

– En effet, mais tiens, j'ai une colle pour toi. Quelle est la différence majeure entre un certificat de placement garanti et une obligation du gouvernement fédéral ?

– Aïe, c'est tout un examen que tu me fais passer là ! Je me rappelle l'avoir vu, mais je ne pourrais pas vraiment te répondre. Attends un peu... les CPG sont des certificats émis par des banques, je sais au moins cela.

– C'est déjà plutôt bien, mais un CPG est un certificat difficilement transférable. Tu ne peux pas le vendre à quelqu'un d'autre. Une obligation peut être transférée, à l'exception des obligations d'épargne du Canada. Je ne suis pas vraiment au courant des modalités. De toute façon, je ne te conseille pas d'acheter ce placement très peu payant. Si tu décides d'acheter des obligations, que ce soit alors des obligations municipales ou de bonnes entreprises. Le rendement est plus intéressant et le risque demeure faible. Peux-tu m'expliquer maintenant le fonctionnement des obligations ? Tu l'as décrit à peine.

– Voyons voir, j'essaie de me rappeler... C'est un système de **coupons**. Tu prêtes un certain montant au départ et tu reçois ce même montant à l'échéance. Les **intérêts** sont payés sous forme de coupons. Tu reçois donc chaque semestre l'argent des intérêts séparément, c'est ça ?

– Oui. Et qu'est-ce qui se passe si tu vends ton obligation avant l'échéance ? »

Là, je n'ai aucune idée de la réponse. C'est un peu trop complexe pour moi. Je pousse un long soupir de découragement.

« J'imagine à ton soupir, Mathieu, que tu n'en as aucune idée. Je vais te dire ce qui se passe.

Le prix de vente de ton obligation est fixé d'après le taux d'intérêt qu'ont les obligations en vente à ce moment-là. Si le taux d'intérêt a augmenté, ton obligation ne te rapporte pas assez comparativement aux autres obligations. Par conséquent, elle se vendra moins cher. Le contraire est aussi vrai. Ça dépend aussi du temps qu'il reste pour l'échéance de ton obligation, donc des coupons que tu dois encore recevoir. Le prix que tu paies pour ton obligation n'est pas forcément le même prix que tu recevras lors de la vente.

– C'est assez compliqué tout ça.

– Voyons, Mathieu. Tu n'as qu'à te souvenir que le taux d'intérêt est le facteur ayant le plus d'influence sur le prix d'une obligation gouvernementale. Il y a toutes sortes d'obligations : par exemple, les débentures que tu mentionnais tout à l'heure en font partie.

– Si je me souviens bien, c'est une sorte d'obligation de compagnie ?

– Oui. La seule différence est qu'une débenture inclut la possibilité de convertir l'obligation en actions de la compagnie.

– Je ne savais pas que tes connaissances en matière de finance étaient aussi développées. Tu aurais pu me donner le cours. Comment se fait-il que tu en connaisses autant ?

– Je te l'ai dit tout à l'heure. Je m'informe, voilà tout. J'ai poursuivi mon apprentissage toute ma vie et, depuis quelques années, j'essaie de me tenir informé sur le sujet pour ne pas laisser passer une occasion d'obtenir davantage de rendement avec mon argent. Eh bien, ça fait le tour de la question des placements non payants où l'on prête de l'argent ! Parle-moi donc des autres placements où il est question d'investir ?

– Écoute, papa, on pourrait prendre une petite pause, c'est beaucoup de notions en même temps. Tu sais, après ma dernière session, je pensais en avoir terminé pour l'été avec l'école et les études.

– Je te propose plutôt d'en finir avec ce sujet-là et on prendra une pause après, si tu veux. Tu ne devrais pas voir notre discussion comme une corvée, mais plutôt de façon positive. Je sais qu'à ton âge on est un peu blasé d'apprendre, mais la culture, c'est important. Ça te permet d'aller toujours plus loin dans la vie...

– Oui, je sais. J'ai déjà entendu ce discours. C'est juste que ton cours de finance est un peu lourd de contenu par moments. »

Décidément, ce soir, c'est une grosse entrée en matière. Demain, ce sera sûrement plus léger parce que la pêche au saumon sera au rendez-vous. J'espère aussi que le saumon sera là !

« Mathieu, je te demande encore quelques minutes. Tu devais me parler des fonds communs d'actions et des actions.

– D'accord. Les fonds communs sont des regroupements d'actions de différentes entreprises gérés par des professionnels. Il y a également les **actions ordinaires** et les **actions privilégiées**, avec un éventail de droits qui s'y rattachent et qui sont propres à chaque action.

– C'est un bon début. Les fonds communs peuvent exister sous forme d'une fiducie ou sous forme d'une société par actions. Le choix du type de fonds utilisé pourra subséquemment avoir des incidences fiscales. Ainsi, lorsqu'un échange sera effectué entre deux fonds existant sous forme de société par actions, la **valeur comptable** restera la même, ce qui n'occasionnera aucun **gain en capital** ou aucune **perte en capital**. Par contre, lorsqu'un échange sera effectué entre un fonds existant sous forme de fiducie et un fonds existant sous forme d'une société par actions, ou entre deux fonds existant sous forme de fiducie, cet échange générera alors un gain ou une perte en capital et, par la suite, la valeur comptable sera ajustée au montant de la transaction. Par ailleurs, comme tous ces fonds communs sont gérés par des professionnels, ils peuvent être moins risqués. Quant aux actions ordinaires, elles passent après les actions privilégiées lorsque la compagnie donne des **dividendes** et si la compagnie fait faillite. Pour compenser, leur potentiel de rendement est plus élevé et certains droits supplémentaires sont accordés. Les dividendes sont habituellement fixés d'avance pour les actions privilégiées. Crois-tu que nous avons fait le tour de la question?

– Oui, mais je veux seulement être sûr de la définition que je dois donner à un dividende.

– Il s'agit simplement d'une **distribution de revenu** volontaire que la compagnie fait pour aguicher les actionnaires. La plupart du temps, la compagnie doit payer tous ses dividendes d'actions privilégiées avant de verser des dividendes aux actions ordinaires, si elle désire le faire.

– Peux-tu me donner un exemple?

– Bien sûr. Prenons l'exemple d'une entreprise qui doit payer 15 cents de dividende tous les trimestres, à tous ses détenteurs d'actions privilégiées. Supposons qu'elle ne les paie pas pendant quatre trimestres et qu'au cinquième trimestre, elle fait d'énormes profits et décide de payer des dividendes. Elle devra payer 0,75 $ à tous ses détenteurs d'actions privilégiées avant de payer quoi que ce soit à ses actionnaires ordinaires.

– Donc, l'entreprise doit payer ses actionnaires privilégiés avant de payer les actionnaires ordinaires, même pour le trimestre en cours?

– Habituellement. Par ailleurs, il ne faudrait pas être surpris d'entendre les expressions **dividende déterminé** et **dividende non déterminé ou ordinaire**. Un fonds commun qui touche des dividendes à l'égard d'actions canadiennes en reçoit des dividendes déterminés. L'actionnaire d'une société par actions ayant droit à la déduction pour petite entreprise qui touche des dividendes en reçoit des dividendes non déterminés ou ordinaires. Pour revenir aux fonds communs et aux actions, il ne faut pas oublier qu'il en existe énormément, et de toutes sortes.

– Je ne vois pas en quoi il est important de se souvenir de ça.

– Je t'explique. C'est essentiel de bien choisir parce que certaines entreprises peuvent te faire perdre beaucoup d'argent alors que d'autres t'en feraient gagner énormément. Il y a aussi quelque chose de merveilleux avec ces fonds, c'est que tu peux les placer dans plusieurs compagnies et avoir un **portefeuille** diversifié, même si tu ne disposes pas de beaucoup d'argent. Les **gestionnaires** s'occupent de ton argent de la même manière, que tu en aies un peu ou beaucoup.

– Je sais qu'il existe d'autres sortes de produits financiers, notre prof nous l'a dit. Est-ce qu'il y a des données que je devrais absolument savoir?

– Oui, il y a bien sûr des produits dérivés, mais ce n'est pas pertinent de savoir comment ils fonctionnent. Et, comme mon conseiller financier me le dit si bien : "Si tu ne comprends pas un produit, ne l'achète pas." C'est tout !

– Je vais essayer de me souvenir de tout cela. De toute manière, si une question me vient à l'esprit, je sais qui aller voir. Commences-tu à avoir faim ?

– Oui, prends un sac de chips et apporte-moi une bière aussi, s'il te plaît.»

Je rentre donc à l'intérieur du camp, j'ouvre la radio sur le comptoir de la cuisine, je prends un sac de croustilles, puis, dans la glacière, deux bières pour Yves et moi ainsi qu'une boisson gazeuse pour Léane, et je sors. Nous regardons un peu le paysage. On entend au loin des hurlements, probablement des loups, ce qui serait inusité un peu comme attraper un saumon lors de notre premier jour de pêche. J'aime beaucoup les bruits de la forêt. C'est tellement relaxant, mis à part les moustiques !

«Dis, Mathieu, tu ne t'es jamais demandé pourquoi certaines familles connues étaient devenues si riches ?

– Eh bien non, je ne sais pas !

– C'est que ces familles investissent, elles ne prêtent pas. Elles sont en quête d'occasions d'investissement, d'entreprises prometteuses. Il faut chercher à être un investisseur et non un prêteur quand on veut vraiment faire fructifier son argent, sans pour autant être un **spéculateur** qui ne fait pas d'investissements réfléchis. Pour le commun des mortels, le meilleur placement que nous puissions faire se trouve dans les fonds communs. Nous n'avons pas les compétences ni le temps et encore moins l'énergie pour prospecter autant de compagnies. Sais-tu pourquoi les fonds communs d'actions sont généralement plus payants que les obligations ?

– Mais bien sûr, c'est toi-même qui l'as dit. Tu es prêteur pour les obligations alors que tu es investisseur dans des fonds communs, tu supportes donc plus de **volatilité** ou de risques.

– C'est tout à fait vrai, mais je ne voulais pas parler de cet aspect. Lorsque tu as des obligations, tu reçois les intérêts de ton placement tous les six mois, toujours au même montant. Tu ne profites pas de la magie des **intérêts composés**. Je m'explique : l'argent que tu gagnes n'est pas remis à la même place. Tu n'as donc pas la chance de faire des intérêts sur les intérêts que tu as déjà gagnés. De plus...

– Oui, je sais, j'ai vu ça dans mon cours. L'expression anglaise célèbre *"Time is money"* s'exprime également par la formule mathématique des intérêts composés. La valeur future d'un placement est égale à la valeur actuelle multipliée par un (1) plus le **rendement après impôts** du placement par période, le tout au nombre de périodes en exposant.[2]

– Puis, que fais-tu alors pour augmenter la valeur de ton placement à long terme ?

– Euh !

– Tu ne sais pas ? Décidément, ils vous font apprendre des formules et ne vous montrent pas comment les appliquer. Il faut que tu maximises les variables de ta formule. C'est simple, tu dois chercher à augmenter le plus possible le temps, le rendement après impôts et la valeur actuelle. Tu obtiendras alors une valeur future plus grande grâce à l'effet exponentiel des intérêts composés.

– C'est donc n'importe quelle variable de la formule qu'il faut chercher à maximiser ?

– Tout à fait. Un ami à moi m'a démontré qu'avec un rendement de 7 %, une personne de 60 ans qui n'aurait épargné qu'un montant X à chaque année pendant 10 ans, entre l'âge de 20 ans et l'âge de 30 ans, aura accumulé davantage d'argent que si elle avait investi le même montant X chaque année pendant 3 fois plus longtemps, soit pendant 30 ans, entre l'âge de 30 ans et l'âge de 60 ans.

– Ah oui ?

– Oui, c'est formidable de constater ce que la magie des intérêts composés peut faire. Ce n'est pas pour rien qu'Albert Einstein aurait déclaré que le principe des intérêts composés est la plus grande découverte mathématique de tous les temps.[3] De là l'importance de commencer à épargner jeune. De nos jours, il est nécessaire de prévoir des ressources financières pour les jours où nous ne voudrons plus travailler, ou quand nous ne serons plus capables de le faire.

– Ça doit être à cause de l'**espérance de vie** qui a augmenté.

– Tu suis bien le fil de la conversation, bravo ! Avant, les gens travaillaient presque jusqu'à leur mort, ils n'avaient donc pas besoin de garder de l'argent pour leurs vieux jours. Maintenant, plusieurs personnes cessent de travailler alors qu'elles sont âgées de 55 à 60 ans, et elles vivent jusqu'à 80 ans. Ce n'est pas uniquement avec l'argent du gouvernement qu'on réussit à vivre une retraite paisible et heureuse. En passant, est-ce que tu connais la **règle de 72** ?

– Non, je n'ai aucune idée de ce que c'est.

– C'est une règle bien simple qui te dit approximativement en combien de temps tu doubles ton capital. Tu n'as qu'à diviser 72 par le taux de rendement annuel que tu penses avoir, et ça te donne le nombre d'années nécessaires pour y arriver.

– Donc, si je divise 72 par le nombre d'années de mon placement, j'arrive au rendement nécessaire pour faire doubler mon argent ?

– Wow, tu m'impressionnes ! Mais bien sûr, ça fonctionne de cette manière-là également. C'est une règle bien connue dans le milieu financier. Tu peux donc calculer rapidement comment te rapporterait un certain placement.

– Alors, si je fais un placement de 1 000 $ qui me rapportera 7 % d'intérêt, j'aurai doublé ma mise dans un peu plus que 10 ans ?

– Oui. Tu auras environ 2 000 $ si tes intérêts sont réinvestis avec le capital.

– Fantastique ! Sais-tu quel temps on annonce pour les prochains jours ? »

Habile changement de sujet, je commençais à en avoir assez de ces cours de finance pour aujourd'hui. Ça fait quand même plus de trois heures que nous en parlons. J'ai le cerveau qui surchauffe un peu. J'ai besoin de repos pour digérer le tout.

La fin de la semaine s'annonce belle, mais au milieu de la semaine prochaine, on nous annonce de la pluie. Nous serons alors revenus !

Je demeure assis dehors à contempler les étoiles pendant quelques minutes. Le vent s'est levé. Il est minuit. Je ramasse le sac de chips et les bouteilles vides. Je mets tout sur le comptoir et je vais me coucher.

# Sommaire

Le prix d'un bien est fixé selon le point d'équilibre où le niveau de l'offre égale le niveau de la demande. Cette situation d'équilibre existe toujours dans un marché libre, sauf lors d'un monopole. Le consommateur achètera le produit au prix le plus bas, sauf lorsque ce produit offre des caractéristiques distinctes.

Il existe deux principaux moyens de faire fructifier son argent :

— **PRÊTER** (risque limité, modalités de paiement connues ; plus l'échéance est éloignée, plus le rendement est élevé) :
- compte bancaire ;
- dépôt à terme (court terme) et certificat de placement garanti (CPG) (plus utilisé à moyen terme) ;
- compte d'épargne à rendement élevé ;
- marché monétaire ;
- bon du Trésor (court terme, émis par le gouvernement fédéral) ;
- obligation (peut être transférée à d'autres personnes) ;
- débenture (titre d'obligation pouvant être converti en actions).

— **INVESTIR** (aucune obligation de paiement ; fructifie selon la valeur marchande attribuable à ce placement) :
- actions privilégiées et ordinaires (dividende volontaire aux détenteurs d'actions lors de distributions de revenus) ;
- fonds communs (regroupement d'actions ou d'obligations).

Le risque et le rendement vont de pair : un placement plus risqué signifie un potentiel de rendement plus élevé. C'est pourquoi il est plus payant d'investir que de prêter. En tenant compte de l'effet exponentiel des intérêts composés, attribuable à certains placements, on augmente la valeur à long terme de ces placements selon la formule : $FV = PV (1 + i)^n$. Dans cette formule, FV correspond à la valeur future, PV correspond à la valeur présente, i correspond au taux d'intérêt pour la période concernée et n correspond au nombre de périodes. Dans le calcul d'une série de paiements égaux intervient une formule beaucoup plus complexe comportant la variable PMT, correspondant au paiement périodique.

# Chapitre 2

## Les marchés boursiers

«Mathieu, Léane, levez-vous! Allez, les matelots d'eau douce, debout!»

Ah non, pas déjà l'heure! Il est 5 h du matin et j'éprouve toujours un peu de difficulté à me lever si tôt.

«Papa, laisse-nous dormir encore un peu.»

Je n'ai pas le temps de réagir que je me retrouve sans draps. Yves les a habilement tirés d'un coup sec, mais il a quand même épargné ma sœur. C'est injuste et il fait froid. Je prends bonne note de ce coup traître, j'aurai bien ma revanche plus tard. C'est assez difficile comme réveil. Mais bon, je me lève.

Yves m'attend, appuyé contre l'auto, avec un café et des croissants. Léane est déjà là. Tout l'équipement de pêche se trouve sur la banquette arrière. Il fait un peu frais pour le moment. Il est 5 h 10, Yvesdémarre l'auto et nous partons en direction de la rivière Dartmouth.

«Alors, Léane, c'est toi qui choisis le premier endroit.

- Allons à la fameuse fosse Breeder de la zone 4 sur la Dartmouth, même si je crains que d'autres pêcheurs puissent déjà s'y trouver. La fosse porte bien son nom puisqu'elle accueille des saumons en nombre intéressant pour la plupart des pêcheurs de saumon.»

Quelques pas et nous arrivons à la fosse Breeder. Tel que décrit par quelques sites Internet de promotion touristique de la Gaspésie, l'eau de la Dartmouth est cristalline et légèrement ambrée, un peu comme la couleur jaune de la résine recouvrant l'insecte fossilisé dans le film Le parc jurassique de Steven Spielberg. C'est splendide comme rivière à un endroit où sa largeur est d'environ 25 m avec quelques grandes épinettes noires en arrière-plan. Nous nous rapprochons encore plus de l'eau en marchant sur des **galets**.

Nous examinons l'aspect général de la fosse qui, comme l'explique notre guide Léane, est essentiellement une dépression du lit (fond) de la rivière, qui ralentit la vitesse du courant et permet au saumon de prendre un peu de repos. Une première étape de notre activité de pêche d'aujourd'hui sera de détecter les endroits où se "reposent" les divers spécimens qui nous intéressent, à l'aide de nos lunettes à verres polarisés.

Si cette détection à vue n'est pas possible, nous explique Léane, il faut alors étudier la **morphologie de la fosse**. Elle se caractérise, en gros, par un premier rapide en **amont**, soit une entrée d'eau vive sur faible profondeur, et par un deuxième rapide en **aval** correspondant à une accélération du courant vers une autre zone de faible profondeur.

D'après Léane, les endroits préférés du saumon dans une fosse sont près d'une roche plus grosse que les autres ou tout autre obstacle modifiant la vitesse du courant et permettant au saumon de trouver sa zone de confort. Cette dernière est reliée, plus souvent qu'autrement, à un ralentissement du courant. Par ailleurs, elle insiste sur le fait que les saumons se placent toujours aux mêmes endroits dans la fosse d'une année à l'autre, à condition que le lit de la rivière n'ait pas changé dans cette fosse ou près d'elle. Des changements environnementaux excessifs, impliquant des inondations historiques au printemps, pourraient être une cause du changement de morphologie d'une fosse.

«Mathieu! Laissons Léane préparer sa stratégie de pêche qui demande beaucoup d'observation et de concentration, et revenons à nos discussions d'économie et de finance. Qu'as-tu appris dans ton cours, à part la loi de l'offre et de la demande, les types de placements et la formule des intérêts composés?»

Ouf! Le réveil n'est pas facile, je réfléchis un peu puis:

«On a parlé des actions hier, mais pas des marchés boursiers. Le prof nous a fait faire une simulation. Il fallait qu'on examine la **Bourse** pendant deux semaines, puis on devait choisir 10 titres qui composent un portefeuille fictif de 10 000$. On avait le droit de vendre et d'acheter d'autres actions selon certaines conditions. La simulation durait 10 semaines et le but consistait à faire fructifier le plus possible son argent.

– Tu t'exprimes beaucoup ce matin, je te sens fin prêt à me parler des marchés boursiers. Qu'est-ce que tu connais?

– Eh bien, je sais que la loi de l'offre et de la demande s'applique aussi aux marchés boursiers, comme on a vu hier! Si la compagnie n'est pas en bonne situation financière ou qu'elle annonce une mauvaise nouvelle, peu d'investisseurs potentiels seront intéressés par ses actions. De plus, certains investisseurs qui possèdent des titres de cette entreprise dans leur portefeuille chercheront à s'en débarrasser. Puis, tout cela fait baisser la valeur marchande de l'action. Le contraire est aussi vrai. S'il y a plusieurs acheteurs, le prix aura tendance à augmenter.

– C'est bien, mais tu oublies un détail important. Il y a toujours un écart entre le prix des acheteurs et le prix des vendeurs, et c'est normal. Les acheteurs cherchent à payer le moins possible alors que les vendeurs veulent obtenir le maximum.

– C'est vrai?

– Oui, cependant je voulais ajouter ceci. Quand le prix de vente baisse et que plusieurs ventes se font à ce prix, un effet d'entraînement se produit parfois! Les investisseurs qui voulaient vendre ont **peur** de ne pas être en mesure de le faire et ils baissent leur prix. Puis, d'autres investisseurs qui ne voulaient pas nécessairement vendre voient le cours de l'action baisser.

– Je comprends le scénario, c'est comme un effet d'éboulement, c'est ça?

– Oui, et le contraire est également vrai. Mais cela fait plus mal et les gens s'énervent plus en **marché baissier**. C'est pour ça qu'il faut garder son sang-froid et demeurer **rationnel**. Comme à la pêche, il faut savoir être patient. Même s'il n'y a pas de prise, il ne faut pas se décourager.

– C'est la même chose à la Bourse, il ne faut pas perdre espoir si les marchés laissent à désirer pendant quelque temps?

– Tout à fait. On ne doit pas non plus se laisser berner par une journée exceptionnellement bonne ou mauvaise. Dans ce domaine, il ne faut surtout pas laisser l'**émotion** influer sur la raison. Les meilleurs gestionnaires de fonds d'action sont ceux qui savent choisir les titres de bonnes entreprises et qui les gardent à long terme. De plus, il faut se rappeler que, fondamentalement, la Bourse est un lieu d'anticipation des profits futurs des entreprises et que la plupart des entreprises sont en mesure, en effectuant du **prix de revient**, de majorer sans trop de difficulté leurs profits d'une année à l'autre, ce qui explique pourquoi leurs titres ne devraient jamais cesser de croître à long terme. Pour y parvenir, parce qu'elles doivent assumer de grands coûts fixes, elles n'ont qu'à augmenter leurs ventes de quelques points de pourcentage en stimulant la vente des produits leur procurant les meilleures marges, et en ne faisant aucun effort pour promouvoir les produits qui leur procurent les plus faibles marges.

– Cela me paraît bien facile de gérer des fonds d'actions.

– Et pourtant, ça ne l'est pas du tout, Mathieu. La preuve est que les gestionnaires qui sont capables de battre l'indice se font plutôt rares. Selon les journaux financiers, seulement une faible proportion des gestionnaires ont été capables de battre l'indice sur les derniers 3 et 5 ans, autant aux États-Unis qu'au Canada.[4]

– Et qu'est-ce que tu entends par "battre l'indice"?

– Quand les gens parlent de battre l'indice, ils parlent de battre un indice de référence qui est composé des plus grosses entreprises de la Bourse. Le concept d'évaluation des titres paraît simple, mais il est difficile à appliquer. Souvent, les gestionnaires s'emballent et font toutes sortes de transactions inutiles. C'est pourquoi il est primordial de faire affaire avec quelqu'un qui s'y connaît vraiment. L'appât du gain rapide fait qu'ils effectuent des transactions qui coûtent cher à la longue et qui diminuent le rendement... »

Yves s'arrête un peu pour regarder au loin en direction de Léane qui s'est installée sur une roche près de l'eau.

«Mathieu, prenons une pause pour aller voir ce que mijote ta sœur. Léane, as-tu terminé ton étude sur la morphologie de la fosse et sur l'emplacement de tes saumons?

- Oui, mais il nous faudra un peu fonctionner à l'aveuglette, comme s'il s'agissait d'une excursion de pêche à la truite mouchetée dans un lac. Je crois quand même qu'on retrouve un ou deux beaux spécimens près de la roche là-bas.

- Quelle roche, je ne la vois pas!

- Je te comprends puisque cette roche est submergée. Par contre, si tu te concentres un peu plus sur l'apparente turbulence à cet endroit, tu pourras voir le remous généré par cet obstacle à l'écoulement normal de l'eau en rivière.

- Ah bon! C'est un peu comme chercher une aiguille dans une botte de foin?

- Pas pour moi.»

Léane nous explique qu'elle a choisi d'attacher une *Rusty Rat* comme mouche artificielle au bout de son bas de ligne.

«C'est une **mouche noyée** pas une poule mouillée, comme dirait mon frère qui a parfois l'habitude de m'agacer, comme ça en passant.

- Voyons, Léane, t'agacer est un geste d'amour fraternel et je n'oserais, quand même pas le faire devant papa... Pourquoi appelles-tu ta mouche "une noyée"?

- La "noyée" est conçue pour caler dans l'eau à une profondeur d'environ 5 à 10 cm. Comme tu vois ici, notre mouche possède une tête rouge, un corps moitié de soie jaune, moitié de fibres de paon, avec des ailes faites de poils de renard gris, une **collerette** de type "hackle" faite de poils de grizzly et une queue se terminant par "3 ou 4 fibres de sabres de paon". Un véritable brin de poésie pour un hameçon déguisé en une sorte de chimère! Cela ne ressemble pas à un insecte naturel, mais au cours de notre séjour, je te montrerai mes **nymphes** dont l'apparence ressemble à des insectes aquatiques qui font, normalement, partie de l'alimentation des **tacons** de rivière.»

Maintenant, à l'attaque! Léane s'éloigne de nous en entrant dans l'eau pour s'approcher du remous surplombant la grosse roche plate près de laquelle pourrait se trouver un ou deux saumons.

«Laissons-lui le temps de s'installer et de lancer sa soie dans l'eau, et revenons maintenant à ton sujet de conversation préféré. Quand on parlait de marché boursier tout à l'heure, ça m'a fait penser à quelque chose dont on a discuté hier soir. Tu te souviens de ce que tu m'as dit sur la loi de l'offre et de la demande? Eh bien, on a vu tout à l'heure que ça s'appliquait également à la Bourse! Ceci s'applique aussi très bien aux monnaies de différents pays. Quand la valeur de la monnaie d'un pays augmente ou diminue, c'est simplement attribuable à l'offre et à la demande pour cette monnaie.

- Donc, c'est une question de confiance des gens envers une monnaie?

- Oui, c'est une question de confiance pour tout ce qui touche aussi à la loi de l'offre et de la demande. Quand les gens ont confiance en une monnaie, supposons le dollar canadien, ils en veulent plus. Quand ils n'ont plus confiance, ils veulent tout vendre. Tout cela affecte le **taux de change**. La même chose s'applique pour la Bourse et les biens matériels.

– Je ne pensais pas que cette simple loi avait autant d'applications. Voulais-tu ajouter autre chose là-dessus ?

– Je pense que tu as bien compris la loi de l'offre et de la demande. Je veux juste m'assurer que tu comprends aussi bien ce qui est essentiel concernant la Bourse. Pour faire de l'argent, tu dois miser sur des **placements à long terme** dans de bonnes compagnies. Ceci t'empêchera de réduire ton rendement avec des frais de transaction.

– D'accord, je pense que j'ai bien compris : il faut cibler les compagnies **gagnantes**, acheter leurs actions si elles se vendent à rabais et les conserver à long terme.

– C'est bien. Sais-tu quelles sont les trois certitudes des **marchés financiers** ? Non ? Eh bien, les voici : une croissance plus ou moins grande à long terme, une volatilité plus ou moins grande à court terme et une relation entre la croissance et la volatilité !

– Qu'est-ce que tu veux dire par "relation entre la croissance et la volatilité" ?

– Eh bien, il y a des secteurs de l'économie qui connaissent davantage de volatilité ! Habituellement, ces secteurs offrent de meilleures performances à long terme.»

Je regarde, un peu distrait, l'aisance avec laquelle Léane propulse sa mouche près du remous généré par la grosse roche submergée. J'en profite pour décortiquer chacun de ses mouvements afin de pouvoir débuter, par l'observation, mon apprentissage du lancer de la mouche, et Yves semble avoir fait de la télépathie avec moi !

«Maintenant, regarde attentivement ce que Léane va faire ! Elle tient sa canne de la main droite, qui est pointée vers le bas et à l'horizontal par rapport à la surface de l'eau. Observe bien, aussi, sa main gauche qui tient un bout de la soie située près du moulinet. Cela lui permettra de mieux récupérer le "mou" de la soie qui traîne dans l'eau.[5]»

Hop ! Léane relève doucement sa canne pour mettre la soie sous tension et ce mouvement s'accélère rapidement par la suite.

«La remontée de la canne va se terminer légèrement vers l'arrière, comme si l'aiguille d'une horloge indiquait 13 h. Cette position est maintenue jusqu'à ce que la soie soit complètement étendue vers l'arrière. Observe aussi que Léane tient toujours la soie de la main gauche pour bien contrôler cette séquence de mouvements. Ensuite, Léane doit propulser sa mouche vers l'avant. À l'aide de sa main droite, elle ramène sa canne vers l'avant jusqu'à la "position de 10 h" et, en même temps, elle lâche subitement la soie, ce qui propulse la mouche vers l'avant. En même temps, la soie s'allonge et la canne s'abaissera pour atteindre sa position de départ, à l'horizontale.»

Tout comme moi, Yves est à l'heure de la contemplation devant les prouesses incroyables de ma sœur. L'envol frénétique d'une mouche artificielle qui fouette l'air, combiné à des odeurs d'épinette. Ah, quel plaisir des sens !

«Alors, Mathieu, sais-tu quel est le meilleur temps pour placer de l'argent à la Bourse ?

– Ça doit être quand tu as beaucoup d'argent. Non, en fait, si je me fie à la formule qu'on a vue hier, ce doit être le plus tôt possible.

– Ta deuxième réponse n'est pas bête du tout. En fait, quand les marchés baissent, c'est le temps de placer de l'argent. S'ils baissent encore, il faut replacer de l'argent. Idéalement, il faut en placer quand le marché est dans le creux d'une vague.

– C'est trop facile de faire de l'argent à la Bourse, papa. Je ne comprends pas pourquoi tu passes tant de temps à m'expliquer tout ça, si je dois uniquement placer lorsque les marchés sont bas.

– Non, Mathieu, tu n'y es pas. Le concept est facile, mais en pratique, c'est beaucoup plus difficile à prévoir. Plusieurs spéculateurs s'improvisent gourous de la finance. Ils font des prédictions qui provoquent un mouvement sur les marchés. En voici des exemples : quand les marchés sont baissiers, ils disent d'abord que les marchés connaîtront une hausse incroyable au cours de la prochaine année. Si les marchés continuent à mal aller, ils disent alors que plus jamais on ne verra de rendements aussi élevés et que tous les titres sont surévalués.

– Si j'ai bien compris, ces gourous cherchent à généraliser ?

– C'est bien ça. Ils vont se servir de leur renommée pour faire des prédictions tout à fait farfelues, puisqu'elles sont sans fondement. Personne ne peut prévoir le cours des marchés boursiers. Des exemples du contraire sont également vrais. Quand les marchés vont très bien, ils annoncent que le marché ne connaîtra plus de baisse majeure ou que le marché va "planter" du tout au tout. Selon leur influence, ils créent de l'incertitude sur les marchés.

– Les gens s'énervent donc pour rien ?

– Pas tout à fait, ils ont raison de s'inquiéter ; parfois, c'est normal. Par contre, comme le dit la phrase célèbre, *il faut empêcher les émotions de déranger la raison*.

– Oui, je sais, tu l'as déjà dit.

– Ce n'est pas tout, Mathieu, il y a des leçons à tirer de cette phrase célèbre. La plupart des investisseurs n'ont pas les bons réflexes quand vient le temps d'investir. Curieusement, les placements sont l'une des rares marchandises dont la demande explose lorsque les prix sont élevés, et qu'on ignore quand ils sont offerts à bas prix. Les investisseurs ont donc tendance à acheter dans un marché haussier et à vendre dans un marché baissier, et c'est le contraire qu'il faut faire...

– C'est facile d'abord, papa. Je n'ai qu'à demeurer rationnel et à acheter lorsque c'est bas, et je vais être en mesure de bien réussir sur les marchés.

– C'est un bon début, mais encore là, tu tires des conclusions trop vite. Ce n'est vraiment pas si simple que ça de demeurer rationnel et de savoir quand un placement est bon ou mauvais. Souvent, les placements qui ne sont pas chers sont de mauvais placements.

– Mais comment dois-je faire alors ?

– C'est simple, tu dois établir quels gestionnaires battent l'indice sur une base régulière et investir avec eux. Il faut cibler les meilleurs, ceux qui ont suffisamment de connaissances et d'expérience dans le domaine financier pour pouvoir filtrer toutes les informations. Il faut faire affaire avec de vrais professionnels, capables de se démarquer du marché et des autres gestionnaires à long terme. C'est comme aller chercher les services d'un des meilleurs joueurs de hockey de la ligue nationale comparativement à un joueur de hockey d'une ligue sénior. Est-ce que tu comprends bien ?

– Oui, j'ai compris. Cet exemple est plutôt clair. Je dois donc faire affaire avec les meilleurs.

– Pour continuer sur ce qu'on disait plus tôt concernant les marchés baissiers, il est intelligent de placer de l'argent toutes les fois qu'il y a une baisse marquée.

– Ce n'est pas bête.

– Il est très difficile de savoir si le titre d'une compagnie ou le marché a atteint le creux d'une vague. En plus, il n'y a pas beaucoup de gens qui ont les poches pleines et qui peuvent placer de l'argent sur demande ou acheter chaque fois qu'il y a un rabais sur les marchés. Souvent, le moyen le plus efficace et intelligent de faire de l'argent à long terme est de fonctionner par **achats périodiques**.

– Est-ce que c'est le fait d'acheter peu à peu à intervalles réguliers ?

– C'est bien ça. Tu places le même montant toutes les semaines ou tous les mois. Tu n'as donc pas à faire l'effort de te concentrer à observer les marchés, ce qui est fantastique. De plus, ces prélèvements peuvent se faire automatiquement de ton compte bancaire.

– J'ai bien compris par tes explications **quand acheter** des placements à la Bourse. Lorsque j'aurai besoin de cet argent, je devrai alors savoir **quand vendre** mes placements. Sera-t-il nécessaire, à ce moment-là, que je détermine quelles entreprises sont les moins gagnantes ou se vendent à plus gros prix, et commencer à m'en départir ?

– C'est exactement le réflexe qu'il faudra que tu aies, lorsque tu seras rendu là !»

Léane nous fait signe de venir vers elle dans l'eau. Tout excité, je suis le premier à bouger, mais Yves ne semble pas aussi pressé que moi.

«Mathieu, commence à pêcher un peu plus loin en amont en utilisant comme repère cet arbre couché situé de l'autre côté de la rive. Place-toi exactement en face de l'arbre. La mouche doit dériver perpendiculairement par rapport à la direction du courant, de façon à ce que le saumon puisse l'apercevoir de côté. Tu vas faire trois lancers et, ensuite, tu te déplaceras d'environ deux pas (1 m) vers l'aval, avant d'exécuter trois autres lancers. Après une série de déplacements d'environ une quinzaine de mètres vers l'aval, je vais placer Yves à l'endroit où tu avais commencé tes lancers. Yves devra alors utiliser la même technique de déplacement que toi. Cependant, en te déplaçant, surveille-le afin de pouvoir garder toujours la même distance de lui.

– Je comprends !

– Étant donné que tu es à la tête de la fosse et que le courant est plus rapide qu'au milieu d'elle, tu dois effectuer tes lancers de biais vers l'aval plutôt que perpendiculairement par rapport à la direction du courant. De cette façon, la mouche pourra se déplacer d'une façon optimale, de la rive opposée vers notre rive. Par ailleurs, lorsque la course de la mouche sera terminée, tu te déplaceras de deux pas vers l'aval. Nous allons tous effectuer cette routine jusqu'à nous rendre légèrement au-delà de la queue de la fosse.

– D'accord !

– À ton bas de ligne, j'ai attaché une mouche noyée, la *Blue Charm* que Suzanne nous avait donnée, hier soir. Exécute quelques lancers avant que je puisse donner mes recommandations à Yves.»

Léane en profite pour corriger quelques imperfections dans mon lancer. Je commence à me débrouiller assez bien même si je suis encore un débutant.

« Bravo ! Et continue comme cela. »

Léane se dirige vers Yves pour lui demander de se déplacer en amont de moi, à l'endroit où ce dernier avait déjà commencé à pêcher.

« Quelle mouche as-tu choisie ?

– Une *Green Machine*.

– Bon, d'accord ! »

Et Yves s'exécute avec brio comme d'habitude. Après une vingtaine de minutes, je suis près du milieu de la fosse et Léane s'empresse de me rejoindre.

« Maintenant, étant donné que le courant est plus lent ici qu'au début de la fosse, tu dois effectuer tes lancers perpendiculairement par rapport à la direction du courant. À chaque fois, laisse dériver ta mouche jusqu'à ce qu'elle s'immobilise et tu exécuteras ensuite un autre lancer. »

Je m'exécute mais oublie la règle d'une heure pour immobiliser mon lancer un peu trop vers l'arrière... et clac ! Un bruit mécanique surgit à l'arrière de moi.

« Oh ! Oh ! » s'exclame Léane.

« Montre-moi ta mouche. Tu vois, la pointe de ton hameçon où se trouvait l'**ardillon** n'est plus là. Tu viens de briser ta belle *Blue Charm*. Elle ne servira plus à rien sauf à immortaliser un de tes plus beaux souvenirs de jeunesse avec moi, en l'accrochant au mur de ta chambre. Est-ce que tu sais ce qui n'a pas fonctionné ?

– Non, pas vraiment.

– Eh bien, ta canne s'est arrêtée à la "position 3 h" plutôt qu'à 1 h vers l'arrière, ce qui implique qu'elle était à l'horizontale par rapport au sol, donc trop basse pour ramener efficacement ta soie vers l'avant, et ta mouche a violemment heurté les roches derrière toi. »

Léane s'empresse d'attacher une autre mouche noyée au bas de ligne de ma canne, une *Undertaker* et continue à nous observer, Yves et moi, à partir de la rive, tout en nous donnant ses consignes de guide avertie. Lorsque j'arrive près de la queue de la fosse, Léane m'explique que mon lancer doit maintenant être un peu plus de biais vers l'aval, par rapport à la direction du courant plutôt qu'à la perpendiculaire. À cet endroit, la vitesse du courant est en accélération.

Lorsque j'ai légèrement dépassé la queue de la fosse, je me place à côté de Léane pour observer les prouesses d'Yves. Voulant impressionner ses deux enfants, Yves accroche sa mouche aux branches de l'épinette géante se trouvant derrière lui. Je me moque un peu de lui et tous les trois, on en rit un bon coup ! Notre expérience de pêche à la fosse Breeder est terminée. C'est un excellent début en vue de capturer notre premier saumon de l'année. Yves regarde une dernière fois le paysage et se tourne vers Léane.

« Est-ce qu'on change d'endroit, Léane ?

– Oui et nous allons à la fosse Tent de la zone 2. Peut-être, au 19ᵉ siècle, les Britanniques avaient-ils placé une échelle pour se rendre à la rivière puisque nous devons d'abord passer par la fosse Ladder en descendant un escalier sans fin, où la pente est abrupte!

– Que pensez-vous de l'idée de pêcher jusqu'à midi, puis de rentrer ensuite?

– C'est parfait pour nous!»

Nous parcourons quelques minutes en auto pour nous rendre à la fosse Tent, située un peu plus en aval sur la Dartmouth, tout en prenant une boisson et en admirant le paysage qui s'offre devant nous, de chaque côté de la route. Quelle agréable matinée de pêche!

# Sommaire

Le prix de chaque monnaie et de chaque action fluctue selon la loi de l'offre et de la demande.

À la Bourse, il est primordial de demeurer rationnel, de ne pas laisser l'émotion (la peur) déranger la raison. Il y a un fort effet d'entraînement sur les marchés boursiers, surtout lorsque les marchés baissent. Il ne faut pas se laisser emporter et faire comme la majorité des meilleurs investisseurs, qui vendent lorsque les marchés baissent et achètent lorsqu'ils montent.

Il y a trois certitudes aux marchés financiers :

- croissance plus ou moins grande à long terme ;

- volatilité plus ou moins grande à court terme ;

- relation entre croissance (rendement) et volatilité (risque).

La philosophie de placement la plus payante à long terme est de choisir des titres de bonnes entreprises, qui se vendent à rabais, et les conserver à long terme. La Bourse est comme un magasin ; il faut donc acheter lorsque les prix sont bas. S'ils baissent encore, il faut acheter de nouveau.

Déterminer des titres de bonnes compagnies n'est pas nécessairement facile. Le moyen le plus simple et efficace de faire de l'argent à long terme, c'est donc d'effectuer des placements périodiques, en investissant avec les gestionnaires qui suivent cette philosophie de placement, et battent régulièrement les indices boursiers.

# Chapitre 3

## Les finances personnelles

Nous sommes arrivés à destination. Nous marchons un bon cinq minutes dans un sentier forestier tortueux et engagé dans une pente descendante abrupte avec plein d'embûches comme ces racines qui me retiennent le pied, de la même façon que dans le film *Le Seigneur des anneaux*. Puis nous arrivons à un belvédère surplombant la fosse Ladder, d'une hauteur d'une vingtaine de mètres. C'est un endroit splendide et la rivière est encastrée entre des falaises de roches piquées de conifères entremêlés de quelques feuillus. L'eau est plutôt limpide malgré cette couleur ambre de la Dartmouth. Nous pouvons facilement voir le fond de la rivière lorsque nous examinons les affleurements rocheux près de la rive, mais à mesure que notre regard se dirige un peu plus loin vers le milieu de la fosse, le reflet du ciel dans l'eau nous empêche d'y voir clair. Léane nous demande de mettre nos lunettes à verres polarisés.

« Regardez ! Il y a quelques saumons dans la rivière », s'exclame-t-elle.

Nous tentons d'y voir plus clair mais Yves et moi n'y arrivons pas. Léane insiste un peu plus en nous décrivant une série de roches qui, pour elle, sont blanches ou un peu plus foncées. Elles forment une séquence en zigzag qui mène à une espèce de barre pâle qui, d'après Léane, est un saumon. Notre regard suit celui de Léane avec un peu d'imagination et d'improvisation, mais heureusement, la queue d'une de ces grosses bêtes subaquatiques bouge tout d'un coup comme pour nous saluer. Et nous prenons encore quelques instants de fouilles visuelles pour détecter une autre bête, mais cette fois-ci montée sur deux pattes. Elle nous regarde à son tour avec un petit sourire en coin.

« Un pêcheur près de la berge, mais qu'est-ce qu'il fait là ? »

Léane nous explique qu'il pourrait y avoir plus d'un pêcheur à proximité de la fosse, de telle sorte que nous devrons sans doute entamer un **protocole de rotation**. Sans trop savoir de quoi il en retourne, Léane nous demande de demeurer au belvédère tout en s'éloignant de nous. Elle descend ensuite un escalier étroit dont les marches sont faites de rondins et la pente abrupte l'amène vers l'intrus. Yves profite de l'occasion pour m'interpeler.

« Mathieu, on a parlé de différents sujets de base de ton cours de Gestion des finances personnelles, mais certains n'ont pas été touchés. C'est bien beau de comprendre le fonctionnement des marchés, des placements, de l'offre et de la demande, mais si tu ne peux pas mettre de l'argent de côté, tu as un sérieux problème. Tu sais comment tout fonctionne, mais tu n'es pas capable d'en profiter. Veux-tu que je te raconte une histoire ?

– Oui, vas-y.

– Alors que j'étais au début de la vingtaine, je n'avais jamais les moyens de m'offrir certaines choses qu'Hubert parvenait à acheter, lui.

– Quel était son secret ?

– Attends un peu, Mathieu, j'y arrive. Un beau dimanche après-midi, assis sur son balcon, je lui ai demandé ce qu'il faisait pour bénéficier d'une meilleure qualité de vie. Hubert a toujours été avisé et responsable, et il en savait sûrement plus que moi sur le sujet. Tu le connais bien, il est toujours prévoyant et se renseigne sur tout avant de s'engager dans quelque chose de nouveau.

– Oui, je sais.

– Il m'a alors donné un cours sur certains sujets de base que je ne connaissais guère. Imagine de quoi j'avais l'air.

– Personne ne t'avait parlé de finance ou d'économie auparavant ?

– Non, le sujet n'était pas tabou, mais la plupart des gens ne savaient pas grand-chose là-dessus. Mon père m'avait dit de ne pas m'inquiéter avec ça, que le gouvernement mettrait de l'argent de côté pour mes vieux jours. Que veux-tu ? C'était la mentalité de l'époque. Les gens n'étaient pas habitués à l'épargne... Regarde où est ton grand-père maintenant. Il n'a pas beaucoup de sous et demeure dans un foyer pour personnes âgées en banlieue. Je suis sûr qu'il aurait préféré se retrouver dans un endroit plus près de la campagne. Toutefois, il n'a pas assez d'argent et il ne veut pas de mon aide... À l'époque, il m'a dit qu'il me parlerait de placements quand je serais un peu plus vieux et que j'aurais du vécu. Il m'a seulement dit de placer mon argent dans des CPG parce que c'était beaucoup plus sûr.

– Eh bien, je n'ai pas droit au même discours !

– Non. Mon père, comme bien des gens de son âge, a fait un mauvais placement à la Bourse quand il était jeune. Depuis, il n'a jamais voulu répéter l'expérience. J'ai appris toutes sortes de choses à mes dépens et je veux que tu saches tout cela dès maintenant pour mieux commencer ta vie d'adulte... Pour en revenir à mon histoire, Hubert m'a fait comprendre que travailler plus n'était pas nécessairement la solution à mes problèmes d'argent parce qu'avec chaque dollar de plus, il ne me restait que 62 cents. Il m'a expliqué le fonctionnement du **taux marginal d'impôt**. Si mon revenu est de 51 000 $ à la place de 50 000 $, le dernier 1 000 $ est imposé au taux en vigueur pour un revenu de 50 000 $, c'est-à-dire à près de 38,4 %.[6]

– Tu ne pouvais quand même pas demeurer assis là, à t'apitoyer sur ton sort de jeune homme fauché ! Ce n'était pas une solution !

– Ne t'énerve pas, attends la suite. Plus tu gagnes d'argent, plus tu en dépenses. Il m'a dit qu'avant de penser à faire plus d'argent, je devais apprendre à gérer ce que j'avais. Il fallait que je concentre mon énergie pour faire des achats intelligents. C'est vrai que travailler plus apporte plus d'argent, mais à un certain point, ça brime ta qualité de vie. C'est un peu le même principe pour une entreprise qui n'arrive jamais financièrement, même en augmentant ses ventes. Il vaut mieux apprendre à bien la gérer au lieu de toujours chercher à grossir pour atteindre la rentabilité.

– Mais, tu peux quand même chercher à faire plus d'argent, n'est-ce pas ?

– Bien sûr. Le principe est de savoir gérer son argent intelligemment, peu importe le montant que tu as.

– Est-ce qu'il t'a dit autre chose ?

– Oui. Il m'a dit de mettre un frein à l'usage abusif de ma **carte de crédit**. Elle était presque toujours remplie à pleine capacité. Dès que j'en payais une partie, je la remplissais au complet dans les jours suivants. Sais-tu à quel taux d'intérêt sont les cartes de crédit ?

– Non, pas vraiment. Ça doit être cher, environ de 8 à 10 %.

– Certaines cartes de crédit étudiantes aujourd'hui ont ces taux, mais les cartes normales sont entre 13 et 19 %. Les taux étaient beaucoup plus élevés dans mon temps. Au début, je payais 27 %. »

J'imagine que les tentations doivent être fortes quand tu possèdes une carte de crédit : en ayant facilement accès à de l'argent, les petites nécessités doivent devenir plus rapidement de grandes urgences !

Nous voyons Léane du haut de notre perchoir et elle nous fait signe de descendre. Arrivés sur place, Léane et son énigmatique pêcheur s'étaient déplacés un peu plus en aval vers la fosse voisine, la Tent. Pour nous y rendre, nous devons marcher quelques dizaines de mètres en aval, le long de la rivière. Nous y sommes et Léane nous présente le pêcheur Sébastien, un gaillard à grosse moustache, d'allure plutôt sympathique, qui fait au moins 1,95 m. Il est seul puisque son ami pêcheur souffre, depuis ce matin, d'une gastroentérite. La négociation que Léane avait déjà entamée avec Sébastien nous permet d'établir un bon protocole de rotation. C'est une sorte d'entente entre « gentlemen-pêcheurs » permettant une participation équitable à l'activité de pêche lorsque cette dernière se déroule d'une façon simultanée entre étrangers intéressés à la même fosse.

Dans le cas présent, Sébastien est d'accord pour que je puisse pêcher un peu plus en amont et Léane m'y guide. À l'instar de notre excursion précédente à la fosse Breeder, j'exécuterai un premier lancer puis je me déplacerai d'un ou deux pas vers l'aval de cette fosse. Lorsque cette séquence de mouvements m'amènera graduellement vers le milieu de la fosse, une quinzaine de minutes plus tard, Sébastien pourra entrer dans l'eau et commencera la même routine que moi, mais en se plaçant près de la tête de cette fosse.

En partageant l'espace de cette façon, même entre étrangers, tous les pêcheurs de saumon sont relativement satisfaits de leur activité halieutique. Aussitôt que j'ai terminé ma routine de 15 minutes, Yves s'approche de moi.

« Bon, Mathieu, je vais continuer de te parler du crédit. Avec une carte toujours pleine, d'une capacité de 2 000 $ et un taux d'intérêt à 27 %, je me retrouvais à payer plus de 540 $ d'intérêts inutiles par année.

– Comme tu dis, ce sont des intérêts inutiles assez élevés. »

Il n'y a pas trop de saumons à taquiner. Je prends un cola dans la glacière, j'en bois un peu, puis je le tends à Yves qui boit aussi quelques gorgées avant de continuer son histoire.

« Hubert m'a dit qu'il fallait que j'acquière la discipline de toujours rembourser mensuellement ce que je mettais sur ma carte de crédit. Si tu payes ta carte avant la date d'échéance, tu ne payes pas d'intérêt. Si tu ne fais pas attention et que tu dépasses cette date, tu dois payer des intérêts rétroactivement, à la date des achats faits avec ta carte lors du mois précédent. De là l'importance de **payer à temps**. Souviens-toi de ça quand tu utiliseras ta carte de crédit.

– Ne t'en fais pas, je ne veux pas concentrer mon énergie à économiser pour payer des intérêts, comme tu semblais si bien le faire.

– Merci pour la gentille remarque. Même si je réalisais à quel point ce que je faisais n'était pas intelligent, je n'arrivais pas à m'en sortir. Hubert m'a expliqué les conséquences de certains gestes, comme de ne pas acquitter le **paiement minimum** de ma carte de crédit. La plupart du temps, toute démarche faite en vue d'emprunter auprès d'une institution financière ainsi que tout crédit obtenu, par prêt ou par carte de crédit, sont notés dans ton dossier de crédit. Meilleur est ton dossier, plus il est facile d'obtenir du crédit et à moindre coût. Par contre, des consultations trop fréquentes peuvent soulever la suspicion et abaisser cette cote. Par ailleurs, il t'est possible de consulter gratuitement ton dossier, une fois par année, en communiquant avec Equifax ou TransUnion Canada [7], les deux seules entreprises responsables de regrouper toutes les informations de crédit concernant les Canadiens. Est-ce que tout est clair pour toi ?

– Je comprends pour le dossier de crédit. Mais au bout du compte, comment as-tu fait pour rembourser ta carte de crédit alors qu'elle était déjà pleine ? Avais-tu de l'argent de côté que tu as pu utiliser pour rembourser ta carte ?

– Non, pas du tout. Hubert m'a alors dit que je devrais aller à la banque pour demander une **marge de crédit**. C'est le moyen le moins coûteux de s'endetter à court terme. Le taux d'intérêt à payer est beaucoup moins élevé et tu peux faire des sorties et des entrées d'argent comme bon te semble. Il m'a dit qu'il était sage d'avoir une marge de crédit déjà négociée en cas d'imprévu. Et c'est ce que j'ai fait.

– Je suis d'accord que ça réduit les intérêts que tu dois payer, mais ça ne règle pas ton problème ; tu as toujours des dettes à régler.

– Tu as bien raison. J'y arrive. J'ai dû apprendre à me discipliner et mettre en pratique un des principes de base dont Hubert m'a parlé. Tel que je te l'ai expliqué tout à l'heure, je devais faire des achats intelligemment, c'est-à-dire ne pas faire d'**achats impulsifs**. Je devais alors faire la différence entre un **besoin** et un **désir**. C'est comme dans n'importe quel domaine, il faut savoir se maîtriser et penser avant d'agir. Avec la facilité d'obtention de crédit et la mentalité des nouvelles générations, beaucoup de consommateurs briment leur vie en s'endettant au maximum. C'est important que tu retiennes ça, surtout à ton âge.

– Je suis tout à fait d'accord avec ce que tu m'expliques, c'est bien logique. On voit tellement de publicités qui disent : "Achetez maintenant et payez plus tard".

– C'est vrai. Toutes ces publicités incitent les gens à la surconsommation. D'autres publicités parlent de ne payer que quelques dollars par jour ou par semaine. Les gens se retrouvent donc étranglés par des paiements pour des choses dont ils n'ont pas toujours besoin.

– Ils n'ont donc pas tous fait la différence entre un désir et un besoin.

– Très bien ! Bravo, tu es très attentif. Tout ça me fait justement penser à un article que j'ai lu dernièrement. Il concernait les habitudes de vie des millionnaires. Sais-tu ce qui caractérise les **millionnaires** américains ?

– Ils sont tous très riches.

– Wow, là tu m'épates, Mathieu ! Non, sans blague, as-tu une idée ?

– Ils doivent venir de familles très riches.

– Non, pas du tout. Tu es complètement à côté, fiston. Contrairement à ce que l'on pense, les millionnaires sont souvent des **entrepreneurs** qui ont travaillé dur, qui ont appris à mériter leur gagne-pain et qui ont des habitudes de vie qui leur permettent de s'enrichir plus que les autres. Ils contrôlent mieux leurs dépenses et s'assurent toujours de dépenser moins que ce qu'ils gagnent. Ils consacrent une partie de leur argent et de leur temps à ériger leur richesse.[8]

– Tu es sûr qu'il n'y en a pas une partie qui provient de familles riches ?

– Il y en a, mais ce n'est pas la majorité.»

C'est quand même surprenant. Donc, si je gère bien mes affaires, je pourrais, un jour, être millionnaire. Toutefois, ce n'est pas vraiment mon intention. Je veux seulement pouvoir me payer mes petits caprices et être à l'aise.

«Mathieu, es-tu en train de rêver ? Est-ce que tu t'imagines millionnaire ? Avant que tu te perdes dans tes pensées, il y a un autre sujet dont Hubert m'a parlé jadis. Il s'agit du principe de l'**épargne**. Si tu veux t'acheter quelque chose, et que tu n'as pas suffisamment d'argent pour le payer, tu dois prendre l'habitude de mettre de l'argent de côté. C'est ce que j'ai dû faire à l'époque. Bref, en plus de payer ma carte de crédit, il fallait que j'aie assez de discipline pour accumuler de l'argent, sinon ça ne servait à rien puisque j'allais utiliser encore ma carte au maximum, à la moindre occasion.

– Ça veut donc dire qu'il te fallait encore plus de discipline, n'est-ce pas ?

– Tu as raison. C'est en érigeant ta richesse que tu réussis à te payer ce que tu désires. J'ai donc commencé à mettre de l'ordre dans mes finances. Le but n'est pas de calculer les moindres dépenses que tu fais, mais plutôt de bien arriver avec l'argent que tu as. Ça ne sert à rien d'avoir un bateau, un chalet, une grosse maison et trois voitures s'ils sont tous à crédit à la banque. Tu ne peux même pas t'offrir des vacances de pêche avec tes enfants, une fois par année, parce que tu payes trop d'intérêt un peu partout.

– Mais, papa, dis-moi ce qui s'est passé? Tu devais régler ta carte de crédit et apprendre à te mettre un peu d'argent de côté. As-tu pu tout faire à la fois?

– Ça m'a pris peut-être neuf ou dix mois. Je me suis tout d'abord concentré à payer ma carte de crédit. Là, il y a deux trucs que j'ai appris. Le premier est de connaître la date à partir de laquelle les transactions commencent à être inscrites sur mon relevé de carte de crédit. Quelquefois, en attendant quelques jours, on reporte le paiement pour une grande période. Le second est de m'assurer que la date limite pour le paiement ne tombe pas une journée de congé. L'émetteur de la carte doit avoir reçu l'argent pour la date limite et si cette date limite est une journée de congé, cela peut me coûter cher. Une façon d'éviter ce piège est de demander à l'émetteur de la carte de mettre en place le paiement mensuel automatique de celle-ci. Par la suite, j'ai commencé à mettre un peu d'argent de côté pour tous les biens de valeur que je désirais m'acheter.

– Est-ce que ça veut dire que depuis ce temps, tu ne fais qu'acheter les biens dont tu as besoin?

– Non, pas nécessairement. Je me fais une liste d'articles que j'aimerais avoir, puis je réfléchis sur chacun d'eux pour ensuite décider quelle gâterie je m'offrirai prochainement. Il faut tout de même **profiter de la vie**. Au bout de quelques mois, j'ai commencé à me sentir vraiment mieux. L'effort est difficile à faire, mais il en vaut la peine.»

Yves regarde sa montre.

«Aïe! Mathieu, il est maintenant 12 h 30! Je ne pensais pas qu'il était si tard. Veux-tu retourner au chalet maintenant?

– Je suis partant. Je commence à avoir vraiment faim.»

Entre-temps, Sébastien, le géant, ne pêche plus puisqu'il était encore plus affamé que nous. Léane m'interpelle pour me montrer une dernière technique de pêche qui pourrait m'être utile sur une rivière à saumon atlantique, celle du lancer à la **mouche sèche**. Bien que mon ventre crie famine, cela vaut certainement la peine d'apprendre quelque chose de nouveau avant d'aller dîner. Yves en profite pour pêcher un peu plus loin sur la rivière et même au-delà de notre fosse. Il m'avait déjà dit qu'il avait, un jour, capturé un petit **madeleineau** «égaré» d'à peine 2 kg, qui se tenait à un peu moins d'un mètre du rivage et dans très peu d'eau.

Léane sort de sa veste de pêche une belle boîte rouge rectangulaire et me montre un assortiment de «bibittes à poils» placées pêle-mêle.

«Mathieu, si ce petit air taquin que je vois dans ton regard cherche à insinuer que je n'ai aucun sens de l'organisation avec mes mouches sèches! Eh, bien, tu te trompes...»

Ma sœur m'explique que, contrairement aux mouches noyées, les poils des mouches sèches ne doivent pas être écrasés puisque cela les empêcherait de flotter. Par conséquent, il ne faut pas qu'il y ait d'ordre dans sa boîte de rangement rouge. Léane m'expliqua qu'à une certaine époque on avait l'habitude de les appeler **mouches flottantes**, mais qu'un pêcheur-philosophe s'y était opposé en affirmant qu'une mouche artificielle ne pouvait flotter que si elle était sèche et qu'elle devait demeurer ainsi pour maintenir sa flottaison.

«Mathieu, moi aussi je suis parfois une moqueuse de la pire espèce et voici une moustachue que tu pourrais te placer sous le nez pour ressembler à notre Sébastien-pêcheur qui a déjà disparu, faute de nourriture. Comme toutes mes autres sèches, le corps de ma "**moustachue**" est enroulé de poils hérissés qui lui permettent de maintenir sa flottabilité. Ces poils auraient pu provenir d'un mammifère de chez nous comme le caribou ou le chevreuil. Mais ma moustachue, qui ressemble plutôt à une brosse flottante, a été fabriquée avec des poils provenant d'une oreille de lièvre. C'est la création d'un artisan-pêcheur d'ici qui s'est inspiré d'un "moucheur" de France, Jean Vaufrey. Amusant, n'est-ce pas?»

Yves revient bredouille de sa pêche exploratoire en eau peu profonde dans les rapides, mais toutefois avec un large sourire, comme s'il sortait d'une séance de yoga. Nous lui demanderons un peu plus tard l'origine de ce sourire énigmatique tout en espérant que je puisse poursuivre mon apprentissage de pêche à la mouche sèche!

Nous repartons en ayant l'impression d'avoir beaucoup appris ce matin. Arrivés au chalet, nous avons la surprise de voir un chef cuisinier que Suzanne nous a envoyé afin de nous préparer un repas gastronomique de bienvenue. C'est une courtoisie qu'elle a l'habitude d'offrir à ses amis-pêcheurs de saumon, surtout pour une première expérience comme la mienne. Nous avons droit à un véritable festin au homard avec un excellent vin blanc pour Yves, un délicieux jus d'orange pour Léane et une bonne bière fraîche pour moi. Nous sommes attablés, à l'extérieur du chalet, en plein soleil mais avec un toit de bois pour nous protéger. Comme disait Voltaire: «Tout est pour le mieux dans le meilleur des mondes!»

Après notre festin royal, Yves est allé faire une sieste. Je le réveillerai plus tard. Puis Léane entre dans le chalet pour tenter de fabriquer une «mouche magique» avec l'équipement sophistiqué que Suzanne lui a prêté. De mon côté, je rêve à moitié éveillé en écoutant le silence d'une forêt écrasée par cette chaleur torride d'un bel après-midi de juin.

# Sommaire

Pour s'enrichir, il faut tout d'abord apprendre à gérer son argent avant de penser à travailler davantage.

Étant donné les intérêts élevés, il ne faut pas utiliser sa carte de crédit comme moyen d'emprunt à court terme, mais plutôt une marge de crédit. Il est primordial de ne pas se laisser prendre au piège de la surconsommation et de faire des achats réfléchis, où l'on différencie un désir d'un besoin.

Finalement, administrer mieux ses dépenses, dépenser moins que ce que l'on gagne et mettre de l'argent de côté, voilà les meilleurs moyens d'ériger sa richesse.

# Chapitre 4

## Les régimes matrimoniaux

Il est l'heure de réveiller Yves. Je ne peux pas passer à côté d'une si belle occasion de lui remettre le coup des draps de ce matin. C'est cruel de se retrouver au froid en se levant. Qu'est-ce que je pourrais bien faire pour lui rendre la pareille?

Je marche doucement pour ne pas faire de bruit. Je pousse tranquillement la porte, puis je rentre dans la chambre et je me dirige vers lui. Je saupoudre un peu de poivre sur l'oreiller, tout près de son nez. Je passe ensuite un bout du papier sur le bord de son nez. Il se gratte le nez, puis il éternue et se réveille.

« Mathieu! Qu'est-ce que tu as mis? »

J'ai bien réussi mon coup. Je ne réponds pas. Je sors de la chambre en jetant le bout de papier et le restant de poivre dans la poubelle et je retourne m'asseoir dans le salon. En regardant en direction de la chambre, je vois Yves sortir en se mouchant.

« Du poivre! En voilà une idée! Tu vas voir, je vais me souvenir de ce coup-là. »

Maintenant, c'est lui qui est grognon parce qu'on vient de le réveiller. Ce qui me fait le plus rire, c'est la figure qu'il fait. Je viens d'engager une petite guerre avec lui. Je vais devoir faire attention et tenter de prévoir son prochain coup.

« Allez, papa, habille-toi, on retourne pêcher ! »

Léane est déjà à l'auto et nous allons poursuivre nos aventures dans la rivière Dartmouth. Yves insiste pour choisir notre prochain endroit de pêche. Ce sera la fosse Spring Rock de la zone 2. Je suis surpris d'apprendre que c'est une fosse voisine de la Tent qui est légèrement en aval de cette dernière. Que me réserve encore Yves à part de faire le malin pour me réveiller en sursaut lorsque je dors paisiblement dans le chalet ?

Nous y arrivons. Yves veut-il me jouer un autre vilain tour puisque nous entrons dans le même sentier difficile d'accès, menant à la fosse Ladder ? Il devine mes pensées mais chemin faisant, il me montre la Gorge.

« Eh bien, non. Je ne me vengerai pas de toi malgré le poivre que tu as mis aujourd'hui sur mon oreiller. Que pensez-vous de ce paysage tiré d'un conte de fées ? »

J'admire en silence la rivière Dartmouth qui rugit de sa chute visible un peu plus haut vers l'amont. Une vue superbe se présente devant nous alors que la rivière Dartmouth est étreinte, de chaque côté de son cours, par d'énormes jetées rocheuses qui dévient le débit pour former une série de serpentins d'eau. De grands conifères projettent de l'ombre entre les jetées, ce qui augmente encore plus la beauté du lieu. Nous restons là pendant de longues minutes et Yves se met à placoter de tout et de rien comme s'il avait été ensorcelé par un méchant géant **troll** venu de Norvège. Puis soudain, un éclair d'argent bondit en flèche hors de l'eau, du bouillon blanc situé au pied de la chute, comme pour tenter de la franchir. « C'est un grand saumon », nous précise Léane. Yves interrompt notre conversation et insiste pour que nous prenions un autre sentier afin de nous rapprocher de la chute.

« Alors, Mathieu, penses-tu te marier un jour ?

– J'espère bien, mais pas tout de suite ni dans un avenir prochain. Je veux éventuellement me marier et m'engager pour la vie avec une personne que j'aime. Mais pourquoi me questionnes-tu là-dessus ?

– Eh bien, je voulais te parler des régimes matrimoniaux !

– Des régimes matrimoniaux ? Papa, es-tu sûr que j'ai besoin de ces notions tout de suite ?

– C'est important que tu connaisses les conséquences de tes actes. Que tu sois **conjoint de fait** ou marié, tu dois te protéger dans l'éventualité d'une rupture. Ce n'est pas seulement une question de choix religieux ou personnel.

– Je trouve ça un peu stupide de parler de rupture quand je pense passer toute ma vie avec la même personne, surtout si je suis marié.

– Mathieu, la vie est remplie d'impondérables. On ne sait jamais ce qu'elle nous réserve. Prends seulement ta mère et moi en comparaison avec Hubert et Christine. Ils sont conjoints de fait alors que nous sommes mariés. Il y a beaucoup de conséquences à choisir un régime plutôt qu'un autre.

– Que faut-il savoir ?

– Prenons tout d'abord l'exemple de ta mère et moi. En tant que gens mariés, nous pouvons être en **séparation de biens** ou en **société d'acquêts**. La séparation de biens donne à chaque époux un droit sur les biens à son nom. Anciennement, ce n'était pas la société d'acquêts qui existait mais la **communauté de biens**. Dans le régime de la société d'acquêts, tous les biens qui ont été acquis pendant le mariage doivent être partagés également. Est-ce que tout est clair pour l'instant ?

– Oui, mais dis-moi, comment le couple fait-il pour choisir tel ou tel régime ? Est-ce lors du mariage ?

– Non, lors du mariage, le couple se marie habituellement selon le régime public, soit la société d'acquêts. La séparation de biens est un régime privé. Le couple qui désire vivre en séparation de biens doit en faire la demande, sinon le mariage sera en société d'acquêts.

– Ça veut donc dire qu'il existe un régime qui peut mettre une personne à la rue puisqu'elle pourrait se ramasser sans maison et sans biens, n'est-ce pas ?

– Pas tout à fait. Certains biens doivent être séparés entre les deux personnes lorsqu'elles sont mariées : il s'agit du **patrimoine familial**. Ça comprend les résidences de la famille, les meubles, les véhicules automobiles pour le déplacement et les régimes de retraite. C'est obligatoire pour tous les nouveaux mariages depuis 1989 et pour la plupart des mariages antérieurs à cette année-là. »

Tout à coup, Yves rebrousse chemin pour se diriger plutôt vers l'aval de la rivière. Mon père, tout aussi excité que nous, s'est trompé. Nous marchons et marchons en repassant par la fosse Ladder, puis par la Tent, pour finalement atteindre Spring Rock.

Léane, la première en position d'attaque, sort une petite mouche sèche de sa boîte rouge en la déposant sur ma main droite.

« Tantôt, lorsque papa dormait, je t'ai fabriqué une petite "patineuse" pour attraper un gros bêta de saumon ! C'est maintenant ton tour de nous enseigner quelque chose, n'est-ce pas ? »

Léane m'aide à atteindre la jetée rocheuse qui nous rapproche le plus d'un saumon. Le parcours est périlleux mais je m'installe d'aplomb, les deux pieds bien au sec, sur la surface rugueuse du rocher. L'endroit est propice pour le lancer à la mouche sèche puisque le courant est à vitesse modérée. Il faut, m'explique Léane, que la mouche puisse dériver naturellement sur l'eau sans que la soie la retienne pour la faire patiner inutilement.

« Tu plaisantes, Léane... Une patineuse doit normalement patiner !

– Toujours aussi farceur et on sait de qui tu retiens ! Écoute-moi bien maintenant. Tu dois effectuer un **lancer parachute**... »

Je suis mort de rire et j'ai presque failli tomber à l'eau. Heureusement que ma bienveillante sœur a pu me retenir à temps. Elle attache, habilement, la patineuse au bas de ligne de ma canne. Puis elle m'explique que je dois ramener ma canne vers l'arrière à la position 1 h, cette première séquence de mouvements étant la même que celle que j'ai déjà apprise pour la noyée.

Cependant, lorsqu'on ramène la canne vers l'avant, on doit stopper le mouvement à la position 11 h, en retenant simultanément la soie avec la main gauche. Cet arrêt soudain doit faire tomber la mouche sèche doucement sur l'eau, avant l'arrivée de la soie. Alors que la mouche se dirige vers la surface, il faut abaisser la canne à l'horizontale. La soie près du bas de ligne n'est alors pas tendue, afin que la mouche puisse dériver sans entrave. La direction du lancer de la mouche sèche est également différente de celle de la mouche noyée puisqu'il faut lancer vers l'amont plutôt que vers l'aval, afin de faciliter la dérive de la bestiole.

Je n'ai toujours pas cessé de ricaner en pensant à la «patineuse en parachute» et ma sœur me demande alors d'aller me calmer auprès d'Yves. Je le rejoins en m'éloignant de Léane qui a décidé de pratiquer ses lancers avec sa patineuse.

«De quoi parlions-nous? Ah oui, papa! J'avais une question en tête... Dis-moi ce qui se passe quand un homme ayant déjà toute sa fortune se marie avec une femme qui ne possède rien? Doit-il lui donner la moitié des biens s'ils se séparent?

– J'ai oublié de te le dire tout à l'heure, mais ce sont uniquement les biens acquis pendant le mariage qui sont obligatoirement séparés entre les époux. Il ne faut pas oublier le patrimoine familial acquis ou payé pendant le mariage. Les **dons** et les **héritages** ne sont pas inclus. Quel régime te semble le meilleur?

– Je ne le sais pas vraiment, mais toi, qu'elle est ton opinion?

– Ça dépend, tu dois choisir le **régime matrimonial** qui s'applique le mieux à l'implication financière que tu veux avoir dans ton couple. C'est ce qui me ramène à Hubert et Christine. Comme tu le sais, ils ne sont pas mariés. En tant que conjoints de fait, ils doivent se protéger davantage en cas de rupture. S'ils se séparent, ils n'ont rien à partager, chacun s'en va de son côté avec les biens identifiés à son nom.

– Alors, dis-moi, comment font-ils pour se garantir une certaine protection? Ils mettent un bien au nom de Christine et un autre au nom d'Hubert? Et que se passe-t-il pour la maison, ils ne peuvent pas en acheter deux?

– Non, tu as bien raison, mais certains biens peuvent être mis sous deux noms. Hubert met donc les deux noms sur tous les contrats des biens de valeur qui sont achetés. Ainsi, s'il y avait rupture de leur couple, ils devraient se séparer ces biens. Pour les biens ayant moins de valeur, ils essaient de répartir les achats pour que chacun en ait la moitié à son nom.

– On peut donc dire qu'ils bénéficient d'une protection adéquate?

– Oui et non. Car ce n'est pas sur tous les contrats que les deux noms sont marqués et ni tous les biens qui sont enregistrés. C'est donc plus litigieux pour des conjoints de fait, mais une **séparation** est toujours difficile à régler, même lorsqu'on est mariés.»

Je rejoins Léane sur la jetée rocheuse et je passe à l'action alors que Léane me guide afin que mes lancers soient précis, tout en m'indiquant la localisation approximative des saumons. Ils ne sont pas visibles même avec nos lunettes à verres polarisés. Trois lancers et puis la mouche est entraînée rapidement vers le fond de l'eau...

«J'en ai un!»

Je lève ma canne en grand vainqueur et là toute une surprise pour moi. Yves et Léane s'esclaffent à leur tour puisque je n'ai attrapé qu'un tacon d'à peine 10 cm. Nous quittons ensuite l'endroit pour nous rendre à la fosse Ledges de la zone 3 qui est située à environ

1 km, plus en amont sur la rivière. Je commence à avoir une bonne expérience de pêche puisque les tacons semblent apprécier mon lancer à la sèche. Restons calme et profitons de cette belle nature.

# Sommaire

Il est important de connaître ses droits en cas de rupture. Les deux principaux régimes matrimoniaux en vigueur sont la société d'acquêts et la séparation de biens. Tout mariage est présumé être fait en société d'acquêts, à moins que le couple ne fasse une autre demande.

Selon la société d'acquêts, tous les biens acquis pendant le mariage doivent être partagés en parts égales. Les seuls biens qui ne sont pas divisibles sont les dons et héritages reçus. Selon la séparation de biens, chaque époux a droit aux biens identifiés à son nom, mais le partage doit se faire en respectant la loi sur le partage du patrimoine familial.

Pour se protéger mutuellement, advenant une rupture, ceux qui choisissent d'être conjoints de fait devraient identifier leurs biens de valeur sous leurs deux noms.

# Chapitre 5

## Les assurances

D'après Léane, le saumon a l'habitude de se reposer dans des dépressions un peu plus profondes situées à proximité de deux petites chutes, à la tête de la fosse Ledges. C'est là que nous allons tenter notre chance.

« Mathieu, je crois qu'Yves aimerait continuer avec toi son cours d'éducation économique. Pour ma part, je vais effectuer quelques lancers pour taquiner nos saumons.

– Bon, Mathieu, un peu plus tôt, on a parlé de prévoir les impondérables à travers les régimes matrimoniaux. Il y a toutefois quelque chose d'encore plus important à penser en matière d'événements imprévisibles. Il faut une couverture d'assurance contre les désastres naturels et les crimes. Que connais-tu sur ce sujet ?

– Euh... Je sais qu'il faut des assurances pour la maison, les biens, et qu'il faut aussi une assurance pour l'auto ! En réalité, il faut assurer nos biens contre le vol, les accidents et les catastrophes.

– C'est un bon début et c'est un bon réflexe d'assurer ses biens pour ne pas avoir de mauvaises surprises. Par contre, il y a des assurances beaucoup plus importantes à prendre que celles sur les biens. Qu'arrive-t-il lorsqu'un jeune père de famille meurt en laissant sa famille sans héritage et avec un faible revenu ?

– Je ne sais pas. Il n'y a pas une aide gouvernementale pour cette situation ?

– Pas vraiment. Tu dois mettre ce réflexe de côté ; tu ne dois jamais compter sur le gouvernement pour te donner une bonne qualité de vie.

– Mais alors, qu'est-ce qui se passe ?

– Si tu meurs, tes proches perdent un être cher, en plus de perdre leur qualité de vie. Tu ne veux surtout pas qu'une telle situation se produise. Tu es beaucoup plus important que les biens que tu possèdes. Encore une fois, il faut que tu apprennes à t'accorder de la valeur, et donc de la valeur à ta vie et à ceux qui te sont chers. Tu dois contribuer à une assurance vie dès que d'autres personnes sont dépendantes de ta santé financière.

– Comment est-ce que ça fonctionne ? Doit-on payer un montant pour assurer une certaine couverture, supposons 100 000 $ ?

– C'est un peu cela. Tu dois calculer et évaluer les besoins de ta famille pour qu'elle vive convenablement advenant ton décès demain matin. Ces calculs doivent tenir compte du salaire de ta conjointe et de vos besoins financiers jusqu'à ce que tes enfants soient autonomes et instruits. Tu dois considérer aussi l'inflation, l'impôt, les frais de décès et ton avoir s'il est négatif. Ainsi, si tu décèdes, tous les frais seront payés et ta famille aura suffisamment d'argent pour vivre convenablement.

– Papa, je ne suis pas sûr de comprendre ce que tu m'as expliqué.

– Dis-moi ce que tu ne comprends pas.

– Qu'est-ce que tu veux dire par `**avoir négatif**` ?

– Eh bien, c'est quand la somme de tes actifs est inférieure à la somme de tes **passifs** ! Les actifs représentent tous les biens et les placements que tu possèdes. Les passifs correspondent aux dettes que tu as. Si tu dois plus que tu possèdes, tu as alors un avoir négatif. Tu dois tout inclure dans ce calcul, à l'exception de ce qui concerne ta résidence principale. Est-ce que c'est plus clair maintenant ?

– Oui, mais pourquoi la résidence principale doit-elle être exclue ?

– C'est simplement parce que tu veux que ta famille puisse y loger après ton décès. Tu dois retenir que l'assurance vie est un petit sacrifice à faire pour vivre avec l'esprit plus tranquille. Une fois que tu as déterminé ton besoin en assurance, assure-toi d'avoir suffisamment de couverture d'assurance, mais de ne pas payer pour rien. Beaucoup de gens cotisent à des assurances alors que leur employeur cotise également pour ce même type d'assurance à leurs noms.

– Mais pourquoi les gens font-ils ça ?

– C'est tout simple. La plupart du temps, c'est parce qu'ils ne savent pas qu'ils sont couverts. Il faut se renseigner afin d'éviter de payer des frais inutiles. Les gens cotisent souvent à un régime d'assurance vie à plusieurs endroits : avec leur carte de crédit, leur compte en banque, leur prêt étudiant, leur prêt hypothécaire et bien d'autres. Bien des gens se font prendre comme des poissons en payant ces primes d'assurance vie plus cher, quand il ne s'agit pas de dépenses carrément inutiles. Il vaut mieux choisir un seul produit d'assurance vie et refuser les assurances reliées à des produits bancaires.

– Si je ne suis pas ton conseil et que je cotise à plusieurs endroits, est-ce que j'ai le droit de recevoir tous ces montants?

– Oui. Il faut par contre que tu comprennes que dans l'assurance, il y a différentes échelles de couverture. Il revient moins cher de cotiser à certains montants prédéterminés de 100 000$, 250 000$, 500 000$ et 1 000 000$ qu'à de petits montants à gauche et à droite. Tu as donc intérêt à souscrire au palier supérieur à ton besoin en assurance. Plus tu te couvres pour un gros montant, moins le montant est cher en proportion de ta couverture. C'est un peu comme le principe d'acheter en grande quantité pour épargner de l'argent en payant moins cher par unité.

– Super! On a terminé le sujet des assurances! De quoi parle-t-on maintenant?

– Pas si vite, Mathieu, il y a une autre assurance importante dont il faut parler: c'est l'**assurance invalidité**. Le principe est similaire à l'assurance vie.

– Allons donc, il y a d'autres assurances à prendre?

– Eh oui, ces compagnies font fortune en vendant de la tranquillité d'esprit aux gens, mais cela en vaut la peine puisque nous ne savons jamais ce que nous réserve l'avenir!

– Je ne suis pas si sûr de tout ça. Si on prend seulement mon exemple, en assurance automobile, ça me coûte une fortune. J'ai de la difficulté à m'imaginer cotiser à toutes ces assurances.

– Ne t'en fais pas pour ça. Premièrement, les autres assurances ne coûtent pas aussi cher et en plus, ton assurance automobile coûte cher simplement parce que tu es un jeune homme célibataire de moins de 25 ans. Pour les assurances touchant l'individu, plus tu es jeune, moins ça coûte cher. J'ai commencé à cotiser à des assurances de personnes quand tu avais peut-être 2 ans. J'aurais dû le faire auparavant, mais je n'en savais rien.

– Et en quoi consiste l'assurance invalidité?

– Elle te protège contre une baisse de revenu attribuable à un changement de condition physique ou mentale sur lequel tu n'as pas de contrôle. Ça peut être causé par un accident, une maladie ou une dépression qui font que tu dois cesser ou diminuer ton travail, pour un certain moment ou pour toute ta vie.

– Mais, papa, pourquoi devrait-on se couvrir contre un événement qui n'arrive pratiquement jamais?

– C'est ce que tu penses. Il faut que tu saches qu'une personne sur quatre se retrouve dans cette situation un jour dans sa vie.[9]

– J'ai un ami qui a eu un accident de travail l'été passé. Il s'est coupé le petit doigt en travaillant avec une scie à chaîne. Il a eu une bonne partie de son salaire payé par la **Commission de la santé et de la sécurité du travail** ou **CSST**. Je ne vois donc pas pourquoi je devrais payer de l'assurance invalidité si mon employeur la fournit à travers la CSST.

– C'est un bon réflexe, mais tu n'as pas tout à fait raison. La CSST va couvrir une **invalidité** causée par ton travail. Si tu te blesses en faisant du ski alpin avec tes amis, tu ne seras pas couvert par la CSST.

– Ça veut donc dire que je dois me couvrir pour tout accident qui pourrait survenir à l'extérieur du travail.

– C'est un très bon réflexe. Tu peux également augmenter ta couverture pour un accident de travail, si tu juges que ce qui est offert par la CSST n'est pas suffisant, mais cela ne s'applique que si tu as un salaire élevé ou que tu es cadre d'une entreprise.

– Mais alors, je peux recevoir plus que mon salaire si je suis couvert à plusieurs endroits. Supposons que je cotise à une assurance invalidité et que je suis couvert par la CSST.

– Tu ne peux pas recevoir plus que ton salaire. La couverture d'assurance invalidité sert à payer la différence entre la contribution de la CSST et ton salaire; tu peux donc prendre une couverture de ce montant pour toute invalidité causée par ton travail.

– Ah, je comprends beaucoup mieux! Quel est le prochain sujet?

– Pas si vite! Je n'ai pas terminé. Avant de porter ton choix sur une compagnie d'assurance, tu dois vérifier quelle définition elle donne à l'invalidité. Certaines compagnies exigent qu'il y ait un suivi médical pour qu'il y ait déboursement, ce qui n'est pas toujours le cas.

– Peux-tu me donner un exemple?

– Prenons l'exemple d'un dentiste qui se coupe deux doigts. Il perd ses deux doigts, ce qui ne l'empêche pas de vivre normalement. Il n'est plus capable de faire son travail, mais la compagnie ne voudra pas payer puisqu'il ne nécessite pas un suivi médical une fois que sa blessure est cicatrisée.

– Je ne pensais pas que les compagnies d'assurance jouaient sur les mots à ce point.

– Eh oui, il faut bien lire son contrat, particulièrement lorsque l'assurance invalidité accompagne un financement hypothécaire! Les compagnies font de l'argent en recevant le maximum de cotisations et en payant le minimum de réclamations. Elles vont donc chercher à limiter leurs déboursements.

– J'imagine que c'est pour cette raison que les compagnies d'assurance ne sont pas très appréciées.

– Tu as tout compris.

– Papa, a-t-on fini de parler d'assurances?

– Non. Qu'as-tu à être aussi pressé? Je ne t'ai même pas parlé encore des différentes sortes d'assurances. Ce n'était qu'une petite introduction.

– Aoutch! Moi qui espérais que ce soit fini.»

Yves passe la canne à Léane qui décide d'aller un peu haut vers l'amont de la fosse, constatant que j'accepte d'en savoir un peu plus sur les assurances de personnes.

«Il existe plusieurs sortes d'assurance vie, les principales sont: l'**assurance vie temporaire**, l'**assurance vie entière** et l'**assurance vie universelle**. Il faut absolument que tu retiennes que l'assurance vie et l'assurance invalidité ne couvrent que des besoins temporaires. Cela ne sert à rien de payer pour une assurance si tu as une fortune qui couvre déjà tous ces besoins.

– Si je comprends bien, tu me recommandes de prendre seulement des assurances temporaires?

– Oui. Ça ne sert à rien de contribuer à une assurance alors que le besoin n'y est pas. Revenons donc aux différentes sortes d'assurances. La première, l'assurance temporaire, s'offre en termes de 5, 10 et 20 ans. Tu paies alors le même montant pendant le nombre d'années choisies.

– Comment l'assureur fait-il pour savoir quel montant il doit te facturer? Quel est le mécanisme qui fixe les prix?

– Eh bien, toutes les sortes d'assurance fonctionnent avec des probabilités! Pour l'assurance vie, plus tu vieillis, plus tu es à risques et plus tu paies cher tes assurances. D'autres facteurs sont aussi pris en considération, comme le fait que tu sois fumeur ou que tu aies un haut niveau de cholestérol. Les compagnies ne te feront pas de cadeau.

– J'imagine que c'est à cause de ces fameuses probabilités que je paie plus cher mon assurance automobile que ce que paient les filles de mon âge!

– Exactement. Les jeunes conducteurs sont reconnus pour causer plus d'accidents coûteux puisqu'ils sont plus téméraires. La même chose s'applique pour un logement. Si tu désires assurer un logement qui est situé au-dessus d'un magasin ou dans un quartier défavorisé, tu paieras beaucoup plus cher.

– Je comprends le concept.

– Bon, revenons à notre sujet principal. Nous n'avons pas parlé des autres sortes d'assurances vie. L'assurance vie entière et l'assurance vie universelle ont un terme de 100 ans. Étant donné la longueur du terme, les paiements sont beaucoup plus élevés que nécessaire lors des premières années. La différence entre cette contribution et celle requise pour une assurance vie temporaire s'en va en placement. Est-ce que...?»

Tout à coup, à partir d'une grosse roche près du rivage, Léane termine son dernier lancer et donne sa canne à Yves qui s'empresse de reprendre ses efforts de pêche; lui qui s'était aventuré sur la surface glissante d'une immense plateforme rocheuse mouillée par le fracas tapageur d'une petite chute. Mon père est, parfois, style casse-cou pour nous en montrer un peu et ma sœur dirait plutôt qu'il est de style *rock-and-roll* comme un vieux fan des Beatles. Heureusement qu'il a ses feutres antidérapants sous ses bottes pour l'empêcher de glisser. Il revient vers nous en grand Viking des temps modernes, quasiment en courant avec son grand sourire d'adolescent. Je l'adore, tout simplement!

«Alors, Mathieu, où en étions-nous? Ah oui, je t'ai parlé des assurances permanentes et de leur fonctionnement! Sais-tu quelle est la différence entre l'assurance vie entière et l'assurance vie universelle?

– Non. Ça doit être un petit détail qui fait que le nom est différent.

– C'est un petit détail qui change tout. Lorsqu'il s'agit de l'assurance vie entière, le placement est géré par l'assureur. Pour l'assurance vie universelle, le placement est géré par le propriétaire de la police.

– Ah, c'est seulement ça!

– Je n'ai pas terminé, Mathieu. Tu dois aussi comprendre le mécanisme de ces deux types d'assurance. Pour la police d'assurance vie entière, l'assureur garantit une **valeur de rachat** et un **capital d'assurance vie**. Peu importe le rendement des placements dans lesquels la compagnie d'assurance investit, elle paiera la valeur de rachat si tu la vends avant ton décès, sinon le capital d'assurance vie au décès.

– Je ne suis pas sûr d'avoir bien compris. Peux-tu m'expliquer encore ce que sont une valeur de rachat et un capital d'assurance vie?

– Une valeur de rachat, c'est la somme que l'assureur est prêt à consentir si tu rachètes ton assurance vie de ton vivant. Le capital d'assurance vie est la somme pour laquelle tu fais des contributions et elle sera donnée à tes héritiers à ton décès. Bien sûr, la valeur de rachat est inférieure au capital. Est-ce que c'est plus clair?

– Oui.

– Ce qui différencie l'assurance vie entière de la police d'assurance vie universelle, c'est que pour l'assurance vie universelle, tu sélectionnes toi-même les placements que tu désires. Tu peux donc t'en servir en tant que produit d'assurance et de placement, et y placer des sommes importantes si tu le désires.

– Comment est-ce que ça fonctionne pour les contributions à faire? Est-ce qu'elles demeurent les mêmes jusqu'au décès?

– Quand c'est la compagnie d'assurance qui gère ton argent, oui. Lorsque c'est une assurance vie universelle, ça dépend. Il en existe deux sortes: la police d'assurance vie plus capital et la police d'assurance vie seulement.

– Quoi! Encore d'autres types d'assurance vie!

– Eh oui, ne t'en fais pas, ce sont les dernières dont je te parle! Avant de te dire quelles sont les contributions, je dois t'expliquer un peu la logique de chacune.

– Vas-y.

– La police d'assurance vie plus capital donne à tes héritiers la valeur marchande de tes placements en plus du capital d'assurance vie. La police d'assurance vie seulement donne uniquement le capital d'assurance vie.

– Mais alors, qu'est-ce qui se passe avec tes placements?

– Ils servent à payer une partie des coûts d'assurance vie, lesquels peuvent être croissants ou nivelés dépendant du contrat. C'est pourquoi la cotisation coûte beaucoup moins cher avec les années, étant donné que la compagnie d'assurance ne doit débourser que la différence entre le capital d'assurance vie et la valeur du portefeuille de placement.

– Les contributions dépendent donc du rendement de ton portefeuille de placement, n'est-ce pas?

– Oui, mais elles dépendent également des sommes d'argent que tu investis dans ton portefeuille.

– Ouch!»

Je viens de me faire attaquer par une mouche à chevreuil.

«Dis-moi, papa, comment font-ils pour savoir quel est le montant de contribution nécessaire?

– Ce sont des calculs actuariels complexes qui tiennent compte de la valeur réelle de ton portefeuille, de ton capital d'assurance vie et de plusieurs données démographiques.

– J'ai un peu de difficulté à comprendre ce que vient faire cette partie de placement. Est-ce qu'il est possible d'en retirer une somme d'argent avant le décès?

– Oui, mais il pourrait y avoir de l'impôt à payer dans les cas où la valeur de rachat vaut plus que les contributions payées. Le fait de sortir de l'argent augmentera la contribution nécessaire par la suite, puisque la compagnie doit couvrir un plus gros montant d'assurance.

– Toi, qu'est-ce que tu en penses? Est-ce une bonne idée de sortir de l'argent de sa police?

– C'est une bonne idée si ta couverture d'assurance vie n'est plus nécessaire et que tu as besoin d'argent.

– J'ai bien compris tout ça. Par contre, j'aurais une autre question... Je me demande depuis un moment si on a le droit de placer l'argent où l'on veut dans une police universelle.

– Ça dépend des polices, mais elles permettent habituellement toutes d'inclure des CPG, des fonds d'obligations et des **indices boursiers**.

– Peux-tu me rappeler ce qu'est un indice boursier?

– Oui. Habituellement, un indice se compose des plus importantes compagnies d'une Bourse. Les gens regardent l'évolution de l'indice pour voir comment se comporte la Bourse. Ils peuvent également regarder l'indice d'un secteur en particulier.

– Mais alors, pourquoi cela serait-il une mauvaise chose d'investir dans une police universelle? En y considérant les placements admissibles, ce n'est pas si pire que ça. Tu disais toi-même que seulement un gestionnaire sur quatre réussit à battre l'indice. Le rendement doit être bon si ça suit les marchés boursiers. Ça te cause moins d'ennuis, non?

– Non, non, non! Tu n'as pas compris. Peut-être que ça te fait moins d'histoires, mais tu n'as généralement pas accès aux meilleurs gestionnaires, donc aux meilleurs rendements. Comme je te l'ai dit, même en tenant compte des **frais de gestion** prélevés sur tes placements, il est possible d'aller chercher une valeur ajoutée par la sélection d'un bon gestionnaire. En plus, à travers un produit d'assurance vie, tu paies beaucoup plus de frais puisque l'assureur prélève des frais de police, d'assurance et de gestion. Les avantages compris dans la partie placement d'une assurance vie se retrouvent tous, à moindres frais, dans d'autres sortes de placements. Et puis finalement, il s'agit d'assurances permanentes...

– Oui, je m'en souviens, c'est un besoin temporaire. Alors, dis-moi, papa, pourquoi les compagnies vendent-elles encore de ces produits s'ils ne sont pas vraiment bons?

– C'est simple, c'est beaucoup plus payant pour elles. La police d'assurance vie entière est la plus payante pour la compagnie d'assurance, mais elle doit gérer l'argent intelligemment; ce qui représente un risque pour elle. La police universelle est moins payante pour elle, mais elle se décharge de toute responsabilité. L'assurance vie temporaire est la moins payante du lot. Beaucoup de gens sont mal renseignés et achètent la mauvaise sorte d'assurance. Ils mordent à l'hameçon en achetant la police inadéquate que l'assureur leur vend. Sais-tu quel est le principal problème avec ces polices permanentes?

– Tu l'as dit tout à l'heure. Trop de frais, tu paies des montants trop élevés que tu risques de ne pas toucher, et en plus, tu n'as pas accès aux placements de ton choix.

– C'est vrai tout ça, mais il y a un autre point très important. La plupart du temps, les propriétaires de police n'ont pas les compétences requises en gestion de placements.

– J'espère, papa, qu'il n'y a rien d'autre que je devrais savoir sur les assurances.

– Je suis désolé de te décevoir, mais il y a une autre sorte de police d'assurance utile à connaître: la police d'**assurance** "**maladies graves**". Cette police est encaissée de ton vivant lors d'importants troubles de santé. C'est un produit qui peut intéresser les personnes qui sont dans une famille où les mêmes problèmes de santé sont transmis de génération en génération.

– Est-ce le cas pour nous?

– Non. À ma connaissance, dans notre famille, aucun problème de santé n'est transmis de génération en génération. Je ne pense donc pas avoir besoin d'une telle police. Toutefois, il existe une autre assurance intéressante à considérer. Habituellement, elle s'applique à un couple en santé, relativement âgé, et qui pense avoir des problèmes de succession lors du dernier décès.

– Tu veux dire lors du décès de la dernière personne du couple.

– Exactement. Il s'agit de l'**assurance vie dernier décès**. Quand une des deux personnes du couple décède, lorsque la totalité des avoirs est transférée à l'autre personne, il n'y a pas d'**incidence fiscale** à ce moment.

– Attends un peu, c'est quoi cette incidence fiscale?

– La **fiscalité** touche à tout ce qui concerne les impôts. Si c'est sans incidence fiscale, c'est qu'il n'y a pas d'impôt à payer... Pour continuer ce que je disais, lorsque la deuxième personne décède, il y a incidence fiscale. À ce moment, la **succession** doit souvent vendre plusieurs biens à prix réduit pour payer l'impôt au décès. Cette assurance vie sert à payer cet impôt et simplifie la vie des héritiers.

– Est-ce que l'assurance vie dernier décès peut servir à payer des dettes?

– Oui. Le principal avantage de cette police est qu'elle coûte beaucoup moins cher puisque l'assureur doit débourser uniquement lors du deuxième décès.

– Et est-ce que ceci s'applique à tous les couples?

– Non. Si le couple n'a pas une retraite confortable en vue, ce n'est pas une bonne solution.»

J'écrase le moustique qui tourbillonnait autour de ma cheville droite. Décidément, les moustiques ne me lâcheront pas aujourd'hui. Yves me sort de mes pensées.

« Mathieu, peux-tu me dire si ce que je t'expliquais est clair pour toi ?

– Oui, mais j'ai une question. J'ai entendu dire que mamie Roy rachetait une partie de son assurance toutes les années. Est-ce qu'elle avait une assurance vie universelle ?

– Non, pas tout à fait. Elle avait une assurance vie entière, mais étant donné son âge et le fait qu'elle n'avait plus d'argent, elle retirait un petit montant de son assurance chaque année. Elle empruntait sur son assurance vie pour vivre plus aisément. Sais-tu ce qui est merveilleux avec cette technique ?

– Non, mais elle devait payer de l'intérêt.

– C'est justement ce qui est merveilleux. Elle ne payait de l'intérêt que sur l'argent qu'elle empruntait, et comme elle détenait un vieux contrat, son taux d'emprunt était très bas. Lorsqu'elle a commencé à contribuer à des assurances, le taux d'emprunt à la banque était ridiculement bas. C'était donc très avantageux pour elle. Par contre, à son décès, sa succession n'a pas pu obtenir la valeur totale de sa police.

– Alors, est-ce que le sujet des assurances est terminé ?

– Oui, Mathieu, tu peux enfin crier victoire, ton sujet préféré est terminé. Mais en fait, l'assurance vie me mène à un autre sujet...

– Ah non, pas encore !

– Mathieu, il faut absolument que je te parle de ce qui arrive lorsqu'une personne décède. Que dirais-tu qu'on aille manger au chalet et qu'on discute un peu des testaments et de la succession avant de se coucher ?

– Cela me convient, mais une petite pause ne me fera pas de tort. De toute façon, ça ne sert à rien de demeurer ici, l'endroit n'est pas si sensationnel que ça. »

# Sommaire

Il existe trois principaux types d'assurance vie : entière, universelle et temporaire. L'assurance vie entière et l'assurance vie universelle comportent une portion de placement qui est respectivement gérée par l'assureur ou par le propriétaire de la police (placements possibles : CPG, fonds d'obligations et indices boursiers). Dans les deux cas, ce ne sont généralement pas de bons véhicules de placement, puisqu'elles comportent davantage de frais et empêchent l'accès aux meilleurs gestionnaires.

L'assurance vie représente un besoin temporaire et sert à couvrir un manque à gagner advenant le décès d'un individu. Le montant de la couverture doit tenir compte de l'avoir financier de la famille (les actifs moins les dettes) et assurer une qualité de vie acceptable jusqu'à ce que les enfants soient autonomes et instruits.

Beaucoup de produits financiers comportent une couverture d'assurance vie coûteuse et superflue. Il est inutile de contribuer à plus d'une assurance vie.

Il est possible d'emprunter sur son assurance vie entière ou universelle ; cette technique n'a aucune incidence fiscale. Elle peut être avantageuse pour une personne âgée ayant un manque à gagner et dont la police offre un faible taux d'emprunt.

Il peut être intéressant pour un couple âgé de cotiser à une assurance vie dernier décès. Elle est moins chère, puisque le capital d'assurance vie est versé seulement au dernier décès. Cette police vise principalement à payer l'impôt au décès.

Finalement, l'assurance invalidité et l'assurance maladies graves offrent une couverture, de son vivant, à un individu en incapacité de travailler.

# Chapitre 6
## Le testament

Nous mangeons en écoutant la radio. Il est maintenant 19 h 30. Nous étions tous les trois affamés, car nous n'avons pas dit un mot avant la fin du repas.

«Dis-moi, papa, je pensais à ton prochain sujet en mangeant... Je me demandais ce qui était arrivé quand mamie Roy est décédée? Je me souviens qu'il y a eu un conflit dans la famille. Est-ce que c'était une question de **testament** et de succession?

– Exactement. Ta mère et ses frères et sœurs ne s'entendaient pas sur la valeur à donner à certains biens.

– C'est quand même triste que l'héritage de mamie ait été l'objet de querelles dans la famille.

– Je suis bien d'accord avec toi. Mais tu sais, ce ne sont pas les premières personnes à se disputer pour de l'argent.

– Peux-tu m'expliquer ce qui s'est réellement passé à son décès? J'ai seulement entendu des bribes de conversation.

– Eh bien, étant donné qu'il y avait trop de discorde, il a fallu vendre tous les biens pour lesquels les enfants n'accordaient pas la même valeur! Ils ont ensuite divisé l'argent de ces ventes entre eux. C'est quand même dommage parce qu'ils ont dû se départir de biens ayant une certaine valeur sentimentale. De plus, étant donné leur hâte, ils ont perdu beaucoup d'argent en vendant la plupart de ces biens à prix réduit.

– Dis-moi alors, est-ce qu'il y a un moyen d'éviter une telle situation?

– Oui. Mamie n'avait pas fait de testament, contrairement à papi qui en avait un. Il avait tout légué à mamie. Lorsqu'il est décédé, elle n'a pas cru bon de faire un testament puisqu'elle a entendu dire que tout irait à ses enfants, et c'est ce qu'elle voulait.

– Si elle avait su le malaise que cela allait créer, elle aurait sûrement rédigé un testament.

– Je suis de ton avis, Mathieu. Je vais maintenant t'expliquer comment l'héritage est distribué au décès. Tu sais déjà que si la personne décédée a laissé un testament, ses biens sont légués selon ses dernières volontés. Devine ce qui se passe quand un frère décédé est inscrit comme héritier.

– Je n'en ai aucune idée... Attends un peu, j'ai vu ça dans un film. C'était un jeune adolescent qui héritait du club de baseball de son grand-père. Donc, ce sont les enfants des héritiers qui obtiennent ces biens.

– Tout à fait. Dès qu'il y a des descendants, ce sont eux qui héritent. Quand il n'y a pas d'enfants, l'argent est divisé entre les autres héritiers. Cette règle s'applique dans n'importe quelle situation où il s'agit de liens familiaux. Est-ce que tout est clair pour toi?

– Oui, mais alors, qu'est-ce qui se passe quand il n'y a pas de testament?

– Tout est distribué selon ce que dit la loi. C'est pour ça qu'il faut que les conjoints de fait fassent un testament. Seul le conjoint d'un couple marié reçoit une partie d'héritage quand son conjoint meurt. L'héritage va donc aux personnes ayant un lien de parenté direct avec la personne décédée. Dans l'ordre, nous retrouvons en premier les enfants et le conjoint marié, en deuxième les parents, et en dernier les frères et sœurs.

– C'est beaucoup plus simple que je le pensais.

– Attends un peu, ce n'est pas si simple que ça; je ne t'ai donné que les grandes lignes. De façon plus précise, voici quelques exemples. Si un homme meurt sans testament, le tiers de l'héritage va à sa conjointe mariée et les deux tiers aux enfants. S'il n'a pas de femme, tout va à ses enfants.

– Donc, au décès de mamie, tous les biens sont allés à ses enfants puisque papi était déjà mort. Est-ce exact?

– Oui, mais qu'est-ce qui arrive si une femme meurt et qu'elle n'a pas d'enfants?

– C'est son mari qui hérite.

– Non. Les deux tiers vont à son mari et le tiers à ses parents.

– C'est bizarre, je n'ai jamais imaginé que les parents pouvaient hériter de quelque chose, et encore moins avant les frères et sœurs.

– Eh bien, Mathieu, tu es comme beaucoup de personnes qui ont ce réflexe ! Tu parlais justement des frères et sœurs. Ils héritent eux aussi de leur partie si les parents ne sont plus vivants. Ils obtiennent le tiers, avec le conjoint marié qui a les deux tiers.

– Décidément, ça commence à être un peu compliqué. Est-ce qu'il reste d'autres cas que nous n'avons pas vus ?

– Oui. Si une personne n'a plus de conjoint ni d'enfants, sa fortune est divisée en parts égales entre ses parents et ses frères et sœurs.

– Ça en fait plusieurs, mais je pense avoir tout retenu. Les enfants ne partagent qu'avec la conjointe mariée. Ils passent en premier, la conjointe mariée en deuxième, puis les parents et les frères et sœurs viennent ensuite. Les parents héritent avant les frères et sœurs, à moins qu'il n'y ait plus de conjointe ni d'enfants. Dans ce cas-là, ils se divisent le tout.

– C'est un beau petit résumé que tu me fais là, Mathieu. Qu'arrive-t-il lorsque quelqu'un n'a pas de conjoints, d'enfants, de frères et sœurs et que ses parents sont décédés ?

– Je dirais que l'argent doit aller au gouvernement.

– Mauvaise réponse. S'il a des neveux, des nièces ou de leurs descendants, l'argent leur est attribué.

– Sinon, ça va au gouvernement, n'est-ce pas ?

– Oui, tu as raison sur ce point. Ça me fait penser à quelque chose d'important à ne pas oublier : avant de partager les **droits successoraux**, il faut que le partage des **droits matrimoniaux** soit fait. Si la personne décédée était mariée, la moitié du patrimoine familial va à son conjoint avant tout. Il n'est pas imposé sur ce qui lui est légué, que ce soit par les droits matrimoniaux ou successoraux.

– Qu'est-ce qui se passe si le mari est en brouille avec sa femme et qu'il a modifié le testament pour ne rien avoir à lui léguer ? Est-ce que la moitié du patrimoine familial lui revient quand même ?

– Oui, les droits matrimoniaux passent toujours avant les droits successoraux. »

Yves réfléchit quelques instants. Il doit être en train de chercher ce qu'il lui reste à dire sur le sujet. Je rêvasse en pensant à demain. Je me vois attraper un saumon de plusieurs kilos. Je sors de la lune alors qu'Yves m'adresse la parole.

« Mathieu, j'ai oublié de te dire qu'avant de toucher à un héritage, toutes les dettes doivent être payées en plus de l'impôt au décès.

– Est-ce que ça veut dire que si une personne décède avec beaucoup de dettes, les héritiers reçoivent toutes ces dettes à payer ?

– Non. Au décès, l'**inventaire des biens** du défunt est fait, puis les héritiers décident s'ils veulent ou non l'héritage. Normalement, ils acceptent d'hériter si la succession est rentable, sinon ils refusent.

– C'est un peu logique.

– Quand ils refusent, ils doivent entreprendre des procédures pour liquider la succession ; c'est le même principe qu'une faillite personnelle. S'ils acceptent, ils doivent trouver un moyen de payer les dettes de la personne décédée et l'impôt pour les biens qui sont imposables. S'ils n'ont pas d'argent, ils doivent vendre des biens pour payer ces frais. Ils héritent ensuite de ce qui reste.

– Et puis, le fait qu'il y ait un testament ne fait que dire qui aura droit à certains biens, c'est ça ?

– Tout à fait. On peut donc dire que les droits matrimoniaux passent en premier, suivis du paiement des dettes et de l'impôt, puis finalement les droits successoraux. Je t'ai dit que tous les biens et les placements qui étaient légués au conjoint sont exempts d'impôts. Il est donc sage pour quelqu'un qui fait son testament de léguer ses **régimes enregistrés d'épargne-retraite** ou **REER** à son conjoint pour reporter le moment de l'imposition.

– J'avoue que ce n'est pas bête. Mais au fait, les REER sont des placements pour la retraite, n'est-ce pas ?

– Oui. Et il existe plusieurs autres acronymes comme celui-là dans le domaine du placement.

– Toi, papa, est-ce que tu as un testament ?

– Oui. Avoir un testament, ça ne fait pas mourir. Je l'ai justement modifié juste après le décès de mamie Roy. Je ne veux pas que mes proches se disputent pour savoir qui aura quoi à mon décès.

– Mais voyons, papa ! Penses-tu vraiment qu'on se serait tiraillés pour cela ?

– On ne sait jamais. Ça ne prend pas grand-chose pour susciter une querelle. Cela pourrait se produire et je ne voudrais pas que ma mort soit une cause de dispute dans ma famille.

– Je comprends ton point de vue, on n'est jamais trop prudents.

– Eh bien, Mathieu, que dirais-tu que je m'occupe de ranger un peu avant de continuer cette conversation sur les testaments avec toi ? Cependant, j'aurais quand même voulu manger ce soir avec vous deux un délicieux repas de saumon préparé au four. Je vais réfléchir à la possibilité d'aller sur une autre rivière à saumon de la Gaspésie afin de changer un peu de paysage. »

Yves revient de sa tâche de rangement et Léane s'absente afin de vérifier les équipements de pêche pour le lendemain.

« Bon, Mathieu, je vais maintenant te parler des différentes sortes de testament. Il y a le testament notarié, le testament devant témoins et le testament olographe.

– Donne-moi plus de détails sur ces différentes sortes de testaments.

– Le testament notarié se fait devant un notaire. Le testament devant témoins se fait devant deux témoins qui ne sont pas héritiers et ne sont pas parents entre eux. Puis le testament olographe est un testament écrit à la main par l'individu. Tous ces testaments doivent être signés par l'individu. Le plus récent testament écrit est celui qui prévaut.

– Tel que je te connais, tu dois me recommander de faire un testament notarié ?

– Tu as bien deviné... quand tu auras terminé tes études. Le testament notarié ne se perd pas et il ne requiert pas d'être approuvé par la Cour au décès, contrairement aux autres sortes de testaments. Il comporte le désavantage de coûter un peu plus cher que les deux autres, mais ce n'est habituellement pas si cher que ça. Tout dépend des clauses qui y sont placées.

– Si je comprends bien, un testament peut avoir plus ou moins de clauses?

– En fait, certaines clauses permettent de procurer plus d'argent à ta famille à la suite du décès. Dans ce cas, on appellera celui-ci un **testament fiduciaire**. C'est un testament assez coûteux, mais très avantageux lorsque le montant de l'héritage peut justifier ces coûts. Si c'est le cas, cela en vaut vraiment la peine. En plus, certains frais de planification fiscale sont déductibles...

– Euh! Qu'est-ce que "déductible" signifie?

– Ça vient de **déduction**. C'est simplement que ces frais peuvent être inclus dans ta déclaration de revenus pour baisser ton revenu imposable.»

Nous décidons d'aller dehors, car il y a une petite brise rafraîchissante. Ça fait du bien de changer d'air et de s'asseoir sur le balcon à regarder le ciel et à entendre le doux bruit de la nature. Il me semble qu'il n'y a pas si longtemps, j'étais assis à cette même place et j'observais le ciel devenir de plus en plus étoilé comme ce soir. C'est tellement relaxant. Nous gardons le silence un moment, puis Yves revient à la charge.

«Bon, je pense que je ne t'ai pas expliqué comment fonctionnait le testament fiduciaire. Le nom paraît bien compliqué, mais le principe est tout de même assez facile à comprendre. Une **fiducie testamentaire** est créée pour chaque personne bénéficiaire. L'argent de la fiducie testamentaire n'est pas saisissable et ses revenus de placement sont imposés, comme s'il s'agissait du revenu d'une autre personne.

– Peux-tu me dire ce que signifie le mot "saisissable"?

– Si tu fais faillite ou que tu as des dettes à payer, l'argent d'une fiducie testamentaire ne peut pas être saisi pour rembourser tes dettes. Personne ne peut y toucher, même pas le gouvernement. Veux-tu que je te donne un exemple concernant les fiducies testamentaires?

– Je ne dis pas non.

– Supposons que je meure et que je te lègue de l'argent. Après avoir payé les dettes et l'impôt, il te reste 100 000 $ placés en fiducie testamentaire. Si tu places les 100 000 $ et que tu gagnes un revenu d'intérêt de 4 500 $, ce revenu est taxé au **taux d'imposition** de base. Si cet argent n'était pas dans une fiducie testamentaire, il serait additionné à ton salaire, ton placement serait donc davantage taxé. Par exemple, pour un salaire annuel de 40 000 $, tu économises environ 10 % de 4 500 $ ou 450 $.

– Si je comprends bien, j'économise si mon salaire n'est pas au taux d'imposition le plus bas?

– Oui, tout à fait.

– Ça me semble louche. Il doit y avoir des désavantages ou des coûts cachés dans cette méthode bizarre de fonctionner.

– C'est totalement légal et, mis à part le fait que les biens ne peuvent pas être gérés uniquement par le bénéficiaire – et ne me demande pas pourquoi c'est ainsi – et que les frais administratifs sont plus élevés, il n'y a rien d'autre de négatif. As-tu d'autres questions sur les testaments ? On a pas mal fait le tour du sujet.

– Papa, il est maintenant 21 h 15. On devrait aller se coucher si on veut se lever tôt demain pour aller pêcher.

– Tu as bien raison. Mais avant, j'allais oublier de te mentionner deux choses. Tout d'abord, il y a certains détails qu'il ne faut pas oublier lors de l'écriture d'un testament. Il doit faire mention du nom du **liquidateur** et du **tuteur**. Sais-tu quels sont leurs rôles respectifs ?

– Je devine que le tuteur doit être pour les enfants mineurs du défunt. Pour le liquidateur, je n'en ai aucune idée.

– C'est simple, il s'occupe de liquider ou de léguer les biens selon ce que dit le testament.

– Puis, quel est le deuxième point ?

– Il y a un autre produit qui ressemble à un testament, mais qui n'en est pas un. Il s'agit du **mandat de protection**. Le mandat ne fait que prévoir qui se chargera de tes biens et de ta personne si tu en deviens incapable. Il peut être fait devant deux témoins ou notarié. Personnellement, lorsque j'ai rencontré le notaire pour faire mon testament, j'en ai également profité pour faire mon mandat de protection. J'ai décidé que ce serait ta mère qui s'occuperait de tout si je ne pouvais plus le faire moi-même.

– À bien y penser, j'aurais fait la même chose à ta place, papa.

– Bon, c'est terminé pour ce soir. J'espère que tu ne trouves pas tes cours trop ennuyeux. J'essaie de t'enseigner tout ce que je connais de façon simple.

– Non, ce n'est pas trop pénible, c'est même plus intéressant que plusieurs cours du cégep. Et puis, cela va m'être utile ! En passant, merci beaucoup pour le voyage, c'est très apprécié.

– De rien, Mathieu, ça me fait plaisir. Je trouve ça plaisant de pouvoir passer des vacances avec Léane et toi. Je suis sûr qu'on va garder de bons souvenirs de ces moments et il va falloir répéter l'expérience à l'occasion.

– Je suis partant. Tant qu'il y a de la pêche au programme et surtout avec une experte en matière de saumon comme ma sœur. »

Yves nous dit bonsoir et va se coucher. Léane revient pour me dire que l'équipement de pêche est prêt pour demain.

« Je suis fatigué et je crois que l'on mérite une bonne nuit de sommeil après cette première journée de pêche et d'apprentissage en pleine nature. Bonsoir, bonne nuit !

– Bonne nuit et à demain, mais pas trop tôt, j'espère. »

# Tableau 1
## Principaux acronymes utilisés dans le domaine du placement (par ordre alphabétique)

| CELI | Compte d'épargne libre d'impôt |
|------|--------------------------------|

Compte d'épargne enregistré qui permet au contribuable d'en recevoir un revenu d'investissement libre d'impôt. Les cotisations au compte ne sont pas déductibles d'impôt et les retraits des cotisations et des gains du compte ne sont pas imposables.

| CPG | Certificat de placement garanti |
|-----|----------------------------------|

Titre émis par un établissement financier offrant un taux d'intérêt stipulé d'avance, habituellement pour une période déterminée d'un an et plus.

| CRI | Compte de retraite immobilisé |
|-----|-------------------------------|

Régime enregistré qui protège les **sommes** de la caisse de retraite et les revenus d'investissement sur une base d'immobilisation pour les employés qui quittent une entreprise offrant un régime de retraite. Le CRI est en quelque sorte un REER immobilisé.

| FERR | Fonds enregistré de revenu de retraite |
|------|----------------------------------------|

Régime enregistré découlant d'un transfert du REER, versant un montant prescrit chaque année, et qui continue à différer l'impôt sur l'actif restant.

| FERR conjoint | Fonds enregistré de revenu de retraite conjoint cotisant |
|---------------|----------------------------------------------------------|

Lorsque le REER transféré à l'origine est un REER conjoint cotisant, le FERR obtenu sera alors un FERR conjoint cotisant.

| FRV | Fonds de revenu viager |
|-----|------------------------|

Régime enregistré découlant d'un transfert du CRI et qui protège les revenus de l'impôt sur une base d'immobilisation tout en créant des paiements au détenteur du compte. Les paiements totaux d'une même année sont limités au maximum défini par la loi. Ce maximum peut être majoré dans le cas d'un rentier âgé entre 55 et 64 ans. Le FRV est en quelque sorte un FERR immobilisé.

| FTB | Fonds transigé en Bourse |
|-----|--------------------------|

Fonds reproduisant un indice boursier.

| RAP | Régime d'accès à la propriété |
|-----|-------------------------------|

Programme permettant de retirer sans impôt jusqu'à 25 000 $ de son REER en vue de devenir propriétaire ou copropriétaire d'une résidence, montant qui devra ensuite être redéposé dans le REER, sur une période de 15 ans, sans que ces réinvestissements procurent de nouvelles déductions fiscales.

| REEE familial | Régime enregistré d'épargne-études familial |
|---------------|---------------------------------------------|

Régime enregistré permettant de recevoir une subvention plutôt qu'un crédit d'impôt et réalisé pour accumuler un capital pour les études postsecondaires des enfants bénéficiaires. Les cotisations sont effectuées avec des fonds après impôts, mais le revenu ainsi obtenu est un revenu à imposition reportée. Ce régime permet d'avoir plus d'un bénéficiaire, mais tous (même si seulement un seul est nommé) doivent être liés au souscripteur par liens du sang ou de l'adoption.

| REEE individuel | Régime enregistré d'épargne-études individuel |
|---|---|

Régime enregistré permettant de recevoir une subvention plutôt qu'un crédit d'impôt et réalisé pour accumuler un capital pour les études postsecondaires des enfants bénéficiaires. Les cotisations sont effectuées avec des fonds après impôts, mais le revenu ainsi obtenu est un revenu à imposition reportée. Ce régime ne peut avoir qu'un bénéficiaire en tout temps et celui-ci n'a pas à être parent avec le souscripteur.

| REEI | Régime enregistré d'épargne-invalidité |
|---|---|

Régime enregistré permettant d'économiser pour assurer la sécurité financière à long terme d'une personne handicapée.

| REEP | Régime d'encouragement à l'éducation permanente |
|---|---|

Programme permettant de retirer sans impôt jusqu'à 10 000 $/an (20 000 $ au total) de son REER en vue de financer des études à temps plein, montant qui devra ensuite être redéposé dans le REER, sur une période de 10 ans, sans que ces réinvestissements procurent de nouvelles déductions fiscales.

| REER | Régime enregistré d'épargne-retraite |
|---|---|

Régime enregistré permettant aux investisseurs d'économiser pour leur retraite tout en différant les impôts sur leurs cotisations ainsi que le revenu gagné sur celles-ci.

| REER conjoint | Régime enregistré d'épargne-retraite conjoint cotisant |
|---|---|

Régime enregistré d'épargne-retraite souscrit par le conjoint, habituellement plus fortement imposé.

| RPDB | Régime de participation différée aux bénéfices |
|---|---|

Régime parrainé par l'employeur, enregistré auprès de l'Agence du revenu du Canada et permettant de distribuer des profits d'une entreprise à des employés qui en détiennent moins de 10 % des actions. Un RPDB peut être transféré dans un REER sans impact fiscal.

| RRCD | Régime de retraite à cotisations déterminées |
|---|---|

Régime de retraite dans lequel les prestations sont fonction des cotisations et de la croissance du fonds de pension dont la responsabilité relève de son détenteur.

| RRI | Régime de retraite individuel |
|---|---|

Régime de retraite à prestations déterminées habituellement établi pour permettre la participation d'un seul propriétaire d'entreprise.

| RRPD | Régime de retraite à prestations déterminées |
|---|---|

Régime de retraite conçu pour fournir aux membres un montant précis de prestations durant leur retraite, basé sur une formule prédéterminée, et dont la responsabilité ne relève pas du prestataire.

| RRS | Régime de retraite simplifié |
|---|---|

Régime de retraite à cotisations déterminées habituellement établi pour permettre la participation d'employeurs et d'employés de plusieurs entreprises.

# Tableau 2
## Répartition des biens d'une succession sans testament pour les résidents du Québec

| Héritiers | Partage des biens |
|---|---|
| Le conjoint marié seulement | Tout au conjoint marié |
| Le conjoint marié avec un ou plusieurs enfants en parts égales | 1/3 au conjoint marié, 2/3 à l'enfant ou aux enfants |
| Un ou plusieurs enfants (avec ou sans conjoint de fait) | Tout à l'enfant ou aux enfants en parts égales |
| Le conjoint marié, le père, la mère ou les deux | 2/3 au conjoint marié, 1/3 au père, à la mère ou aux deux en parts égales |
| Le conjoint marié, des frères, des sœurs, des neveux et des nièces | 2/3 au conjoint marié, 1/3 aux frères, sœurs, neveux et nièces |
| Le père, la mère ou les deux, des frères, des sœurs, des neveux et des nièces | ½ au père, à la mère ou aux deux, ½ aux frères, sœurs, neveux et nièces |
| Des frères, des sœurs, des neveux et des nièces | À tous |
| Le père et la mère ou les deux seulement | Tout au père ou à la mère ou aux deux en parts égales |
| Aucun parent vivant | L'État est le bénéficiaire |

# Sommaire

Lors du décès d'un individu, après le paiement des dettes, de l'impôt et des droits matrimoniaux, les droits successoraux indiquent qui sont les héritiers des biens restants. Afin d'éviter l'imposition des REER, ceux-ci devraient être légués au conjoint. Il existe trois sortes de testaments : olographe, devant témoins et notarié. Si un individu n'a pas de testament lors de son décès, les biens sont légués aux enfants et à l'époux, ensuite aux parents, puis aux frères et sœurs et finalement, aux neveux et nièces. Il est donc primordial, pour des conjoints de fait, de faire un testament. Celuici permet également de nommer un tuteur pour les enfants mineurs ainsi qu'un liquidateur des biens.

Un testament plus complexe est plus avantageux pour les héritiers : le testament fiduciaire. Les biens reçus sont gérés par le bénéficiaire et par une tierce personne. Ce testament est plus coûteux, mais une partie des frais peut être déductible. De plus, il permet à chaque bénéficiaire de profiter d'un taux d'imposition avantageux sur les revenus découlant des biens hérités.

# Chapitre 7
## L'immobilier

Je me lève sans l'aide de personne. Il est déjà 6 h 30 du matin et tout le monde dort. C'est le grand silence et je suis peut-être en train de rêver puisque Yves ne nous a pas réveillés. Je m'approche de son lit à pas de loup...

« Debout le plus paresseux des papas que je connais ! Allez, et que ça saute, lève-toi ! »

Je l'entends maugréer et je reconnais quelques-uns de ses jurons favoris provenant d'un de ses héros d'enfance, le capitaine Haddock.

« ... Concentré de moules à gaufres... ! Analphabète diplômé... ! Bachi-bouzouk de tonnerre de Brest, de mille millions de sabords ! »

Je me sauve dans ma chambre, saute dans mon lit avec le fou rire, mais en faisant semblant de dormir. Et là, surprise... j'entends quelqu'un qui tente de me réveiller avec sa grosse patte d'ours. C'est mon père qui me dit que c'est le temps de me lever. Je ne le reconnais plus, qu'est-ce qui se passe, il est tout doux comme un agneau. « Que le grand cric me croque », me dirait papa Haddock !

« Mathieu, je ne t'ai pas réveillé parce que je voulais que tu puisses être en forme pour cette nouvelle journée de pêche au saumon.»

Inutile de vous dire que j'avais encore une fois de la difficulté à ne pas m'esclaffer. Yves s'éloigne et commence déjà à préparer le déjeuner pour sa progéniture. Quelquefois, je trouve le comportement de mon père plus difficile à comprendre que celui du saumon. Enfin, lorsque j'arrive à la table pour déjeuner, Léane a déjà bu son chocolat chaud et mangé quelques gaufres. Yves nous explique son programme de la journée. Nous allons au moins faire une heure de route, plus à l'ouest de la péninsule gaspésienne, en direction de Murdochville, afin d'aller pêcher le saumon sur la rivière Madeleine.

« Mathieu, pendant que ta sœur dort, je vais en profiter pour te parler de la " Belle Madeleine ". C'est le nom de la rivière Madeleine que lui donnait Stéphane, le premier guide-saumon qui m'avait aidé, au début de l'an 2000, à capturer mon premier saumon. Tout comme son père, maître-guide sur la Madeleine depuis plus de 50 ans, Stéphane était un véritable raconteur de récits historiques savoureux et d'anecdotes tout aussi croustillantes. Il m'a aussi enseigné une technique de pêche différente de ce que j'avais déjà appris de mes lectures et de mes autres guides-saumons. Grâce à cette technique, tout à fait particulière, le mouvement de ma canne entraîne la mouche noyée dans une sorte de balai en zigzag, un peu à la manière du déplacement d'un anaconda sur le fleuve Amazone.

– Tu vas chercher ça loin !

– Oui, mais j'ai toujours été fasciné par ce grand fleuve de l'Amérique du Sud dont le débit fluvial moyen est le plus élevé au monde, soit 209 000 m³/s. Évidemment, comme tout bon guide-saumon, Stéphane avait ses récits de monstres sur la Madeleine alors qu'il me racontait l'histoire d'une dame Brown qui avait capturé un saumon de 21,3 kg, en 1927.»

Nous sortons de la route pour emprunter un terrain déboisé en lisière de la forêt et l'auto s'immobilise sur un haut plateau, près d'une des falaises dénudées de végétation qui donne sur la Madeleine. Le paysage est tout à fait différent de celui de la rivière Dartmouth. C'est comme si la nature avait été modifiée par des années d'exploitation humaine et je me demande comment la rivière a pu maintenir la qualité de son eau avec le temps. Nous empruntons un sentier qui nous mène, en pente abrupte, sur le bord de la rivière et, derrière nous, une gigantesque falaise sablonneuse semble avoir été retenue par la force d'un géant.

« Mathieu, ce matin, si tu n'y vois pas d'objections, on pourrait parler d'**immobilier** pendant que Léane va prospecter la fosse, dont j'ai oublié le nom, afin d'y trouver quelques **saumons preneurs**. Qu'est-ce que tu connais de ce sujet ?

– Eh bien, je sais qu'il y a des gens qui achètent des appartements et les louent à différentes personnes, les locataires !

– Ce que j'entends par l'immobilier ici, c'est davantage de discuter du choix d'être locataire ou propriétaire de ton logement ou de ta maison. Qu'est-ce que tu en sais ?

– Je sais qu'il y a des personnes qui vivent en appartement alors que d'autres demeurent dans un condominium (une copropriété) ou une maison. C'est un choix de vie, mais souvent les personnes plus riches vivent dans une maison. Ceux qui ont une maison passent une bonne partie de leur vie à la payer, l'emprunt pour une maison s'appelle le prêt hypothécaire.

– Ce n'est pas mauvais. Il faut que tu saches plusieurs choses avant d'acheter une maison. J'ai fait cet apprentissage par moi-même lorsque ta mère a insisté pour qu'on y déménage. Tu devais avoir quatre ou cinq ans. J'avais déjà envisagé cette option, mais je m'étais dit qu'il valait mieux attendre quelques années, puisque nous n'avions pas trop d'argent à l'époque.

– Et puis, que s'est-il passé ?

– Je me suis renseigné pour voir si c'était vraiment trop cher ou si on avait les moyens de faire un tel achat. Je suis donc allé voir Hubert pour qu'il me dise ce qu'il en pensait... parce que je ne pouvais pas aller voir mon père.

– Et pourquoi ?

– Eh bien, je savais déjà ce qu'il allait me dire ! Ça se serait résumé à quelque chose du genre qu'il aime beaucoup sa maison, qu'il est bien content de l'avoir achetée, mais qu'il l'a payée trop cher pendant trop longtemps.

– Et puis, ce n'est pas vrai ?

– Oui, c'est vrai, mais j'avais juste besoin de quelques explications plus élaborées. Hubert s'était acheté une maison deux ans auparavant. Il ne se serait jamais engagé dans quelque chose de nouveau sans se renseigner sur le sujet.

– Oui, je sais. On a déjà parlé hier de ce trait de sa personnalité ! Et qu'est-ce qu'il t'a dit ?

– Hubert m'a dit qu'une maison n'était pas nécessairement le meilleur investissement que je pouvais faire. C'est un bien que l'on s'achète davantage pour répondre à un désir que pour le rendement qu'il procure en tant qu'investissement.

– Attends un peu. Est-ce qu'il y a des gens qui considèrent une maison comme le meilleur investissement qu'ils peuvent faire ?

– Oui. Dans le temps de mes parents, beaucoup de gens pensaient ainsi. Prenons l'exemple d'une maison que tu as payée 10 000 $ il y a 20 ans et qui vaut maintenant 150 000 $.

– Vu de cette façon, ça me semble rentable, non ?

– Non, puisqu'il faut que tu verses une **mise de fonds** initiale en plus du prêt hypothécaire. La maison ne se paye pas toute seule. En plus, la plupart des gens ne vendront jamais leur maison ou seulement lors de leurs vieux jours. Même si elle prend de la valeur, ils n'en profiteront pas du point de vue de l'investissement.

– Mais qu'est-ce qui se passe si on est en période de boom immobilier ? Est-ce qu'il y a moyen de s'enrichir ?

– C'est possible, mais il faut faire un bon coup autant lors de la vente que lors de l'achat et être dans une bonne période immobilière. Il y a des périodes dans l'économie où la valeur de l'immobilier augmente beaucoup ; il y a aussi des périodes où la valeur des maisons demeure stable pendant de longues années. Tu dois considérer tous les tracas reliés à la vente et à l'achat d'une maison. Il est également difficile de vendre une maison à gros prix pour en acheter une autre à prix modique.

– Si j'ai bien compris, une maison n'est pas un bon investissement ?

– Oui et non. Ce n'est pas l'investissement le plus rentable, voilà tout. C'est un bien que tu achètes pour répondre à un besoin et à des désirs. Une personne qui achète une maison le fait parce qu'elle désire demeurer sur son terrain, dans sa maison. C'est pour la qualité de vie. Cette qualité de vie peut coûter très cher à une personne demeurant seule.

– Mais pour ceux qui achètent une maison délabrée et qui la rénovent, ça peut quand même être payant, tu ne penses pas?

– Oui, je suis d'accord avec toi, d'autant plus que la résidence principale n'est pas imposée lors de la vente. Tu dois quand même mettre beaucoup d'efforts pour chercher une maison délabrée dans un beau quartier où tu trouves tous les services nécessaires à proximité. Tu dois ensuite la rénover et chercher un acheteur par la suite.

– J'avoue que c'est se donner beaucoup de mal.

– Tu as tout compris. Tu peux faire de l'argent avec l'immobilier, mais pour la grande majorité des gens qui achètent une maison, ce n'est pas un moyen rentable de faire de l'argent. Les entrepreneurs en construction font beaucoup d'argent. Ils achètent un gros terrain, le subdivisent en petits terrains, construisent et vendent. En règle générale, rares sont les personnes qui s'amusent à changer de maison pour le plaisir. Tous les désagréments et les frais que ça occasionne font que ce n'est pas très attirant... Léane vient dans notre direction, mais avant qu'elle arrive, j'aimerais te demander si tu peux faire un rapprochement entre notre expérience de pêche et la planification financière?

– Je crois que oui et la première chose qui me vient à l'esprit c'est la *patience*. Tu vois, j'ai déjà acquis plusieurs connaissances sur le saumon atlantique tout en apprenant de nouvelles techniques de pêche et nous n'avons toujours pas capturé de madeleineaux ou de grands saumons. C'est un peu comme la planification financière et l'immobilier. Avant de récolter un jour les fruits de ses efforts et d'en avoir des résultats satisfaisants, ça peut prendre beaucoup de temps.

– Excellente observation, Mathieu! D'ailleurs, le philanthrope anglais Izaak Walton Killam, le magnat des mines, disait que celui qui espère être bon pêcheur doit, non seulement apporter à l'étude un esprit chercheur, inquisiteur et observateur, mais aussi une grande mesure d'espoir et de *patience*. Il disait également qu'un amour de cet art est une véritable vocation.[10] Tu vois, nous admirons tous aussi la *persévérance* du saumon lorsqu'il saute, d'une façon répétée, vers une chute jusqu'à ce qu'il puisse la franchir et se rapprocher de sa frayère de reproduction. C'est un peu comme la *persévérance* à long terme de l'investisseur intelligent et chevronné que nous aimerions tous devenir. Cela te semblera plus évident lorsque nous allons aborder quelques concepts financiers concernant les fonds communs.»

Léane revient de sa prospection et elle nous informe qu'il y a au moins deux saumons à prendre près d'ici, dont un a déjà sauté hors de l'eau alors qu'Yves et moi n'avions rien entendu du *splash*. Nous étions trop concentrés sur les notions d'investissement reliées à l'immobilier. Yves semble pressé et se dirige rapidement à l'endroit indiqué par Léane afin de pouvoir effectuer ses premiers lancers. Il devient toujours plus excité après avoir vu un saumon sauter hors de l'eau.

Une vingtaine de minutes plus tard, Yves revient de sa pêche et Léane décide de rester un peu avec nous. Yves veut poursuivre son cours sur l'immobilier, mais j'ai d'abord une question pour lui. J'ai toujours une question en tête depuis que je me fais constamment bombarder d'informations techniques de la part de mon père et de ma sœur. Finalement, la pêche au saumon, ce n'est pas de tout repos.

« Supposons que je veux quand même voir ma maison comme un investissement, est-ce qu'il y a quelque chose que je peux faire ou que je dois savoir ?

– Tu peux chercher une maison sur le bord de l'eau, car elles perdent rarement de la valeur ; il y aura toujours une demande pour les biens de luxe. Cependant, tu paieras probablement un prix très élevé au départ, ce qui fera augmenter le prix de vente voulu pour rentabiliser ton investissement. Tu peux également étudier les facteurs économiques et démographiques de la région. Tu dois trouver un emplacement où la santé économique repose sur plusieurs industries, où il y aura toujours une demande. Est-ce que ça répond à ta question ?

– Oui, ça va.

– J'oubliais, il y a certains autres facteurs qui peuvent influencer le prix d'achat et de vente de ta maison, comme la dénatalité, la découverte d'un terrain contaminé ou l'exode des baby-boomers vers la campagne ou les résidences pour personnes âgées.

– J'ai toujours pensé que payer un loyer était une dépense inutile, comparativement au fait d'investir son argent dans l'achat d'une maison. Est-ce que je me trompe ?

– À mon avis, oui. Se loger représente une dépense au même titre que se nourrir et se vêtir. Une personne qui désire s'acheter une maison devra débourser plus que pour un logement. Par exemple, au lieu de payer un loyer de 500 $ par mois, ce sera une mensualité hypothécaire de 750 $ sur la maison, des taxes municipales, une plus grosse facture d'électricité et de chauffage, des rénovations... donc un montant global de plus de 1 000 $ par mois. C'est quand même deux fois plus cher et c'est toi qui dois faire les travaux domestiques et les rénovations. Tu dois également tenir compte des droits de mutation immobilière – qu'on connaît sous l'appellation de taxe de bienvenue – et du montant à débourser lors de l'achat.

– Est-ce que c'est ça qu'on appelle la mise de fonds ?

– Oui, tout à fait.

– Papa, dis-moi, est-ce qu'il y a un moyen de faire de l'argent avec sa maison sans changer de domicile ?

– Oui. Il est possible de faire un peu d'argent avec une maison, une copropriété ou un immeuble en louant une chambre ou un logement. Le montant que tu reçois sert alors à couvrir une partie des dépenses. Mais encore là, tout est une question de qualité de vie.

– C'est intéressant quand même. Tu peux économiser beaucoup en ayant un locataire. Ça te demande moins de discipline puisqu'il paie une partie des frais, n'est-ce pas ?

– Oui. Parlant de discipline, les gens aiment l'obligation que leur donnent les paiements hypothécaires d'une maison puisqu'ils ont l'impression d'investir pour quelque chose.

– Je suis content de voir que je ne suis pas seul à avoir de la difficulté à me discipliner. Si je fais le lien avec ce que tu m'as dit hier, ils pourraient se donner la même discipline en autorisant des prélèvements automatiques dans leur compte bancaire.

– C'est bien, Mathieu. Tu as bien retenu la leçon.

– Papa, si j'ai bien compris ton discours sur l'immobilier, tu ne me recommandes sûrement pas de m'acheter une maison. Est-ce bien ce que tu m'expliquais?

– En fait, le meilleur conseil que je peux te donner est d'attendre que le revenu de ton ménage soit stable et que vous puissiez vous permettre un tel achat. Trop de jeunes couples achètent une maison et s'engagent à payer un prêt hypothécaire élevé avant d'avoir les moyens financiers de le faire. Ça ne sert à rien que tu t'empêches de vivre heureux parce que tu as trop d'obligations financières. Souviens-toi de mon histoire d'hier soir sur les finances personnelles.

– L'histoire des habitudes de vie et de la consommation excessive avec une carte de crédit?

– Oui, c'est ça. En analysant ta situation financière, si tu es capable de t'acheter une maison, mais que tu n'en ressens pas le besoin, ne le fais pas tout de suite. Tu peux placer le surplus qui servirait autrement à effectuer des paiements hypothécaires si tu avais une maison. Par exemple, au lieu de payer 800 $ par mois à la banque, tu payes ton loyer de 500 $. Tu peux donc placer 300 $ par mois. Cet argent pourra servir à diminuer le prêt hypothécaire sur l'achat futur d'une maison ou à toute autre fin.

– Comme tu le disais hier, il faut faire attention à la consommation instantanée où on achète tout de suite pour payer plus tard. Et puis, on n'a rien sans effort!

– Tu vois, tout est lié à quelques concepts de base. C'est une fois que tu les as compris que les finances personnelles deviennent un sujet plus intéressant. Je suis bien content que tu retiennes ces idées, au moins je n'ai pas l'impression de parler dans le vide.»

Pendant qu'Yves termine sa phrase, ma ligne se met à bouger. Je tire alors un coup sec vers l'arrière. J'ai senti un poisson, mais je n'ai pas réussi à l'attraper. Je rembobine ma ligne pour voir si tout est encore en place. Mon fil est couvert de résidus que j'ôte avant de relancer ma ligne à l'eau.

«Papa, j'ai une question pour toi. Tu m'as expliqué l'approche à avoir concernant l'immobilier, mais que se passe-t-il si j'achète une maison?

– C'est justement une question que j'ai posée à Hubert avant de regarder pour acheter une maison. J'ai oublié de t'en parler. Lorsque tu veux t'acheter une maison ou t'en faire bâtir une, tu dois négocier ton taux d'emprunt et les conditions de ton contrat. Trop de gens ne négocient pas leur **taux hypothécaire**. Ça peut faire une bonne différence sur les paiements à effectuer.

– C'est toujours avantageux de négocier.

– En plein ça. Sais-tu quel montant il faut déposer comme mise initiale lors de l'achat d'une maison...?

– Tu veux savoir si je connais le montant de mise initiale pour une maison. Je n'en ai aucune idée, papa!

– La banque n'acceptera de financer ta maison qu'à 80 %, tandis que la Société canadienne d'hypothèques et de logement (SCHL), Genworth Financial Canada ou Canada Guaranty acceptent d'en financer 15 %.[11] Il faut donc que tu sois prêt à débourser 5 % du prix d'achat de ta maison.

– C'est quand même peu.

– Je suis d'accord avec toi, mais il ne faut pas que tu oublies tous les autres frais qui sont reliés à l'achat d'une maison.

– Je sais, tu avais mentionné tout à l'heure les droits de mutation immobilière et il y a aussi les frais de déménagement.

– Ajoute à cela les frais de notaire, les frais de branchement s'il s'agit d'une nouvelle maison et l'achat des meubles et des articles ménagers manquants.

– J'avoue que ça peut faire beaucoup de dépenses en fin de compte.

– Je veux seulement que tu sois conscient de toutes les dépenses qu'une maison comporte. Parlons maintenant d'un autre concept important. Lorsque tu contractes un prêt hypothécaire, tu dois décider à quelle fréquence tu effectues tes paiements. Il vaut toujours mieux le faire le plus souvent possible puisque l'intérêt s'accumule moins longtemps. La majorité du monde le fait tous les mois.

– Ça ne doit pas faire une grosse différence, par exemple, entre payer aux semaines ou aux mois.

– C'est prouvé mathématiquement qu'il y en a une. Je suis d'accord qu'elle n'est peut-être pas flagrante sur un paiement, mais en fin de compte, ça vaut la peine de faire des paiements le plus souvent possible. C'est avec des cents qu'on fait des piastres.

– Tu me conseilles donc de faire des paiements hebdomadaires?

– Oui. Et ce n'est pas seulement pour la raison mentionnée. La plupart des gens reçoivent leur salaire chaque semaine ou toutes les deux semaines en général. Ils planifient donc un montant pouvant être payé mensuellement pour leur prêt hypothécaire selon un mois de quatre semaines. C'est ce qu'il faut faire pour ne pas se retrouver à court d'argent. En choisissant des **paiements hebdomadaires**, ils peuvent se permettre de débourser un plus gros montant... Est-ce que tu comprends bien?»

Décidément, je n'ai pas réussi à cacher mon incompréhension. Ce n'est pas que ce soit un concept compliqué, c'est seulement que ça en fait beaucoup à comprendre en peu de temps.

«Peux-tu me donner un exemple avec des chiffres? Ça m'aiderait à mieux saisir.

– D'accord. Supposons que quelqu'un gagne un salaire brut de 800 $ par semaine. Après avoir payé l'impôt, ses dépenses personnelles et s'être gardé un petit coussin, il lui reste 200 $. Ce montant peut être versé sur son prêt hypothécaire. S'il fait comme le commun des mortels, il va prendre un prêt hypothécaire qui lui coûtera environ 800 $ par mois. Au lieu de cela, il pourrait effectuer un paiement hebdomadaire de 200 $, ce qui reviendrait à payer environ 870 $ par mois. De cette façon, il acquitterait son prêt hypothécaire plus rapidement et ça lui coûterait moins cher. Comprends-tu mieux maintenant?

– Ça lui coûte moins cher puisqu'il rembourse plus vite son capital?

– Oui, et également parce qu'il paie moins d'intérêt. Un autre élément qu'il faudrait regarder est la **durée** du prêt hypothécaire. Les prêts hypothécaires sont échelonnés sur

15 et 20 ans, mais cela ne peut excéder 25 ans.[12]

– J'imagine que plus tu prends ton prêt hypothécaire sur une longue durée, plus tes paiements sont petits, mais plus tu paies d'intérêts. Est-ce bien ça ?

– Tu as visé juste, Mathieu. Au début de ton prêt hypothécaire, tu paies presque seulement des intérêts. Plus tu es vers la fin de la durée du prêt hypothécaire, plus tu paies du capital. C'est toujours dans le but de payer plus ou moins d'intérêts, mais également d'être plus ou moins serré financièrement. C'est un choix.

– Est-ce qu'il y a autre chose à savoir ?

– Oui. Il s'agit du terme que tu dois choisir. C'est la période pour laquelle ton taux d'intérêt est fixé. En fait, le taux d'intérêt détermine tes paiements et tu as les mêmes paiements pour la durée de ton terme. Quand tu négocies pour un taux d'intérêt, il faut que tu compares les taux ayant les mêmes termes.

– Il vaut donc mieux négocier ton taux pour la plus longue période possible, si tu es capable d'avoir un bon taux, non ?

– Oui. N'importe quel taux d'emprunt est fixé d'après le taux directeur de la Banque du Canada. Tu peux être chanceux et vouloir acheter une maison quand les taux d'emprunt sont bas, mais ce n'est pas toujours le cas. Les banques vont te faire payer pour un terme plus long parce qu'elles prennent plus de risques. Il a été prouvé qu'il est plus avantageux à long terme de toujours prendre un terme d'un an, et de renouveler au taux en vigueur toutes les fois.

– Ça veut dire que plus le terme est long, plus le taux est élevé ?

– En règle générale, oui.

– Mais, dis-moi, le fait de prendre un taux hypothécaire tous les ans est assez risqué. Ça ne serait pas préférable d'y aller avec des termes un peu plus longs pour plus de sûreté ?

– Ça dépend des situations. Pour un jeune couple qui est restreint financièrement, l'idéal est de prendre un long terme pour les premières années de vie commune, supposons cinq ans. Comme ça, ils n'ont pas à craindre une hausse des taux d'intérêt. Bon, est-ce que tout ce que j'ai dit sur les prêts hypothécaires est clair pour toi, Mathieu ?

– Je pense bien. Mais dis-moi, comment ça fonctionne si je veux renégocier les clauses d'un prêt hypothécaire en plein milieu d'un terme ? Est-ce que j'ai le droit de le faire ?

– Ça dépend. Il existe deux types de prêt hypothécaire qu'on dit "ouvert ou fermé". Lorsque tu signes pour un terme, tu choisis ton type de prêt hypothécaire. Le **prêt hypothécaire ouvert** te permet de payer le capital comme tu le désires, pourvu que tu payes le montant de prêt hypothécaire de base.

– Je pourrais donc mettre fin à mon contrat si je trouve un meilleur taux à un autre endroit, n'est-ce pas ?

– Oui. Ça s'appelle une **subrogation** et pour un prêt hypothécaire ouvert, il n'y a habituellement pas de pénalités. Ton nouveau contrat de prêt hypothécaire est émis par la banque qui rachète ton ancien prêt hypothécaire. Étant donné que c'est une transaction interbancaire, tu n'as pas besoin de passer chez le notaire pour signer un nouvel acte d'hypothèque.

– Il doit y avoir certains inconvénients aux prêts hypothécaires ouverts ?

– Oui. Le taux d'intérêt est un peu plus élevé et ça ne s'offre habituellement qu'en termes de six mois et un an.

– J'imagine que je dois prendre un **prêt hypothécaire fermé** si je veux un terme plus long.

– C'est exactement ça. Pour un prêt hypothécaire fermé, tu n'as pas le droit de mettre fin à ton contrat. Si tu le fais avant l'échéance, tu devras payer une pénalité. Tu peux, par contre, doubler ta mensualité et rembourser une fois l'an, jusqu'à 15 % du capital. Si tu as un prêt hypothécaire fermé qui n'est pas avantageux, tu dois évaluer s'il est plus payant de le conserver ou de payer une pénalité pour pouvoir mettre fin à ton contrat et prendre un nouveau prêt hypothécaire.

– Lorsque le contrat est terminé, est-ce que j'ai le droit de changer d'institution financière ?

– Oui, tu as le droit de subroger ton prêt hypothécaire, et ce, sans pénalité. Si ta banque ne t'offre pas un bon taux, tu peux le faire, mais ce n'est pas la situation idéale puisque, chaque fois, tu dois faire des démarches auprès d'autres banques.

– Mais alors, qu'est-ce que tu me conseilles ?

– Je te conseille de négocier sitôt que le terme de ton prêt hypothécaire est échu. Tu peux alors dire à ton banquier que tu veux changer d'institution financière. En voyant tes démarches, il risque d'abaisser son taux d'intérêt pour te garder comme client... »

Léane insiste pour que l'on change de fosse. Il est déjà 16 h, le soleil nous éblouit et il fait très chaud. Un peu plus tard, nous marchons dans le bois, vers l'amont de la rivière, pendant une vingtaine de minutes pour nous retrouver sur une belle plage de galets presque blanche sous l'effet d'un soleil ardent. La plage est en bordure d'une fosse si profonde, en eau plutôt turbulente, à travers laquelle nous ne pouvons pas apercevoir les saumons, même avec nos lunettes à verres polarisés.

À l'amont de la fosse, nous découvrons une petite chute d'une hauteur d'un mètre environ, et le fracassement de l'eau qui tombe dans la fosse est si fort que nous devons pratiquement crier pour se parler. L'endroit est bucolique. De l'autre côté de la rivière se trouve une falaise dont la paroi regorge d'arbres florissants qui créent, par leurs cimes et les arbustes au sol, l'écran idéal, le couvert forestier offrant la protection parfaite pour la faune de cette rivière.

Léane se place à environ 3 m en amont de la chute et effectue son premier lancer au pied de cette dernière. La mouche noyée tourbillonne un tantinet dans ce milieu quelque peu agité qui l'entraîne dans certains mouvements erratiques, et je pense à ce qu'Yves m'avait dit au sujet de sa technique de pêche en zigzag.

« J'ai une question pour toi, papa. Si j'ai une somme d'argent qui "dort", est-ce que je peux m'en servir pour diminuer mon prêt hypothécaire en payant directement du capital ?

– C'est une très bonne idée, mais comme je te l'ai dit tout à l'heure, tu dois t'assurer d'avoir le bon type de prêt hypothécaire. Il y a aussi un autre moyen de faire encore plus d'argent. Souvent, quand tu achètes une maison, tu n'as pas les moyens de prendre une durée de 15 ans. Je te recommande alors une durée de 25 ans. Par ailleurs, au lieu de faire des paiements anticipés, tu peux placer les sommes d'argent que tu as en trop. À la fin de la durée de ton prêt hypothécaire, si les marchés boursiers se comportent normalement, tu auras beaucoup plus d'argent que si tu avais simplement payé ton prêt hypothécaire plus rapidement.

– Ça veut donc dire qu'il est plus avantageux de placer de l'argent que de rembourser tes dettes?

– Pas toujours... en fait, seulement lorsque le placement rapporte plus que le coût de l'emprunt. Dans ce cas-ci, ça peut être payant. Avec ton prêt hypothécaire, tu peux avoir un taux de 3 à 5,5 %. En plaçant à la Bourse à long terme, tu peux espérer un rendement de 7 à 8 %. Si ce rendement s'accumule et profite de la magie des intérêts composés pendant plusieurs années, tu auras beaucoup plus d'argent à la fin. L'idée mérite d'être calculée. Est-ce que tu comprends bien?

– Oui, avec des chiffres, c'est toujours plus clair.

– As-tu d'autres questions?

– Je ne pense pas. Quoique ma copine m'ait parlé de ce que ses parents ont fait l'année dernière quand ils ont acheté leur maison. Ils ont retiré de l'argent de leurs placements REER pour financer leur maison. Est-ce que ça veut dire qu'il y a un autre moyen de financer sa maison que de payer un montant initial de 5 %, en plus de tous les autres frais?

– Oui, c'est possible. Je n'avais pas pensé te parler de ce sujet-là, mais bon, si tu insistes... Certains individus utilisent un programme du gouvernement qui s'appelle le RAP. C'est le régime d'accès à la propriété. Ça permet à quelqu'un de retirer un montant de ses REER, jusqu'à 25 000 $, pour financer l'achat de sa résidence principale pourvu que l'argent retiré ait été investi dans le REER pendant au moins 91 jours. Un couple peut ainsi retirer jusqu'à 50 000 $, ce qui permet l'achat d'une maison de 250 000 $ sans faire intervenir la Société canadienne d'hypothèques et de logement, Genworth Financial Canada ou Canada Guaranty, si tu te souviens bien du 80 % dont je t'ai parlé tout à l'heure. Mais comme tu le réaliseras au cours de ta vie, le gouvernement ne donne rien. Tu ne paies pas d'impôts lors du retrait, mais ton revenu imposable sera augmenté d'un quinzième de ce montant pour les 15 prochaines années.

– Peux-tu me donner un exemple?

– D'accord. Tu vas voir, c'est très simple. Supposons que tu prends un RAP de 15 000 $ pour faire ton paiement initial lors de l'achat d'une maison. Au cours des 15 prochaines années, ton revenu annuel imposable sera gonflé de 1 000 $, et cela, peu importe ce que tu fais. Les gens disent que tu dois rembourser le montant de ton RAP, mais que tu le fasses ou non, ça ne change rien. Pour éviter cette augmentation de ton revenu imposable annuel, tu dois augmenter, d'une façon ou d'une autre, tes déductions de ce montant. En passant, le seul autre cas où il est possible de retirer de l'argent de ton REER sans payer d'impôt est lors d'un retour aux études à temps plein. Dans ce cas, le régime d'encouragement à l'éducation permanente, que l'on appelle aussi le REEP, permet de retirer de l'argent de son REER jusqu'à un maximum de 10 000 $ par année pour un total de 20 000 $. Dans un tel cas, la période de remboursement sera de 10 ans.

– C'est seulement ça! De la façon dont ma copine m'en parlait, ça semblait assez compliqué.

– Il est aussi possible, avec certaines institutions financières, d'effectuer un **prêt REER** qui sera investi dans une autre institution financière pour ensuite retirer, par le biais du RAP, l'argent ainsi prêté et s'en servir comme mise de fonds initiale sur une maison.

– Mais c'est fantastique !

– Oui, mais tu dois tout de même rembourser ce prêt sur une courte période si tu désires obtenir un bon taux. »

Soudain, nous entendons une petite voix étouffée par le bruit de la chute et nous regardons, presque instinctivement, en direction de Léane. Nous sommes assis sur une grosse roche plate et mon père bondit comme un saumon obsédé cherchant à franchir un obstacle.

«Victoire ! ... Léane vient de ferrer un saumon. Remarque bien sa technique puisque cela pourrait t'arriver un jour. Le **scion** de la canne tremble en petits mouvements rapides et saccadés, mais le reste de la perche plie à peine. C'est un avertissement qui ne ment pas et le pêcheur doit être prêt à réagir rapidement aux acrobaties folles du saumon en mode d'excitation extrême. »

Yves m'explique en détail l'évolution du combat femme-saumon qui se déroule devant nous. Le saumon saute à plus d'un mètre hors de l'eau, et au moment précis où il est complètement dans les airs, Léane abaisse rapidement sa canne vers le bas pour aussitôt la ramener vers le haut, à une position quasi verticale, alors que la bête retombe dans l'eau. La première étape de cette approche, alors que le saumon se propulse dans les airs, empêche le bas de ligne de se casser alors que la deuxième étape, au moment où le saumon plonge dans l'eau, permet de maintenir une tension entre la soie et le saumon, afin d'éviter le décrochage de l'hameçon de sa gueule. Le scion de la canne s'agite de plus en plus et toute la canne commence à fléchir plus avant en direction du saumon. Ce dernier tente, alors, de s'éloigner du pêcheur en tirant lentement sur la soie et cette diversion est un signe que le saumon se prépare à réaliser une autre courbette. Tout aussi imprévisible est cette course effrénée du saumon vers l'aval de la fosse.

On entend, alors, le crépitement du moulinet qui permet de libérer de la soie afin que le saumon puisse dépenser son trop-plein d'énergie en s'éloignant rapidement du pêcheur et, aussi, pour qu'il ne casse pas le bout de la ligne. Le bruit doux du moulinet se marie au tintamarre de la chute : Zzzzzzzzzzzz ! Le saumon termine sa course folle vers l'aval, mais attention, un pêcheur inexpérimenté peut oublier, à ce moment précis, de maintenir suffisamment de tension pour empêcher l'hameçon de se décrocher des chairs du poisson. Après un bon 10 min d'une lutte intense, le saumon montre des signes de fatigue. Léane commence alors à récupérer de la soie afin de ramener doucement le saumon vers elle, tout en s'assurant que sa canne pointe toujours vers le haut en position quasi verticale.

«Papa, est-ce qu'on a fini de parler de prêt hypothécaire ?

– Pas tout à fait ! Mais nous allons aborder le sujet pendant quelques minutes, tout en observant Léane jouer avec son saumon.

– Quel spectacle ! Tu as abordé un peu plus tôt la question de faire des placements avec ton prêt hypothécaire. Est-ce de ça que tu parlais avec Hubert l'autre jour ?

– Oui, mais pas comme je te l'ai expliqué précédemment. J'ai fait quelque chose d'encore plus fructueux. C'est mon conseiller financier qui m'a parlé de l'idée de prendre un deuxième prêt hypothécaire et de placer cet argent à la Bourse.

– Attends un peu, tu as réemprunté sur ta maison alors que tu en avais déjà une bonne partie de payée ?

– Oui, c'est bien ça. J'avais un prêt hypothécaire de 35 000 $ à payer, puis chaque mois, j'avais un peu d'argent de surplus. J'ai réemprunté un montant de 20 000 $ par un deuxième prêt hypothécaire que j'ai placé dans des fonds communs. C'est un emprunt où je n'ai qu'à payer les intérêts pendant toute la durée du prêt hypothécaire. À la fin de la durée, je rembourse le capital. Il faut faire attention pour placer la totalité de l'emprunt dans des placements pour avoir ses **intérêts déductibles**.

– Drôle d'idée. Je ne savais pas qu'il y avait des intérêts qui pouvaient être déductibles.

– Les intérêts sont déductibles lorsqu'on emprunte pour investir dans un placement offrant des expectatives de revenus d'intérêts ou de dividendes, et que ce placement est maintenu dans le temps. Les expectatives de revenus d'intérêts ou de dividendes n'ont pas besoin d'être considérables ou immédiates. Aussi, un placement qui ne générera jamais, maintenant ou plus tard, autre chose que du gain en capital ou des récupérations de capital n'est pas admissible. Au gouvernement fédéral, cette déduction peut servir à réduire n'importe quel revenu alors qu'au gouvernement provincial, elle ne peut servir qu'à réduire des revenus provenant d'intérêts, de dividendes d'entreprises canadiennes et de gain en capital. Si les intérêts payés sont supérieurs au total de ces différents revenus de placement, ils s'accumulent pour plus tard, à la limite jusqu'au moment du décès. Par contre, il ne faut pas qu'il y ait de confusion ; ce ne sont que les intérêts payés sur ces 20 000 $ additionnels qui sont déductibles.

– Je pense bien comprendre, mais est-ce que c'est si payant que ça ?

– Eh bien, je peux te donner un petit exemple fictif ! Supposons que pour un emprunt de 20 000 $, je paie 5,25 %. Ça me donne environ 1 050 $ par année à payer en intérêts. Après l'impôt, il t'en coûte environ 850 $ parce que l'État paye le reste. Aussi longtemps que je ne rembourse pas ce deuxième prêt hypothécaire, le capital de 20 000 $ continue à prospérer.

– Puis, si on met des chiffres sur le rendement, ça aurait l'air de quoi ?

– En utilisant la règle de 72, le montant du capital doublerait chaque période de 10 ans avec un rendement annuel d'environ 7 %. Tous les 10 ans, mon montant double.

– Ça veut dire qu'au bout de 20 ans, mon 20 000 $ vaudrait 60 000 $.

– Non, tu n'y es pas. En 20 ans, tu doubles de 20 000 $ à 40 000 $, puis de 40 000 $ à 80 000 $. Il te reste donc 60 000 $ après avoir payé ton capital.

– C'est ce que je disais.

– Je n'en suis pas si sûr. En tout cas, il reste à prendre en considération l'impôt et les intérêts que tu as payés pour voir si cette technique a été rentable. Tu dois tenir compte de la valeur de l'argent dans le temps pour les intérêts.

– C'est de plus en plus complexe, tu ne trouves pas, papa ?

– Oui, mais tu dois comprendre que l'argent n'a pas la même valeur année après année, puisqu'il ne te donne pas le même pouvoir d'achat. À cet égard, on ne se trompe pas en prenant pour hypothèse un taux d'inflation annuel de 2,5 %.

– Mais là, nous nous égarons un peu de notre sujet, monsieur le professeur.

– Tu as bien raison. Dans le but de cet exercice, tu dois comprendre que c'est une technique très payante et que ça te rapporte plusieurs dizaines de milliers de dollars, après avoir payé tous les frais à la fin de la durée de ton emprunt. Cette technique s'applique également à quelqu'un qui a déjà des emprunts et qui dispose par ailleurs de placements à l'extérieur de régimes enregistrés. Cette personne pourrait vendre ses placements pour payer ses dettes dont les intérêts ne sont pas déductibles et réemprunter pour acquérir de nouveaux placements – de préférence d'autres placements que ceux qu'il détenait déjà pour une période d'au moins 30 jours, pour éviter l'application du concept de la **perte apparente**. Aussi, sur le nouvel emprunt, les intérêts seront devenus déductibles. Il est donc possible de réorganiser ses emprunts pour maximiser les intérêts déductibles pour fins fiscales. Un conseiller financier qui connaît ces techniques peut t'en calculer les avantages financiers. Le calcul vaut le travail !

– C'est super cette technique !

– Je suis d'accord avec toi. C'est avantageux d'être bien informé.»

Un peu plus tard, j'aimerais bien avoir un chalet sur le bord d'un lac tranquille. Mais bon, ça ne sera pas pour tout de suite. Quoique, avec toutes les techniques qu'Yves m'explique, je pourrai certainement m'enrichir beaucoup plus vite et acheter un chalet un peu plus tôt.

«Papa, je ne savais pas qu'on pouvait faire de l'argent aussi facilement.

– Ce n'est pas si facile que ça ! Pendant que tu empruntes pour investir, les marchés fluctuent, ce qui peut te rendre nerveux. Tu auras toujours à l'esprit que tu ne veux pas perdre d'argent, surtout celui qui ne t'appartient pas. Tu dois continuer de faire confiance au gestionnaire professionnel qui travaille pour toi et garder ton argent investi, même lorsque tes émotions te disent le contraire.

– Est-ce qu'il y a autre chose que je devrais savoir sur l'immobilier ? Tu m'as parlé des manières de s'enrichir spécialement pour un locataire. Est-ce que l'immobilier peut également être payant pour quelqu'un qui achète des immeubles ?

– Oui, mais comme je le disais plus tôt, ça demande beaucoup de temps et d'énergie. Un propriétaire doit acheter des immeubles pour une longue période de temps, chercher à maintenir un taux d'occupation élevé et vivre avec les inconvénients des locataires bruyants, de la difficulté à se faire payer ses loyers ou de devoir assumer des rénovations coûteuses. C'est un placement qui peut être payant, mais qui ne convient pas à tout le monde. Tu dois effectuer un investissement initial important et avoir une bonne santé financière pour faire les paiements hypothécaires, de taxes et de dépenses, même lorsque le marché immobilier chute.

– Si j'ai bien compris, ça prend quelqu'un qui a les "reins solides" ?

– C'est comme pour n'importe quel placement. Tu dois acheter et vendre au moment propice. Il faut donc que tu sois en mesure d'attendre longtemps avant d'encaisser ton capital. Mais bon, si tu as l'argent, le temps et l'énergie, et que le marché t'est favorable, ça peut être payant.

– Mathieu, vite... le filet!»

Le combat femme-saumon s'achève et, cette fois-ci, Léane est près de la victoire. Elle me demande de me tenir en amont d'elle, à une distance d'environ 6 m. Je dois entrer dans la rivière à environ 1 m du rivage, et d'après les consignes de Léane, je dois placer mon filet dans le fond de l'eau sans bouger en le tenant bien avec mes deux mains. C'est Léane qui doit alors amener le saumon dans le filet avant que je puisse le soulever hors de l'eau.

«Je vois le saumon, Léane. Dois-je faire autre chose?»

Léane est tellement concentrée par sa capture qu'elle n'a probablement rien entendu de ce que je lui disais. Le beau saumon argenté est épuisé et Léane l'amène doucement au-dessus du filet.

«Et hop! Je le tiens. Wow quel beau spécimen!»

Mais à peine après avoir soulevé le filet, Léane remet le saumon à l'eau, tête première comme pour le libérer. Yves sort son ruban à mesurer. Il nous annonce qu'il fait 56 cm de long, que c'est un madeleineau d'environ 2 kg et que nous pouvons le garder pour nous. La séance de photos suit et c'est l'euphorie totale d'un père dont les éclats de rire sont presque étouffés par l'émotion.

«Ma fille, tu es une vraie **saumonière**!»

Léane est bien fière que ses talents halieutiques pour le saumon atlantique soient reconnus par son père. Puis, nous quittons la belle Madeleine pour nous rendre au chalet. Malgré la fatigue d'une bonne journée passée en pleine nature, nous avons encore de l'énergie pour préparer un festin royal en l'honneur du roi saumon.

S'inspirant d'une recette gastronomique provenant d'un chef cuisinier du Château Frontenac à Québec, Yves a d'abord éviscéré le madeleineau pour ensuite le farcir d'un mélange composé de pain, de crème à 15%, de crevettes et d'oignons, avec quelques fines herbes de Provence, pour finalement le déposer au four pendant une vingtaine de minutes. Après le repas, fourbus, nous nous sommes couchés tôt avec une bonne fatigue dans le corps.

# Sommaire

De façon générale, l'achat d'une maison pour usage personnel est fait pour satisfaire un désir et non pour le rendement qu'il procure. Se loger constitue une dépense courante, au même titre que se nourrir. Un moyen de rentabiliser davantage l'achat d'une maison est d'en sous-louer une partie.

Certains éléments majeurs influent sur le paiement hypothécaire : la mise de fonds, la durée, le taux hypothécaire et la fréquence des paiements. En augmentant la fréquence des paiements et en diminuant la durée, on diminue le montant total d'intérêt à payer.

Le RAP est un programme gouvernemental permettant à un individu de retirer jusqu'à 25 000 $ de ses REER pour financer l'achat d'une résidence principale, et ce, sans incidences fiscales pour l'année en cours. Pour les 15 années suivantes, le revenu imposable de l'individu sera augmenté d'un quinzième du montant du RAP. Il est possible de faire de même lors d'un retour aux études à temps plein. Dans ce cas, le REEP permet de retirer jusqu'à 20 000 $ de ses REER et, pour les 10 années suivantes, le revenu imposable de l'individu sera augmenté d'un dixième du montant du REEP.

Le temps prévu pour le remboursement d'un prêt hypothécaire est la durée. À moins d'avoir un taux d'emprunt extrêmement avantageux, il est plus rentable de prendre un terme de courte durée et de renégocier le taux d'emprunt plus souvent.

Il existe deux types de prêt hypothécaire : ouvert et fermé. Le prêt hypothécaire ouvert est de courte durée, son taux d'emprunt est légèrement plus élevé et il permet d'effectuer les paiements désirés ou de mettre fin au contrat (subrogation) sans pénalités. Le prêt hypothécaire fermé peut être de n'importe quel terme, il comporte des clauses précises de paiement et la subrogation peut se faire, mais comporte d'importantes pénalités.

Il peut être avantageux d'étaler le prêt hypothécaire sur une plus longue durée, même si l'on est capable d'acquitter les paiements d'une plus courte période, pour en placer le surplus dans des fonds communs. Cette technique s'avère plus payante que le paiement accéléré, si le rendement à long terme des placements dépasse le taux hypothécaire.

Une autre technique rentable consiste à réemprunter avec un prêt hypothécaire pour placer cet argent dans des fonds communs. Le capital n'est remboursé qu'à l'échéance et les intérêts coûtent moins cher puisqu'ils sont déductibles au gouvernement fédéral, et vont à l'encontre de revenus de placement au gouvernement provincial.

# Chapitre 8
## Les placements et les fonds communs (notions de base)

Nous nous levons rapidement alors qu'il n'est que 5 h du matin. Pour cette avant-dernière journée de pêche, nous retournons sur la Dartmouth, à la fosse Ladder et, cette fois-ci, je tente ma chance afin de capturer mon premier saumon. Je pêche à la mouche noyée et Léane me donne ses meilleures recommandations de guide-saumon. Soudain, je sens une vibration sur la canne, mais le scion ne réagit pas d'une manière particulière. C'est plutôt toute la canne qui se met à plier comme l'onde de choc qui s'est répercutée sur la canne lorsque Léane a ferré son madeleineau.

« J'en ai un ! Enfin !

– Oui, mais ce n'est pas ce que tu penses. Tu verras bien, Mathieu... »

Le poisson ne saute pas et après quelques minutes d'un combat, moins intense par rapport à celui du madeleineau attrapé hier par Léane, je ramène plutôt une grosse truite de mer dans le filet. À l'aide de son ruban à mesurer, Yves déclare qu'elle fait 48 cm et on estime alors que son poids dépasse légèrement le kilogramme. Je suis un peu déçu d'apprendre que ce n'est pas un saumon mais, quand même, fier d'avoir capturé un gros spécimen de truite.

« Dis-moi, papa, est-ce qu'on a parlé de tous les sujets concernant les finances personnelles ?

– Quel habile changement de sujet ! Il reste beaucoup de choses à dire sur les placements. C'est la partie la plus importante de l'enrichissement. Tu peux avoir une bonne discipline financière et utiliser des concepts qui augmentent la somme d'argent que tu consacres à tes placements, mais si tu ne sais pas où aller avec cet argent, ça ne te donne rien.

– J'avoue qu'on n'a pas vu précisément dans quoi il fallait le placer.

– Veux-tu que je te raconte une histoire sur ma vie ?

– Une autre ? Pourquoi pas !

– Comme tu peux sûrement le deviner, mon histoire touche les placements. Il y a environ 10 ans, j'ai fait un voyage de pêche avec Hubert et c'est là que nous en avons discuté.

– C'était encore avec Hubert ? Pauvre lui, il devait avoir l'impression que tu étais un ignorant.

– Merci beaucoup, tu es trop gentil ! Mais tu as raison, j'étais ignorant. Avant cette date, quand venait le temps des REER, je regardais ce que j'avais en surplus dans mon compte pour le placer dans un CPG. La plupart du temps, je plaçais 2 000 $ ou 3 000 $ au cours du mois de janvier ou de février pour ta mère et moi, et ce n'était pas toujours dans les REER.

– Un CPG ! Tu voulais absolument faire beaucoup d'argent, n'est-ce pas ?

– C'était comme ça. J'avais trop peur d'investir dans quelque chose de non garanti. Mon père m'avait dit de placer de l'argent dans les CPG parce que c'était beaucoup plus prudent comme placement pour la retraite. Et moi, je l'ai écouté. Dans ce temps-là, je pensais que les fonds communs et les actions n'étaient accessibles que pour les riches.

– Oui, je sais, tu m'as raconté ça avant-hier. Alors, qu'est-ce qui s'est passé ?

– Hubert a répondu à plusieurs de mes questions et a calmé mes inquiétudes. Je m'interrogeais sur cette question à savoir si ma retraite serait aussi confortable que je le voulais. Je voyais la situation financière de mon père et j'avais peur de manquer d'argent pour mes vieux jours.

– Et le gouvernement là-dedans ? Grand-papa ne disait-il pas que le gouvernement plaçait de l'argent de côté pour toi ?

– Oui, mais ce dont il voulait parler, c'est de la Pension de sécurité de la vieillesse et du Régime des rentes du Québec. Ce n'est pas avec ces montants-là que tu réussis à vivre aisément.

– Je vois. J'ai longtemps pensé que le gouvernement donnait un revenu acceptable à la retraite.

– Non, pas du tout. J'ai longtemps cru à cette idée moi aussi, jusqu'à ce que je me rende compte que ce n'est pas suffisant pour bien vivre. Et puis, je n'avais pas d'employeur qui cotisait pour moi dans un régime. Dans ce temps-là, je travaillais pour une petite usine de fabrication de moules en caoutchouc. Tu ne travailles pas toute ta vie pour avoir une certaine qualité de vie et ensuite la perdre à ta retraite.

– C'est logique. Qu'est-ce que Hubert a fait ?

– Il m'a dit de ne pas m'inquiéter, qu'il me donnerait le numéro de Jean-Claude pour que je prenne un rendez-vous avec lui. Jean-Claude me parlerait et ferait avec moi différentes simulations tenant compte de mes besoins pour la retraite, comme il l'avait fait pour Hubert. Avec un peu de volonté, il n'est jamais trop tard pour passer à l'action.

– Et qui est Jean-Claude ?

– C'est un ami d'Hubert qui travaillait dans une firme de conseillers financiers et qui gérait des portefeuilles de clients, comme Hubert et moi. Je suis allé le voir quelque temps après.

– Mais à 40 ans, tu ne trouves pas que c'est un peu tard pour se réveiller ?

– Je n'avais pas tout à fait 40 ans, mais oui, je ne te contredis pas là-dessus. Tu n'arrêteras jamais de me taquiner ! Je te dis justement tout ça pour qu'il ne t'arrive pas la même chose. Pour continuer avec mon histoire, je n'étais pas convaincu que Jean-Claude m'apporterait vraiment quelque chose. Hubert m'a donc dit ce qu'il faisait comme placements pour la retraite et il m'a posé des questions sur ma situation financière. Il avait ramassé un peu plus de 100 000 $ et sa conjointe avait cumulé presque le même montant de son côté, en partie grâce à lui. Je ne disposais que de 40 000 $ environ pour ta mère et moi. Il m'a dit que j'avais besoin de beaucoup plus que ça pour bien vivre financièrement à ma retraite.

– Et de combien un couple, ou une personne ont-ils besoin pour leur retraite ?

– C'est un chiffre qui varie selon les individus et leur situation. Hubert m'a dit qu'il avait fait le calcul avec Jean-Claude. Je ne me souviens pas du montant exact, mais il avait besoin de plus de 1 000 000 $ pour les vieux jours de son couple. Ce montant doit tenir compte de plusieurs facteurs : l'âge de la retraite, le **niveau de vie** nécessaire, le désir de voyager ou non, les problèmes de santé potentiels...

– Mais lorsque tu es à la retraite, tu es moins en forme. Tu sors moins souvent, ce qui signifie moins de dépenses, non ?

– Peut-être que tu fais moins de sorties que tu en ferais si tu étais plus jeune, mais tu ne travailles plus du tout. Tu as sept jours de congé par semaine, ce qui te donne beaucoup plus de temps pour dépenser.

– J'avoue qu'avec sept jours de congé par semaine, j'aurais besoin de beaucoup d'argent ou d'un peu plus de volonté pour ne pas toujours dépenser.

– Je suis content de voir qu'au moins tu t'acceptes comme tu es. Hé, hé !

– Je ne suis pas si pire que ça. Mais bon, je vais essayer de différencier davantage un désir d'un besoin. Tu ne me parlais pas de ton histoire avec Hubert ?

– Oui. Hubert m'a expliqué que je devais cesser de placer mon argent dans les CPG, puis il m'a convaincu que les fonds communs étaient de bons véhicules de placement.

– Ça, on l'a déjà vu, mais je suis curieux d'entendre ce qu'il t'a dit pour te convaincre. Te connaissant, tu n'as pas dû accepter ton tort dès qu'il t'en a parlé.

– On dirait que tu me connais bien. Pour moi, un placement qui n'offrait pas de **garantie de capital** était trop risqué. Je m'en souviens, il m'a dit que c'était le temps que j'évolue pour ne pas vivre pauvre une bonne partie de ma vie. Je lui ai alors demandé quelle proportion je devais conserver dans les CPG.

– Et puis, qu'est-ce qu'il t'a dit ?

– Il m'a dit que je n'avais rien compris, que je devais tout mettre dans les fonds communs.

– Pourtant, j'ai entendu quelque chose du genre dans mes cours. Ils disaient qu'il faut placer au minimum la moitié de son portefeuille en obligations et en CPG pour diminuer sensiblement le risque associé aux mouvements de la Bourse.

– Eh bien, si tu veux diminuer sensiblement ton rendement, c'est une bonne façon de voir les choses ! Tu te rappelles comment le risque et le rendement sont reliés. Avec la formule des intérêts composés, tu te rends vite compte qu'un rendement annuel de 7 % à la place de 4,5 % te donne beaucoup plus à la retraite.

– Mais lorsque tu es à la retraite, tu ne crois pas qu'il est préférable d'y aller avec des placements un peu plus prudents ?

– Non. Je partage maintenant l'avis de Hubert qui m'a dit qu'en agissant ainsi, je ne faisais qu'augmenter les chances de manquer d'argent à ma retraite. Aujourd'hui, je ne crois plus du tout à la diversification du portefeuille où l'on retrouve des obligations et des CPG. Oui, la Bourse bouge et connaît des déboires à court et moyen terme. Par contre, si on regarde l'historique de la Bourse nord-américaine depuis plus de 200 ans, elle monte toujours à long terme et beaucoup plus que les obligations ou les CPG.

– Mais alors, pourquoi tout le monde fait-il des placements prudents ?

– C'est simplement parce que les institutions financières et les courtiers ne veulent pas se faire poursuivre et désirent conserver leurs clients. On leur cache la vérité en leur vendant des portefeuilles prudents avec un rendement très ordinaire, mais peu de volatilité.

– De quelle vérité parles-tu ?

– Du fait qu'ils n'auront pas assez d'argent pour leurs vieux jours. Ils vivront heureux et tranquilles jusqu'à ce qu'ils prennent leur retraite, pour ensuite s'inquiéter le restant de leur vie. Je ne voulais pas être dans cette situation et être un fardeau pour Léane et toi parce que je n'aurais pas assez d'argent pour vivre. Je pense que c'est le plus beau cadeau que je puisse vous faire.

– Franchement, papa !

– Il n'y a pas de franchement. Je ne voudrais pas être un poids pour les gens que j'aime.

– Dis-moi alors, qu'est-ce que les courtiers devraient faire ?

– Ils devraient d'abord savoir de quoi ils parlent. C'est la même chose qu'un vendeur d'automobiles qui ne connaît pas les composantes des automobiles qu'il vend.

– Et ce n'est pas le cas ?

– Non, beaucoup de gens s'improvisent vendeurs de placements. Ils n'ont qu'à suivre un seul cours par correspondance pour être un courtier. J'en connais plus que plusieurs courtiers sur le marché.

– Ce n'est pas un peu prétentieux?

– Non, je suis sérieux. Ce n'est pas seulement une question de compétence. Les vendeurs de placement devraient éduquer sommairement leurs clients et leur dire la vérité. Normalement, ils remplissent un **questionnaire de tolérance au risque** pour mieux connaître le client et placer son argent en conséquence. Au lieu d'agir de cette manière, ils devraient l'informer des répercussions de ses gestes pour qu'il prenne une décision éclairée.

– Je ne suis pas sûr de comprendre. Ils ne lui disent pas quel rendement il devrait obtenir en fonction du niveau de risque choisi.

– Non. Ils ne peuvent pas garantir de rendement, mais ils devraient informer le client du rendement potentiel à long terme de ses décisions financières. De manière générale, le courtier ne confronte pas le client en lui démontrant la conséquence à long terme de ses choix.

– Lorsque tu parles de la "conséquence à long terme", veux-tu dire qu'il va manquer d'argent à sa retraite?

– Oui, c'est bien ça. Je vais te mettre un peu plus dans le contexte de ce qui se passe habituellement. Si tu vas voir un courtier en placement dans une institution financière, il va te faire remplir le questionnaire dont je te parlais. Supposons que tu es quelqu'un de bien peureux, ou que ce courtier est de nature craintive, tu vas remplir le questionnaire en disant que tu ne veux pas subir de volatilité.

– Mais pourquoi?

– C'est bien simple, il cotera à la baisse le niveau de risque que tu es prêt à assumer ou te mettra devant des situations où tu perds beaucoup d'argent. Il te demandera ensuite si tu veux que ça t'arrive. Bien entendu, aucune personne sensée ne va dire: "Oui, je veux perdre beaucoup d'argent".

– Il va te faire placer ton argent dans des placements prudents, c'est ça?

– Tu es trop fort! Ils vont te faire placer presque tout en obligations, en CPG ou en **encaisse**, puis une faible portion en fonds communs. Ils savent que l'argent suscite chez beaucoup de gens des réactions émotives fortes et ils ne veulent pas avoir à gérer ça. Lorsque tu reçois des états de compte périodiques, tu n'es pas très satisfait du rendement, mais tu ne t'en plains pas trop puisque ton placement ne perd pas vraiment de valeur. C'est normal, tu ne subis pas de risque. De plus, on va probablement te proposer d'effectuer tes placements par le biais d'une stratégie populaire ou qui est abondamment présentée par les différents médias, et toi tu te diras que, si tout le monde le fait, c'est que ça doit être bon. De toute façon, on demeure toujours plus réceptif à l'information qui confirme ses croyances... L'année suivante, ils vont te demander si ton placement te convient et tu leur donneras un chèque qui sera placé dans les mêmes fonds, avec la même stratégie. Finalement, tu te réveilleras à 70 ans et tu réaliseras qu'il te manque de l'argent pour tes vieux jours, un peu trop tard pour comprendre que des placements sûrs ne sont pas nécessairement sans risque... En bref, tout cela se résume à une question de peur: la peur que l'on ne veut pas vivre lorsqu'on est jeune va nous revenir en plein visage lorsqu'on sera vieux.

– Je ne te suis pas.

– Bien oui, parce qu'on a peur de vivre de la turbulence sur les marchés financiers quand on est jeune, souvent par ignorance de leur fonctionnement, on augmente considérablement le risque de manquer d'argent avant la fin de ses jours, quand on sera vieux et peut-être incapable de se remplumer financièrement.

– C'est Hubert qui t'a parlé de tout ça ?

– Un peu, mais je me suis éloigné du sujet. Hubert m'a simplement convaincu que les fonds communs représentaient le meilleur véhicule de placement que je pouvais utiliser pour maximiser mon revenu à la retraite. Il m'a également dit une phrase que je me rappellerai toute ma vie : "Il n'y a pas de placements parfaits, seulement de bons et de mauvais placements."

– Tu ne peux pas tout avoir en même temps, c'est cela ?

– Oui. Tu ne peux pas avoir un bon rendement si tu n'acceptes pas de subir de volatilité, surtout de nos jours où la volatilité est beaucoup plus importante qu'elle l'a jadis été.[13]

– Il t'a parlé de fonds communs, mais est-ce qu'il t'a parlé d'actions ?

– Oui, mais ça ressemble à ce que je t'ai dit plus tôt cette semaine. Il est très difficile de contrôler un portefeuille d'actions de compagnies. Je ne m'y connais pas assez dans le domaine et je n'ai pas assez de temps et d'argent à consacrer pour investir dans des titres en particulier. En fin de compte, j'ai réalisé que j'avais très peu de connaissances en comparaison des gestionnaires professionnels qui gèrent des fonds communs. C'est pourquoi j'investis dans de tels placements.

– Mais que fais-tu de ton courtier ? Tu ne penses pas qu'un bon courtier serait assez compétent pour acheter des titres qui en valent la peine ?

– Malheureusement, la plupart n'ont que le permis les autorisant à vendre des placements et non la panoplie de compétences, de connaissances et d'expériences que possèdent les bons gestionnaires de fonds communs. Il faut être réaliste. Ces courtiers, dits de plein exercice, ne peuvent pas avoir à la fois le temps d'analyser sérieusement le meilleur moment pour vendre ou acheter une foule de titres, tout en ayant le temps de s'occuper adéquatement de leur clientèle. Il peut même arriver qu'ils soient en **conflit d'intérêts**, particulièrement lorsqu'ils essaient de vendre à leurs clients des titres que leur propre firme de courtage a achetés.

– Je ne comprends pas.

– C'est facile. Lorsqu'une firme de courtage achète une nouvelle émission d'actions d'une compagnie, ses courtiers peuvent alors être sollicités pour écouler ces titres auprès de leur clientèle. Le titre n'est pas nécessairement plus intéressant pour le client. Est-ce plus clair ?

– Oui. Je ne devrais donc pas baser mes décisions sur les recommandations des analystes, n'est-ce pas ?

– Ça dépend de leur intégrité. Pour en revenir aux courtiers de plein exercice, un autre conflit d'intérêts possible vient du fait qu'ils obtiennent une meilleure paye en effectuant davantage de transactions. Ceci est causé par le fait qu'ils touchent un revenu lors de l'achat et lors de la vente de titres.

– Donc, si tu choisis un courtier de plein exercice, tu dois croire en son intégrité.

– Tu as tout compris. Il faut également que tu saches qu'en achetant des titres "un à un", tu n'obtiens pas la même diversification qu'offre un portefeuille de fonds communs. Il est très difficile de battre les indices boursiers et de se démarquer dans ce domaine. Un portefeuille de fonds communs bien diversifié peut contenir des titres dans plus de 100 multinationales. Il est peu probable de pouvoir recréer un tel portefeuille à faible coût avec moins de 500 000 $.»

Après une interruption me permettant de vider ma gourde, Yves reprend ses explications.

«J'ai presque terminé. Souviens-toi que lorsque tu places de l'argent, tu dois connaître les concessions que tu es prêt à faire et en assumer les conséquences. Pour avoir une belle retraite et ne pas trop hypothéquer ta qualité de vie, tu dois commencer à épargner tôt et être capable de vivre avec un certain niveau de volatilité.

– C'est correct, j'ai compris tout ça.

– Finalement, tu dois faire affaire avec un conseiller financier indépendant et compétent qui te suggérera et te vendra les meilleurs fonds correspondant à ta situation et à tes besoins. Il faut garder à l'esprit que la moitié des conseillers ne sont pas nécessairement compétents.[14] Pour faire un autre parallèle avec la vente automobile, dans un monde idéal, le vendeur te conseillerait l'automobile répondant le mieux à tes besoins parmi tous les modèles se vendant sur le marché.

– Est-ce possible dans le domaine du placement?

– Oui. C'est pour ça que je te dis que ton conseiller financier doit être indépendant et compétent. Un conseiller ne vendant que les fonds ou les titres offerts par sa compagnie est en conflit d'intérêts. Je te raconterai un peu plus tard ce qui m'est arrivé quand je suis allé voir Jean-Claude.»

Léane revient déjà, ce qui me donne l'occasion de pratiquer davantage mes lancers à la mouche sèche. Je suis un peu rouillé!

Je repasse dans ma tête la conversation que j'ai eue avec Yves sur les sujets d'aujourd'hui. C'est bien qu'il m'explique en détail tout ce qui se passe. Je ne pensais pas qu'il y avait un tel risque de manque d'**éthique** ou de compétence dans la vente de placements.

Après l'explication de Léane, Yves nous dévoile alors ce qu'il avait planifié pour la fin de notre expédition.

«Léane, Mathieu, allons sur la York. Ce sera notre troisième et dernière rivière à saumon.»

# Sommaire

On doit tout d'abord comprendre qu'il ne faut pas se fier aux programmes gouvernementaux pour obtenir un niveau de vie acceptable à la retraite. Afin de faire fructifier le plus possible ses placements, il faut investir son argent sur les marchés boursiers, puisqu'on n'obtient pas de rendement sans accepter de subir de la volatilité.

Le désir des investisseurs d'obtenir une garantie de capital leur coûte cher en matière de rendement. Le moyen le plus rentable et sûr d'investir sur les marchés est d'utiliser les services d'un conseiller financier indépendant et compétent, qui conseille le choix de gestionnaires de fonds communs selon la tolérance au risque du client. Ce conseiller doit éduquer son client pour qu'il comprenne les conséquences de ses actes et fasse ses choix de façon éclairée et judicieuse.

Investir directement dans des actions de compagnies exige beaucoup de connaissances, de compétences, de temps et d'argent pour parvenir à un bon rendement et à une diversification intéressante (diminuant le risque). Faire affaire avec un courtier de plein exercice (vendeur d'actions) est délicat puisqu'il peut se retrouver en conflit d'intérêts.

# Chapitre 9

## Planification de la retraite et fiscalité

Nous sommes à la fosse Murdoch qui se trouve dans la zone 6 de la rivière York. Comme la décrivent les Gaspésiens, l'eau de la York est de couleur émeraude et je remarque aussi que la limpidité de l'eau nous permet de bien voir le fond de la fosse. De l'autre côté de la rivière, on aperçoit quelques amoncellements de bois mort et les conifères sont plutôt dénudés et cela indique qu'ils ont déjà été affectés par la tordeuse des bourgeons de l'épinette. Mais l'ensemble nous procure quand même un lieu paisible. On dit de la York que c'est une rivière où l'on peut capturer souvent de grands saumons de plus de 15 kg. Yves a aussi hâte de pêcher mais, pour l'instant, il me demande d'observer la subtilité des lancers de Léane, tout en écoutant la suite de son cours de finance et d'investissement boursier.

«Tantôt, je voulais te parler de ma visite chez Jean-Claude. Je l'ai appelé et j'ai réussi à avoir un rendez-vous. J'ai invité ta mère, mais elle n'a pas voulu venir. Tu sais, la finance et elle, ça fait deux, et j'ai l'impression que ta sœur lui ressemble beaucoup. J'essaie de parler de tout cela à ta mère de temps en temps, au moins pour qu'elle sache comment vont nos affaires et quels sont nos placements. Mais ça ne fonctionne pas trop.

– Un peu comme le jardinage et toi?

– Exactement. Mais je pense qu'il est bien plus important de savoir où vont tes finances. Il est tout de même question de ta qualité de vie future. Bon, revenons à cette histoire. En entrant dans le bureau de Jean-Claude, il m'a tout d'abord posé plusieurs questions afin de savoir ce que je connaissais de la finance. Dans ce temps-là, je n'en savais pas autant que ça. Je lui ai ensuite parlé de ma discussion avec Hubert et de mes inquiétudes par rapport à la retraite.

– Et puis, que s'est-il passé? Est-ce que tu as acheté des fonds communs?

– Oui, mais pas tout de suite. J'ai eu une longue discussion avec lui. C'est lui qui m'a sensibilisé pour la première fois au déclin du nombre de travailleurs pour chaque retraité, attribuable au vieillissement de la population et à la dénatalité, ainsi que l'augmentation des coûts de soins de santé qui se situe bien au-delà des autres secteurs d'activité. Ces facteurs auront un impact important sur ma retraite. Il m'a également parlé de la formule de l'enrichissement et de ses différentes composantes. Il a ensuite fait une simulation avec un logiciel où il prenait en considération tous mes désirs et me disait quel montant il fallait que Monique et moi placions pour notre retraite. Nous avons fixé le rendement des fonds communs à 7 % et l'inflation à environ 2,25 %. Je me souviens des chiffres parce que cette première simulation m'a beaucoup surpris. Ces rendements étaient basés sur les hypothèses de l'Institut québécois de planification financière et ils étaient conservateurs, d'après Jean-Claude. Je lui ai fait confiance, il avait l'air de connaître son affaire.

– Que penses-tu de ces chiffres aujourd'hui? Est-ce que Jean-Claude avait raison?

– Oui, c'était conservateur mais réaliste. Pour continuer, je lui ai dit que je voulais approximativement le même niveau de vie à la retraite, mais que j'aimerais être un peu plus à l'aise si possible. D'après son logiciel, j'avais besoin de 80 % de mon salaire. Il m'a ensuite parlé d'espérance de vie. Savais-tu que j'ai de très bonnes chances de me rendre à 85 et même 90 ans, et ta mère encore plus?

– L'espérance de vie n'est pas de 72 et 79 ans?

– Je ne sais pas où elle se situe actuellement, mais elle augmente tout le temps en raison de l'avancement de la science. Quand je serai vieux, l'espérance de vie sera encore plus élevée. Il m'a aussi parlé "d'**horizon conditionnel**".

– Qu'est-ce que c'est?

– C'est l'âge auquel, il y a un certain pourcentage de chances d'être mort. Il vaut mieux prévoir un peu plus de 50 %, sinon tu as une chance sur deux d'être encore vivant et de ne plus avoir d'argent.

– J'avoue que 50 %, c'est jouer un peu avec le feu.

– Il m'a dit qu'il suggérait 90 % à ses clients. De ce que je me souviens, cet horizon conditionnel nous faisait dépasser 90 ans à tous les deux. En tenant compte de ce chiffre, ta mère et moi avions besoin de plus d'argent que je l'imaginais. En plus, dans ce temps-là, je voulais prendre ma retraite vers 55 ans et ta mère entre 50 et 55 ans. Devine un peu quel montant il fallait que l'on place?

– Je ne sais pas, disons 12 % de votre salaire.

– Non pas du tout. Nous avions besoin d'en placer le double pour en arriver au niveau de vie désiré, c'est-à-dire 24 % de notre salaire brut.

– 24 % brut ? Est-ce que tu veux dire 24 % du salaire avant de payer le gouvernement ?

– Oui, c'est bien ça. On a alors révisé quelques données. La qualité de vie à la retraite a été diminuée, nous avions donc 75 % de notre salaire à la place de 80 %. L'horizon conditionnel de 90 % a été rabaissé à 80 %. J'ai appelé Monique qui était en congé et je lui ai expliqué la situation. Puis, j'ai essayé d'autres simulations avec Jean-Claude. Ta mère et moi avons finalement décidé de synchroniser notre retraite au moment où elle aura 60 ans et de prendre progressivement celle-ci sur une période de 2 à 3 ans. Pour ma part, je serai alors âgé entre 60 et 65 ans.

– Est-ce que ça a fait une grosse différence ?

– Oui. Nous étions alors à 16 % du salaire brut. Dès ce jour, j'ai commencé à épargner mensuellement ce montant pour le placer dans des fonds communs.

– Et dans quels fonds as-tu placé ton argent ?

– Je ne m'en souviens plus très bien, étant donné que j'ai changé ma stratégie depuis. J'ai découvert ensuite qu'il était préférable de concentrer mes efforts dans une **stratégie de placement** plus précise, mais c'est une autre histoire.

– Si j'avais eu un professeur aussi intéressant au collégial, j'aurais peut-être consacré un peu plus d'efforts à écouter ce qu'il disait.

– Merci pour le compliment, Mathieu, ça fait chaud au cœur. Pour continuer ce que je disais, Jean-Claude m'a parlé de la recette idéale de placements, avec une **diversification géographique**, où il y a environ 30 à 40 % au Canada et environ 60 à 70 % à l'étranger. Il m'a dit que cette recette s'inspire d'un économiste ayant gagné un prix Nobel d'économie et qu'elle donnait le maximum de rendement pour un minimum de risque à long terme.[15]

– Si je comprends bien, la diversification, c'est le principe de ne pas mettre tous ses œufs dans le même panier, n'est-ce pas ?

– C'est ça. Un investisseur avec des placements bien diversifiés est tout comme un pêcheur équipé de plusieurs bons appâts et leurres de différents matériaux, couleurs et formes. Ça ne veut pas dire qu'il va mieux réussir qu'un autre pêcheur, mais il met plus de chances de son côté.

– Est-ce que tu peux faire d'autres sortes de diversification ?

– Oui, il y a plusieurs autres possibilités. Entre autres, à travers ta recette initiale, tu peux également faire une sélection de fonds selon certains secteurs, selon le type de gestion (valeur, croissance ou "momentum") ou selon la taille des entreprises comprises à l'intérieur des fonds.

– As-tu fait une sélection comme celle-là ?

– Il faut faire attention lorsqu'on change de stratégie de placement pour faire la transition au moment propice et de façon appropriée. Si le marché boursier est bon, c'est le temps de devenir plus prudent avec ses placements, si c'est ce que l'on souhaite. Si le marché boursier est mauvais, c'est le temps de devenir plus "agressif", plus entreprenant avec ses placements, si c'est cela qu'on recherche. Et le passage d'une stratégie à une autre peut être étalé sur plusieurs mois, voire quelques années, en effectuant des transferts périodiques. Pour répondre à ta question, j'ai seulement pris un fonds international investissant dans de petites entreprises.

– Il t'a donc fait investir selon les proportions géographiques que tu as données, c'est bien ça?

– Oui. Jean-Claude m'a aussi dit que si jamais je travaillais pour une compagnie qui possède un **régime collectif** pour ses employés, je pourrais soustraire une partie de la cotisation de l'employeur de ce 16 %. C'est pour cette raison que j'ai changé d'emploi peu après. L'ambiance de travail n'était pas très bonne et je n'avais plus de défis depuis belle lurette. J'ai alors concentré mes efforts afin de trouver un meilleur emploi. J'ai obtenu plus de responsabilités, un meilleur salaire et plus d'avantages sociaux.

– Est-ce que ça veut dire que tu as abaissé ta contribution et celle de maman?

– Oui, mais seulement après quelque temps puisque j'ai dû faire des recherches pour dénicher cet emploi que je cherchais tant. Je ne voulais pas quitter mon emploi avant d'avoir trouvé autre chose d'intéressant. Jean-Claude m'a également expliqué le **principe du 10 %**. Ce principe ne s'appliquait pas à moi puisque j'avais du chemin à rattraper. Il s'applique par contre à toi. Dire que si je l'avais respecté en faisant des investissements intelligents, je n'aurais pas eu besoin de me serrer la ceinture à ce point pendant plusieurs années.

– Et quel est ce principe?

– Un vieil homme riche de Bromont lui aurait déjà révélé le secret de sa richesse : il avait appris à se "payer en premier".[16] Ta retraite est importante, tu devrais toujours économiser 10 % de ton salaire net, et ça durant toute ta vie. Tu dois commencer dès que tu as un salaire. Cet argent est pour ta retraite et doit être placé dans de bons placements.

– Ce n'est quand même pas si pire que ça si on le compare au 16 % que vous devez payer.

– Tu compares des pommes avec des poires. En fait, 10 % net représente moins qu'un 16 % brut, pour ta mère et moi. Il faut également que tu considères que 75 % de notre salaire pour la retraite, ce n'est pas énorme... surtout avec le prix des médicaments qui augmente plus que l'inflation et ta mère qui est dépensière. Elle le sera encore plus à sa retraite puisqu'elle n'aura que ça à faire. Mais bon, notre situation s'est beaucoup améliorée depuis.

– Il ne faudrait pas qu'elle t'entende!

– Elle le sait et, de toute façon, ce n'est pas un secret pour personne. Pour en revenir au principe du 10 %, la plupart des gens entendent parler de l'épargne nécessaire à une belle retraite, mais n'en font rien.

– Les gens sont vraiment comme ça?

– Bien sûr. C'est ce que je faisais auparavant. Je me trouvais toujours d'autres besoins comme l'achat d'une auto neuve, des rénovations, un voyage et j'en passe. Heureusement que Jean-Claude et Hubert m'ont conscientisé en me faisant voir les conséquences de mes gestes. Je vois Léane qui me fait signe et, si je me fie à ses commentaires, je crois qu'elle veut te parler du tacon que tu avais déjà capturé. Les environs sont calmes et on peut tout entendre!

– J'ai bien vu la motivation du tacon lorsqu'il a sauté sur ma noyée !

– Oui, il lui arrive de sauter jusqu'à 30 cm hors de l'eau afin d'attraper un insecte. Assez impressionnant pour un petit saumon qui ne dépasse pas 15 cm. C'est comme s'il se pratiquait pour, un jour, sauter beaucoup plus haut afin de franchir, au stade adulte, les divers obstacles physiques de la **montaison** en rivière.»

Le temps passe si vite et Yves est déjà près de nous alors que Léane décide de l'écouter.

«Pour en revenir à ce dont je parlais, Jean-Claude m'a montré une manière d'améliorer ma situation financière alors que nous étions pendant la période des REER. Je voulais investir un bon montant de REER pour l'année en cours, mais je n'avais pas tout l'argent nécessaire et ta mère avait quelques petites dettes à payer. Il m'a fait prendre un prêt REER de rattrapage. Ces prêts ont de très faibles taux d'intérêt.

– Mais comment as-tu fait pour rembourser les dettes que vous aviez ?

– J'ai contracté un prêt REER qui a été investi. J'ai profité de l'argent que j'avais et du **remboursement d'impôt** que m'a donné cet investissement pour rembourser les dettes et une partie du prêt.

– Attends un peu. Les REER te donnent un remboursement d'impôt sur le revenu ?

– Oui. C'est pour ça qu'autant de gens placent dans les REER. La cotisation que tu fais dans un REER baisse ton revenu imposable du même montant. J'ai donc reçu l'impôt que j'avais payé en trop durant l'année. Après remboursement des dettes de Monique et d'une partie du prêt, il me restait environ la même somme à payer en dettes, mais cette fois-ci avec un taux d'intérêt inférieur. J'avais amélioré ma situation tout en plaçant de l'argent pour ma retraite.

– Tu as parlé tout à l'heure que lorsque tu empruntais pour investir, les intérêts étaient déductibles. Est-ce que c'est le cas ici ?

– Non. Il y a déjà un crédit d'impôt étant donné qu'il s'agit d'un placement REER. Le gouvernement ne fera pas de cadeau. Il ne donnera pas un crédit deux fois pour le même placement.

– Ça aurait été trop beau pour être vrai.

– Emprunter pour investir dans un REER doit préférablement se faire à court terme. Certaines institutions financières suggèrent à leurs clients de cotiser à des **programmes impôt zéro**. Ce n'est pas une stratégie aussi intéressante qu'elle en a l'air.

– Et en quoi est-ce que ça consiste ?

– Emprunter un montant important pour le placer dans un REER. Le placement déductible ramène le revenu imposable de l'individu à un seuil où il ne paie pas d'impôts. L'individu paiera donc à long terme un emprunt lui ayant permis de payer moins d'impôts pour une année. Comme je t'en parlerai plus tard, le **prêt-investissement** est beaucoup plus payant... Je poursuis avec mon histoire. Jean-Claude m'a également enseigné certaines bases de fiscalité. Il m'a dit qu'il y avait quatre principes fiscaux importants à considérer pour s'enrichir. Le premier principe consiste à tirer le maximum de toutes les déductions, exemptions, crédits et autres. Le gouvernement ne nous fait pas souvent de cadeaux, il faut donc en profiter le plus possible lorsque ça arrive.

– J'avoue qu'il serait ridicule de cracher sur de l'argent donné.

– Drôle d'image, mais c'est ce que ça veut dire. C'est pour ça qu'il est important de faire remplir sa déclaration de revenus par un professionnel, en prenant bien soin de lui donner le maximum de renseignements. Il ne peut pas tout deviner de ta vie privée. Les frais médicaux et les frais de garde peuvent donner droit à des crédits intéressants selon ta situation.

– Et quels sont les autres principes ?

– Le deuxième principe concerne le **fractionnement du revenu**. Afin de diminuer l'impôt à payer d'un couple, il faut essayer d'en équilibrer les revenus. Il faut donc mettre le plus possible de déductions sous le nom de l'individu qui gagne le revenu le plus élevé puisque c'est lui qui paye le plus d'impôts. De cette façon, les déductions profitent davantage au revenu familial global.

– Je ne suis pas sûr de comprendre. Peux-tu me donner un exemple ?

– Bien sûr. Prenons l'exemple de ta mère et moi. Avec mon salaire, disons que mon taux marginal d'impôt est de 38,4 %. Ta mère, de son côté, a un taux d'imposition marginal d'environ 28,5 %. Si j'ôte 1 000 $ de déductions pour le REER dans sa déclaration de revenus pour le mettre comme déductions dans la mienne, on économise 9,9 % ou 99 $.

– Et tu peux faire ça ?

– Oui, il s'agit alors d'un REER conjoint cotisant qui est à son nom, mais dont je suis le contributeur. Étant donné que mon salaire est plus élevé que celui de Monique, il est préférable que j'utilise des droits de cotisation de mes REER pour placer de l'argent à son nom. De cette façon, le crédit d'impôt est plus avantageux puisqu'il est calculé sur un salaire plus élevé. Ce placement est détenu par Monique puisqu'il est à son nom.

– Ça ressemble drôlement à ce que tu m'expliquais lorsqu'on parlait des fiducies testamentaires.

– Le principe de base demeure le même : transférer l'argent à une autre entité qui est moins imposée. Ce que tu sais sur les fiducies testamentaires est en fait le troisième principe de l'enrichissement qui concerne le fractionnement du revenu à l'extérieur du couple. Je sais qu'il est possible de l'utiliser davantage lorsqu'on possède sa propre entreprise. Je ne pourrais pas t'en dire plus puisque mes connaissances s'arrêtent là.

– Tu parles de REER, est-ce qu'il y a d'autres types de placements ?

– Oui. Il existe deux catégories de placements : les **placements enregistrés** (parmi lesquels on retrouve le REER) et les **placements non enregistrés**. Pour les placements non enregistrés, il est primordial de considérer le type de revenu qu'il génère, puisqu'on veut en connaître le montant final après impôts. En considérant le rendement après impôts, les placements en actions sont encore plus intéressants.

– Et qu'en est-il du dernier principe ?

– Il consiste à reporter au plus tard possible le paiement d'impôts. Un bon exemple concerne les gens qui désirent savoir quels placements retirer en premier à leur retraite. Il faut que tu t'organises pour payer le moins d'impôt possible en premier. Il est donc préférable de retirer tout d'abord les placements non enregistrés, puis les placements enregistrés. Pour les placements non enregistrés, on retirera d'abord ceux du conjoint ayant le revenu le plus élevé. Par contre, pour les placements enregistrés, on retirera d'abord ceux du conjoint ayant le revenu le plus bas.

– Pourquoi? Il y a sans doute une bonne raison pour cela?

– Oui. En retirant les placements non enregistrés en premier, tu paies moins d'impôts puisqu'ils sont imposés uniquement sur les revenus de placements et non sur le capital que tu as placé initialement. Pour ces placements, il est avantageux de retirer d'abord ceux qui sont les plus fortement imposés au sein du couple. Par contre, comme les placements enregistrés sont imposés en totalité, donc comme un salaire, il est bon de retirer tout d'abord les placements qui sont les moins imposés au sein du couple. Les placements non enregistrés ne génèrent que du gain en capital lors de leur sortie, ce qui représente la moitié de l'imposition d'un salaire.

– Attends un peu, tu m'as déjà parlé, la première journée de notre voyage, de gain en capital. Je n'avais pas saisi que ce revenu était imposé à la moitié d'un salaire. Peux-tu me récapituler ce que je dois savoir là-dessus?

– Il s'agit de la **plus-value** prise par n'importe quel bien, ou placement, entre le moment de l'achat et celui de la vente. Si tu as acheté des actions d'une entreprise à 10 $ et qu'elles valent 30 $ quand tu t'en départis, le gain en capital est donc de 20 $ par action. Lors du retrait de ton argent, le **gain en capital imposable** correspond à la moitié du gain, contrairement aux autres types de revenus de placements.

– D'accord, je comprends. Et quels sont ces autres types de revenus?

– Il s'agit du dividende et des intérêts. L'impôt sur les dividendes canadiens est environ les deux tiers de l'impôt sur un salaire ou un revenu d'intérêts. Les intérêts sont reçus lorsque tu prêtes de l'argent.

– Tu as dit les dividendes canadiens, que se passe-t-il si tu reçois un dividende d'une compagnie américaine?

– Il est imposé comme un revenu d'intérêts. En passant, j'ai oublié de te spécifier que le niveau d'imposition des dividendes est plus bas pour les personnes à faible revenu.

– Outre les crédits d'impôt, y a-t-il d'autres raisons pour lesquelles les gens placent de l'argent dans des REER?

– Eh bien, ils veulent aussi profiter du report de l'impôt! Quand tu places de l'argent dans un REER, en plus de diminuer l'impôt à payer pour l'année en cours, tu ne paies aucun impôt sur tes placements au fil des ans, à moins d'en retirer de l'argent, peu importe les gains obtenus.

– J'imagine que pour un placement non enregistré, je paie de l'impôt lorsque je reçois un revenu, c'est ça?

– Oui. Tu as tout compris. Mais il n'y a pas que des avantages aux placements enregistrés. Ce que la plupart des gens ne savent pas, c'est que leur REER entier sera imposé comme un salaire lors du retrait. Jusque-là, ils ne sont pas désavantagés si ce REER ne prend pas de valeur ou ne fait qu'augmenter de valeur grâce à des revenus d'intérêts.

– Pourquoi les REER sont-ils si populaires s'il est préférable qu'ils ne prennent pas de valeur ?

– Habituellement, le gain en capital constitue la plus grande part de la plus-value d'un placement. Toute plus-value, qu'il s'agisse d'un gain en capital ou d'un dividende, sera imposée comme un salaire lors du retrait d'un placement enregistré. N'importe quel particulier paie donc davantage d'impôts sur cette partie, à moins d'avoir des placements qui ne génèrent que des revenus d'intérêts, comme des obligations et des CPG.

– Ce n'est donc pas si fantastique que ça.

– Pour une personne qui n'est pas bénéficiaire d'une caisse de retraite, que l'on appelle communément "fonds de pension", son taux marginal sera probablement plus faible lors du retrait, ce qui atténue un peu l'imposition du REER.

– Malgré cela, est-ce qu'il y a d'autres désavantages majeurs aux REER ?

– Je crois qu'il y en a deux majeurs. D'abord, plusieurs personnes prennent l'habitude de dépenser, plutôt que de réinvestir, les crédits d'impôt obtenus grâce à leurs REER. Dans ce cas-là, le placement REER devient plus mauvais qu'un placement non enregistré générant du gain en capital.

– Tout un désavantage ! Et quel est l'autre ?

– Quand tu atteins 72 ans, l'État prend le contrôle de tes placements enregistrés et te dicte des proportions minimales à retirer en fonction de ton âge. Il veut s'assurer que tu écoules le plus de REER possible et que tu paies beaucoup d'impôts de ton vivant.

– C'est vraiment stupide !

– Tu l'as dit. Le gouvernement veut gagner des revenus plus rapidement... mais cela n'avantage pas le retraité, comme tu t'en rends compte. Et à 72 ans, tu n'as pas besoin du **contrôle de l'État** pour gérer tes finances personnelles. De plus, ces retraits obligatoires baissent la contribution de l'État, puisque le Supplément de revenu garanti donné à la retraite est directement lié à ton revenu, tout comme la Pension de sécurité de la vieillesse. Le gouvernement est donc doublement gagnant.

– Oui, on a parlé de ces programmes ce matin !

– L'État est là pour aider les retraités qui sont en difficultés financières.

– Je comprends tout, chef. J'ai une question à te poser. Est-il possible de retirer son REER avant la retraite si on a besoin d'argent ?

– Oui. Contrairement à la croyance populaire, ce n'est pas seulement lors d'un RAP ou lors d'un REEP que c'est possible. Mais bon... même s'il est possible de sortir de l'argent de ses REER pour se payer une nouvelle auto, ce serait un geste tout à fait ridicule, puisque tu serais imposé sur le montant retiré. Par contre, une personne âgée entre 65 et 71 ans peut transférer de son REER ou de son CRI à un FERR ou un FRV les sommes suffisantes lui permettant d'encaisser par la suite, chaque année, 2 000 $ à même ses revenus de retraite. Les trois quarts n'impliqueront aucun impôt et l'autre quart n'impliquera que de l'impôt provincial, pour les résidents du Québec. Par ailleurs, j'ai oublié de te parler de ce qui arrive lors d'une perte en capital. Les placements et les biens que tu acquiers ne t'enrichissent pas toujours. Si, à l'extérieur d'un régime enregistré, le prix vendu est inférieur au prix payé, tu obtiens alors une perte en capital, concept qui n'existe pas si la situation se produit à l'intérieur d'un régime enregistré.

– Et comment cette perte est-elle traitée?

– Une perte en capital te procure un crédit d'impôt qui peut aller à l'encontre de n'importe quel gain en capital réalisé à l'extérieur d'un régime enregistré au cours des trois années antérieures ou à être réalisé dans les années futures, à la limite jusqu'au moment du décès.

– Si j'ai bien compris, ça ressemble au traitement que le gouvernement provincial fait des intérêts payés sur un emprunt qui sert à gagner un revenu de placement.

– Tout à fait. As-tu des questions sur ce que je t'ai expliqué jusqu'à maintenant depuis qu'on a quitté le chalet?

– Non, ça va. Du moins, pas tout de suite.»

C'est le temps de partir et Yves aimerait que nous puissions aller à la fosse Fairbanks, qui est située dans la zone 6 de la rivière York.

# Sommaire

Afin de calculer l'argent nécessaire pour la retraite, il est important de considérer les facteurs suivants : le revenu, les dépenses et l'âge de chaque membre du couple, l'âge de la retraite et le niveau de vie désiré, l'inflation, le rendement approximatif des placements et la durée de la retraite. Ce dernier facteur ne doit pas prendre en considération l'espérance de vie car, à cet âge, on a encore 50 % des chances d'être encore vivants. Il faut plutôt prendre un âge plus avancé où la probabilité d'être encore vivants est bien moindre (de 10 % à 20 %).

Une diversification géographique (environ 30 à 40 % de fonds canadiens et environ 60 à 70 % à l'étranger) est essentielle pour maximiser le rendement et diminuer la volatilité d'un portefeuille. Il est également possible de diversifier son portefeuille selon d'autres critères : type de gestion, taille de l'entreprise et secteur d'activité.

Afin d'avoir une retraite confortable, tout individu devrait respecter le principe du 10 % : toujours économiser 10 % de son salaire net pour la durée de sa vie active.

Certains principes fiscaux sont essentiels à connaître afin de diminuer son imposition :

· maximiser l'utilisation de toute forme de déduction, exemption ou crédit d'impôt ;

· fractionner le revenu ou l'utilisation de déductions ou crédits (avec l'autre membre du couple ou par une entreprise) afin d'abaisser le niveau d'imposition ;

· reporter le plus tard possible le paiement d'impôts (ex. : placer dans des REER ou des fonds générant du gain en capital et retirer tout d'abord les placements les moins imposés).

Le REER n'est pas le meilleur type d'investissement pour deux raisons :

1) Lors du retrait, il est imposé en totalité comme un salaire et non sur la plus-value en respectant le type de revenu ;

2) À 72 ans, le gouvernement prend le contrôle de ces placements en obligeant le retrait d'un pourcentage minimal. Le contribuable est donc imposé sur un revenu dont il n'a pas nécessairement besoin et ceci peut diminuer l'aide du gouvernement (par le Supplément de revenu garanti et la Pension de sécurité de la vieillesse).

Un placement non enregistré est imposé selon le type de revenu (gain en capital, dividende ou intérêts). Afin de diminuer l'imposition, il faut maximiser le revenu de type gain en capital (est imposable à 50 %, seulement lors du retrait).

Un prêt REER rattrapage permet d'obtenir un très faible taux d'intérêt pour augmenter rapidement le montant de ses REER et acquitter des dettes coûteuses à l'aide du remboursement d'impôt. Ce type de prêt à court terme est beaucoup plus avantageux qu'un programme impôt zéro (à long terme).

# Chapitre 10

## Les placements et les fonds communs (notions avancées)

Nous voici sur la fosse Fairbanks de la rivière York. Elle ressemble à la fosse précédente, mais avec un courant qui m'apparaît un peu plus rapide. Yves a déjà les deux pieds dans l'eau près du bord de la fosse et regarde attentivement le contenu d'une de ses deux boîtes à mouches, une pour les noyées et l'autre pour les sèches.

« Bon, papa, je ne sais pas où tu en étais avec ton récit concernant les placements. Je ne t'ai rien dit plus tôt, mais je suis impatient d'entendre la suite.

– Tu ne trouves pas que tu en mets trop ? »

J'avoue que je n'ai pas été subtil. Mais bon, ça fonctionne puisque Yves décide de poursuivre ses explications.

« D'accord, j'ai une autre histoire pour toi et elle est la dernière que j'ai à te raconter. Il y a déjà cinq ou six ans, j'ai reçu une invitation pour aller à des retrouvailles pour le 25e anniversaire de la fin du secondaire. J'y suis allé avec Hubert et nous avons parlé à différents compagnons de classe de l'époque. Parmi eux, il y avait Roger Bellemare. C'était un bon ami à cette époque, mais nous nous sommes perdus de vue depuis. En parlant avec lui, j'ai appris qu'il était conseiller financier indépendant.

...que tu avais changé tes placements depuis Jean-Claude. Est-ce que c'est avec Bellemare?

...i. Après avoir échangé avec lui lors de ces retrouvailles, il m'a suggéré de lui télé-...oner pour prendre un rendez-vous et c'est ce que j'ai fait. Je l'ai rencontré deux ou trois semaines plus tard à son bureau. Je pensais avoir ce qui était le mieux sur le marché, mais en fait, il m'a ouvert les yeux sur quelque chose d'autre. J'avais de bons placements, mais pas les meilleurs. Il m'a expliqué que je devais adhérer à une certaine philosophie de placement.

– Hubert a-t-il adhéré à cette philosophie de placement?

– Pas immédiatement. Jean-Claude était devenu un de ses amis avec le temps. Il a donc hésité pendant deux à trois ans avant d'aller rencontrer Roger et de transférer son argent avec lui. J'aurai été en avance sur lui au moins une fois dans ma vie! J'ai découvert bien des choses avec Roger. Sa **philosophie de placement** provient de l'analyse des meilleurs investisseurs du monde, tout particulièrement de **Warren Buffett**.

– Et qui est-il?

– Il est l'un des hommes les plus riches du monde, comme l'est d'ailleurs Bill Gates. Il a érigé sa fortune à l'aide des marchés boursiers, par des investissements dans d'excellentes entreprises sous-évaluées, qui génèrent de l'argent de façon sûre, année après année. Il choisit les "jeunes gagnantes" et demeure avec elles à très long terme ou bien pour toujours.

– Tu m'en avais déjà expliqué une partie. Mais bon, je n'avais pas entendu parler de Warren Buffett.

– Il est comme le Wayne Gretzky du placement puisque, à l'heure actuelle, il est le meilleur gestionnaire de portefeuille de tous les temps. Savais-tu qu'il a obtenu plus de 21,5 % annuellement depuis 45 ans[17]?

– Quoi! Plus de 21,5 %! Mais alors, c'est facile de faire de l'argent à la Bourse! Je pourrais faire des placements moi-même.

– Ne t'enflamme pas! Ne fais pas la même erreur que tout le monde en croyant que tu es plus compétent que les gestionnaires professionnels. Tu n'as pas les connaissances, l'expérience et l'accès à l'information qu'ils ont pour trouver de bonnes entreprises et gérer ton argent. C'est totalement absurde! De plus, il n'y a pas seulement ce principe de base à appliquer.

– Je te fais marcher un peu, papa, ne monte pas sur tes grands chevaux. Tu m'as déjà convaincu que je ne connaissais rien là-dedans et que je devais investir avec les meilleurs gestionnaires qui ont les compétences requises. Mais quels sont ces autres principes à appliquer dont tu parlais?

– Tu dois limiter la diversification de ton portefeuille. Beaucoup de gestionnaires acquièrent des titres de différentes compagnies pour le seul fait d'avoir une meilleure diversification et donc moins de risques. Ça n'apporte pas un meilleur rendement à long terme. Il faut chercher à acquérir uniquement des gagnants dans son équipe.

– Oui, je me souviens, c'est un peu le même principe que le fait de ne pas avoir d'obligations dans son portefeuille. La qualité vaut beaucoup plus que la quantité.

– Je dirais même plus : la quantité ne vaut rien. Le rendement médiocre, ou simplement inférieur, des obligations ou de ces entreprises, nuit à un rendement global plus élevé. Il faut viser les **fonds concentrés**. Ces fonds offrent historiquement un meilleur rendement à long terme.

– Par " concentrés ", tu veux parler de fonds dans lesquels il n'y a pas trop de titres, c'est ça ?

– Oui. Un fonds dont les 10 plus importantes positions ne totalisent pas 30 % est trop diversifié. Idéalement, ces 10 positions devraient dépasser 50 %. Il y a un dernier concept dont je voulais te parler à propos des fonds communs. Savais-tu que peu de gens obtiennent un rendement aussi élevé que ce qui est affiché par les entreprises de fonds communs ?

– Non. Et pourquoi ? Est-ce en raison de frais cachés ?

– Non, ils sont inclus. Si l'investisseur respectait ce principe prôné par Warren Buffett, ça n'arriverait pas. Devine qui est le pire ennemi de l'investisseur ?

– L'impôt ?

– C'est le deuxième pire ennemi. Le premier, c'est l'investisseur lui-même. L'investisseur moyen se laisse influencer par les médias, pour ne pas dire par la pollution médiatique, et suit aveuglément les recommandations des analystes. Il laisse ses émotions déranger sa raison.

– Mais, les analystes ne sont pas censés être compétents ?

– Ce n'est pas toujours le cas et ils n'ont pas nécessairement raison. La plupart du temps, tu trouveras des rapports d'analystes uniquement sur les titres populaires et il est rare d'en trouver qui ne sont pas surévalués.

– Ça ne concorde pas avec notre philosophie de placement, n'est-ce pas ? »

Yves ne me répond pas puisqu'il semble tout à coup agité. Je crois qu'il a hâte d'aller pêcher. Léane l'aperçoit en train de gesticuler nerveusement et comprend bien la signification de ce langage non verbal. Aussitôt qu'elle se prépare à revenir vers nous, Yves s'éloigne de moi à grands pas. Mon père est un grand passionné de la vie en général, de la connaissance en particulier et de l'amour inconditionnel pour ses deux enfants. En croisant Léane, j'entends Yves lui demander si elle a vu des saumons dans la fosse Fairbanks. Léane lui a simplement dit qu'elle n'avait aperçu qu'un madeleineau près d'une grosse roche plate et qu'il ne semblait pas intéressé par ses mouches.

« Mathieu, c'est bien ça. Je disais donc que l'investisseur moyen n'agit pas de façon rationnelle. En conséquence, il achète et vend ses fonds à des moments désavantageux. Il investit dans les fonds communs après que la Bourse a connu des années extraordinaires ; il achète donc lorsque ça vaut cher. Il retire son argent lorsque les marchés tombent brutalement parce qu'il panique et veut conserver le peu d'argent restant dans son compte. Il le place alors dans les obligations et les CPG. Cet investisseur a donc le pire des deux mondes : il récolte les mauvaises années de marché boursier et les mauvaises années d'obligations et de CPG.

– Je ne savais pas qu'il y avait de mauvaises années pour les obligations et les CPG.

– Je me corrige... il n'y a pas de mauvaises années, seulement de moins bonnes. Les marchés boursiers réagissent fortement à l'économie. Lorsque l'économie est en difficulté, la banque centrale essaie de la stimuler en abaissant ses taux d'intérêt afin d'encourager les gens à consommer. De bas taux d'intérêt favorisent l'emprunt et donc l'économie. De bas taux d'intérêt veulent aussi dire qu'il en coûte moins cher au gouvernement, aux banques et aux entreprises pour emprunter; les CPG et les nouvelles émissions d'obligations rapportent moins.

– Mais j'imagine que les taux d'intérêt remontent éventuellement et que ces placements deviennent plus intéressants, non?

– Tu as raison sur un point : il n'y a pas uniquement des années de vaches maigres pour le rendement des CPG et des nouvelles obligations; lorsque les taux d'intérêt remontent, ces placements redeviennent plus payants. Seulement, il ne faut pas que tu oublies que quelqu'un qui sort des marchés boursiers dans ces conditions a perdu beaucoup d'argent et il aura besoin de nombreuses années avant de retrouver son capital initial, surtout avec les faibles rendements qu'il obtiendra. De plus, comparativement au rendement des fonds d'actions en période de reprise boursière, tu es nettement désavantagé.

– Je comprends, mais si les taux d'intérêt remontent ensuite, c'est mieux qu'avec les bas taux d'intérêt initiaux, n'est-ce pas?

– Pas nécessairement. Quelqu'un qui sort des marchés boursiers après une forte baisse se résigne à faire un maigre rendement qui toutefois préservera son capital. Il aura alors le réflexe de prêter son argent pour du long terme, afin d'avoir un peu plus de rendement, même si le taux est bas à ce moment. Une personne qui agit ainsi ne fera pas beaucoup d'argent.

– Je me souviens : plus le terme est long, plus le rendement est élevé. Veux-tu me dire pourquoi les gens font ça?

– C'est bien simple. C'est parce qu'ils laissent l'émotion déranger la raison. Ils ont peur de tout perdre. Théoriquement, il est possible que tes fonds n'aient plus aucune valeur. D'un point de vue pratique, ce n'est pas le cas. Crois-tu qu'il soit possible que 100 multinationales bien choisies fassent faillite en même temps du jour au lendemain?

– Non. Mais pourquoi parles-tu de 100 multinationales?

– C'est simplement parce qu'un portefeuille diversifié comporte plusieurs fonds qui contiennent plusieurs entreprises. Idéalement, un portefeuille devrait comprendre de quatre à huit fonds. Tu dois en tirer une leçon : investis et laisse ton investissement croître, peu importe ce qui se passe.

– Et dans quels produits as-tu placé ton argent?

– Roger m'a dit que je devais investir dans de très bons fonds communs qui allaient avec cette philosophie. La philosophie de gestion est essentielle et devrait être la base de l'investissement.

– Papa, pourquoi est-ce si important?

– Si tu n'investis pas de la façon qui fait fructifier le plus ton argent, il va t'en coûter plus cher pour épargner ce dont tu auras besoin. C'est comme un pêcheur avec une mauvaise technique : une bonne partie de ses efforts ne donnera probablement rien. La philosophie de gestion dont Roger me parlait consiste à investir dans des **fonds de type "valeur"**.

– Peux-tu m'en dire un peu plus là-dessus ?

– Un fonds commun de type "valeur" a comme philosophie d'acheter à faible prix. En achetant au rabais, ton risque à la baisse est beaucoup plus faible, contrairement aux fonds de type croissance.

– C'est une autre philosophie de gestion qui est donc un peu plus risquée, n'est-ce pas ?

– Oui. Pour en revenir aux fonds de type "valeur", les gestionnaires de ces fonds conservent normalement les actions qu'ils achètent sur un plus long terme. Cette manière de fonctionner comporte des avantages d'un point de vue fiscal, lorsque tu investis dans un compte non enregistré.

– Je ne comprends pas trop quels avantages ça peut apporter.

– En vendant moins souvent de titres, ces fonds communs ne génèrent pas ou presque pas de distributions.

– Et quelles sont ces distributions dont tu me parles ?

– Il s'agit de distributions en dividendes, gains en capital ou revenus d'intérêts que les détenteurs de parts reçoivent parfois, surtout à la fin du mois de décembre. Ces distributions augmentent la valeur de leurs parts.

– Mais alors, en quoi le fait de ne pas recevoir de distributions constitue-t-il un avantage ?

– Ces distributions doivent être déclarées dans les revenus de l'année en cours, lorsqu'il ne s'agit pas de placements enregistrés.

– Attends un peu, j'ai du mal à comprendre tout ce concept.

– La compagnie de fonds communs qui ne cesse pas d'acheter et vendre des titres doit encaisser des pertes et des gains en capital. Elle cherche normalement à encaisser des gains. Elle se sert habituellement des intérêts, des dividendes et de ces gains pour payer les frais de gestion. Toutefois, lorsqu'elle encaisse plus qu'un certain montant, elle doit le redonner au client sous forme de distributions et celui-ci doit payer des impôts. Souviens-toi du principe de report d'impôts.

– Existe-t-il une alternative aux fonds de type "valeur" pour reporter l'impôt ?

– Oui, il existe aujourd'hui quelque chose d'aussi avantageux que de faire affaire avec un gestionnaire qui vend moins souvent ses titres, cela consiste à faire usage de **fonds de série T**. Dans ces fonds, lorsqu'un gestionnaire remet de l'argent aux détenteurs de parts, il effectue ce qu'on appelle une distribution. La particularité du fonds de série T provient du fait que la distribution ainsi remise, qu'elle soit encaissée ou réinvestie, peut correspondre à une récupération de capital n'impliquant aucun impôt à payer. On comprend alors que le pourcentage de **distribution de capital** n'a rien à voir avec le pourcentage de rendement du placement. Par ailleurs, le fonds peut également générer des revenus d'intérêts, de dividendes et de gains en capital que le gestionnaire doit parfois répartir, après avoir couvert ses frais de gestion.

– Si j'ai bien compris, Roger t'a fait acheter ces types de fonds qui permettent de reporter l'impôt.

– C'est bien cela. Ce sont des fonds qu'on place pour du long terme.

– Mais, dis-moi, comme tu as parlé de frais de gestion, combien facturent les compagnies de fonds communs à ce sujet ?

– Pour la plupart, elles prennent entre 1,5 et 3 % par année sur le capital du fonds. Tu dois te concentrer sur le résultat ; ce n'est donc pas un détail important. Ce que tu cherches est un rendement net, c'est-à-dire après les frais de gestion. Je ne me sens pas mal du tout d'enrichir quelqu'un qui me le rend en retour.

– J'ai une question : que fais-tu si tu as besoin d'argent tout d'un coup ?

– J'essaie le plus possible de ne pas toucher à mes placements et donc de trouver l'argent nécessaire d'une autre façon, comme à l'aide d'une marge de crédit.

– Et si tu ne peux vraiment pas trouver d'argent ailleurs ou que tu ne veux pas t'endetter plus...

– Quand tu n'as pas le choix... Je te conseillerais alors de retirer de l'argent de tes fonds. Avec un bon conseiller financier, tu peux habituellement retirer une partie de ton argent sans frais.

– Qu'est-ce que tu veux dire par un bon conseiller financier ?

– Plusieurs institutions et courtiers facturent des frais à leurs clients pour de telles transactions. Il faut savoir trouver un conseiller financier qui le fera gratuitement pour toi. Ton conseiller financier pourra également t'aider à déterminer les fonds qui semblent les moins gagnants ou dont les titres qui les constituent se vendent en moyenne à plus gros prix. Ces fonds peuvent être vendus en premier. »

Léane retourne dans la fosse aux saumons comme si cela devenait de plus en plus pénible. Décidément, le cœur semble avoir perdu un peu de sa passion pour le saumon. Par ailleurs, Yves a retrouvé son sérieux de narrateur financier.

« Alors, Mathieu, de quoi discutions-nous ?

– Papa, tu m'as dit que tu as investi tout ton argent dans des fonds de type "valeur" et des fonds de série T, en le partageant entre des fonds canadiens et des fonds étrangers. Aurais-tu fait la même chose si tu avais été au début de ta retraite ?

– Exactement la même chose. Je sais que plusieurs conseillers financiers suggèrent à leurs clients retraités de détenir un pourcentage d'obligations égal à leur âge : 65 % du portefeuille si tu as 65 ans, par exemple. Roger m'a déjà montré des études scientifiques qui prouvent que ces règles sont sans fondement, et que, dans les faits, pour maximiser ses probabilités de ne pas manquer d'argent avant de mourir, il est nécessaire, pour la plupart des gens, même à la retraite, de maintenir une recette de placement tout en actions ou fonds communs.[18] C'est bien certain que cela est plus facile pour quelqu'un comme moi qui m'y suis habitué durant une bonne partie de ma vie.

– Si je comprends bien, c'est préférable de conserver la même recette de placement pendant toute sa vie ?

– Exactement, et je te dirais même que le succès dans le placement dépend beaucoup, selon différentes études, du fait de coller à sa recette en conservant celle-ci, en y demeurant investi et en n'essayant pas d'anticiper le marché.[19]

– Oui, mais si tu as besoin d'argent, tu fais quoi ?

– Comme je te l'ai dit tout à l'heure, il est toujours possible d'emprunter sur une marge de crédit, si les marchés ne sont pas intéressants, lorsque tu as besoin d'argent. Si tu as un bon portefeuille de placements, même s'il a perdu momentanément de la valeur, le banquier sera toujours heureux de te prêter de l'argent et il le fera probablement à un faible taux, près du taux préférentiel. Il est même brillant d'investir à long terme l'argent de son fonds d'urgence et d'utiliser de temps en temps une marge de crédit personnelle plutôt que de laisser ce fonds d'urgence ne rapporter à peu près rien pendant plusieurs années.

– Tu peux donc t'organiser pour ne pas manquer de liquidités à ta retraite...

– Mathieu, tu viens de me faire changer de sujet. Je ne suis pas encore retraité... Il me semble que je te parlais de frais de gestion.

– Justement, je me demandais... existe-t-il d'autres produits que les fonds communs, qui coûtent moins cher de frais ? Tu me parlais plus tôt qu'il était possible d'investir dans des indices boursiers pour les assurances. J'imagine que ce type de produit doit s'offrir en dehors des assurances.

– Tu as tout à fait raison. Il existe un produit depuis quelques années, il s'agit des FTB ou fonds transigés en Bourse. Les FTB font suite aux **fonds indiciels** et sont souvent des répliques de certains indices boursiers mondiaux.

– Peux-tu m'expliquer cela davantage ?

– D'accord. Les gestionnaires de ces fonds copient généralement à la lettre les mouvements des indices. Les plus copiés sont les indices globaux de chaque Bourse. Cette façon de faire se nomme la **gestion passive**, contrairement à la gestion active qui nécessite l'analyse des titres boursiers de chaque compagnie. La gestion passive requiert des frais de gestion inférieurs à 1 %.

– Mais alors, ça peut être un produit intéressant s'il y a aussi peu de frais de gestion et que le rendement généré est celui des indices, tu ne penses pas ?

– C'est un produit intéressant qui génère l'indice moins les frais de gestion. Il y a par contre certains facteurs moins favorables à prendre en considération. Premièrement, si trop de personnes se dirigent vers ces produits, il y a un risque de surenchère qui pourrait causer éventuellement une bulle spéculative, suivie de l'éclatement de cette bulle.

– Tu veux dire qu'il pourrait y avoir une surenchère puis un krach de l'indice ?

– En fait, ce serait une surenchère de tous les titres composant les principaux indices, donc de toutes les plus grosses compagnies. Une telle situation pourrait se produire si la gestion passive prend beaucoup d'ampleur. Souviens-toi qu'il n'est jamais bon d'investir dans des produits financiers parce qu'ils sont à la mode. Ils doivent toujours concorder avec ta philosophie de placement.

– Est-ce qu'il y a d'autres raisons qui justifient ta position par rapport aux FTB ?

– Il y en a quelques-unes. Ces fonds se fient uniquement à l'économie générale, ou d'un secteur, et non à la sélection de titres. En investissant de cette manière, tu renonces alors à battre l'indice et à faire davantage de rendement en sélectionnant les meilleurs gestionnaires. Finalement, les FTB ne permettent habituellement pas d'achats systématiques.

– Est-ce qu'il y a d'autres sortes de dérivés des fonds communs que je devrais connaître ?

– Il y a une autre sorte de fonds qui est tout de même populaire. Il s'agit des **fonds distincts**. Ce sont des fonds communs qui garantissent le capital sur un terme de 10 ans, ou au décès de la personne, si cela survient avant 10 ans.

– Mais est-ce qu'il y a beaucoup de fonds qui ne donnent pas leur capital initial au bout de 10 ans ?

– Non. Comme tu as pu le deviner, cette couverture n'est pas vraiment utile puisque ces éventualités sont très rares. De plus, ils n'existent pas sous forme de série T et impliquent davantage de frais que les fonds normaux, étant donné la structure d'assurance comprise dans ce produit.

– C'est bien clair. Y a-t-il un autre sujet dont tu n'as pas parlé ?

– À vrai dire, je voudrais te glisser un mot sur d'autres produits financiers dignes d'intérêt. Savais-tu qu'il existe des CPG qui garantissent le capital, mais non les intérêts ?

– Non.

– En fait, c'est un peu comme des fonds distincts, sauf que le terme est moins long. Il s'agit des CPG indiciels ou gestion passive.

– Et j'imagine que le rendement est moins intéressant ?

– Tu as tout deviné. Plus le terme est court, plus l'assurance garantissant le capital coûte cher, ce qui ôte du rendement en fin de compte.

– Papa, existe-t-il d'autres produits comme celui-là qui garantissent le capital ?

– Selon ce que je connais, il y a seulement certains **fonds de couverture** qui garantissent le capital à l'échéance du fonds.

– Peux-tu m'expliquer un peu de quoi il s'agit ?

– Il existe des fonds spéculatifs qu'on appelle communément "fonds de couverture" (*hedge funds* en anglais), ayant des objectifs de toutes sortes. Ceux dont je te parle visent un rendement stable supérieur à 7 % après les frais de gestion, peu importe le mouvement des marchés boursiers.

– Et comment font-ils ?

– Ils achètent différents produits dérivés afin de neutraliser le risque.

– Euh... je ne comprends pas !

– Tu peux gager sur la variation d'un titre et y gagner autant à la hausse qu'à la baisse. Est-ce plus clair ?

– Oui, beaucoup plus.

– Les bons fonds d'investissement spéculatifs ou de couverture sont extrêmement rares. Le choix des gestionnaires est encore plus crucial ici, car rares sont ceux qui parviennent à leurs objectifs de rendement.

– La façon dont tu parles, on dirait que c'est pire que les autres domaines.

– C'est que les gestionnaires peuvent faire ce qu'ils veulent, étant donné que c'est beaucoup moins réglementé.

– As-tu encore beaucoup de produits dont tu veux me parler ?

– Il n'en reste qu'un : la **fiducie de revenu**. Certaines compagnies, surtout des pétrolières et des entreprises immobilières, se sont transformées en fiducie. Elles donnent donc les revenus mensuels de certains biens aux détenteurs de parts. Les fiducies de revenu ont été créées afin de garantir un revenu stable et de faibles perspectives de croissance sur leurs parts. Tout comme lors de l'achat d'une action, il faut savoir en évaluer la valeur afin de ne pas se faire prendre.

– As-tu terminé ton histoire, papa ?

– Non, mais j'ai fini de te parler des différents produits financiers. On pourra continuer demain, si tu veux, et je vais rester ici encore un peu, même si la pêche sur cette fichue fosse à saumon commence à user ma patience.»

Oui, la patience a des limites, et Yves nous suggère de rentrer au chalet. Léane et moi comprenons bien qu'il veuille battre en retraite afin de fuir son sentiment d'impuissance devant le roi saumon. Le reste de la soirée se passe en eaux profondes de contemplation, en regard de nos prochaines stratégies halieutiques, et pour la finale de demain matin, au royaume du saumon atlantique.

# Sommaire

Les fonds communs générant le plus de rendement à long terme sont concentrés (en fonction du nombre de compagnies) et de type "valeur". Ces fonds investissent dans des titres d'excellentes compagnies lorsqu'elles sont sous-évaluées, pour les conserver à long terme. En plus d'augmenter le rendement, ces fonds retardent le moment de l'imposition au retrait en diminuant les distributions. Une autre catégorie de fonds avantageux sur le plan fiscal est les fonds de série T. Le ratio de frais de gestion n'est pas un critère valable pour la sélection de fonds communs, puisque c'est le rendement net qui importe.

Le pire ennemi de l'investisseur est lui-même, puisqu'il laisse ses émotions déranger sa raison. Il achète ce qui a été payant au cours des dernières années et vend au rabais, après une importante baisse boursière, lorsqu'il a peur de tout perdre. Il faut investir et laisser son investissement croître, peu importe ce qui arrive.

Un portefeuille acceptable contient de quatre à huit fonds.

Des études empiriques prouvent qu'il est plus avantageux de conserver la même politique de placement (en évitant les obligations), et ce, même à la retraite. Ceci diminuera la probabilité de manquer d'argent pendant ses vieux jours.

Finalement, voici un descriptif sommaire de quelques produits financiers particuliers :

· FTB ou fonds transigés en Bourse : ils cherchent à reproduire le rendement d'indices boursiers à faibles frais. Ces fonds comportent un risque de surenchère, en plus de renoncer à battre l'indice.

· Fonds distincts : fonds communs n'existant pas sous forme de série T et comportant une garantie de capital à long terme. Cette garantie est coûteuse et souvent inutile.

· CPG indiciel ou gestion passive : CPG garantissant uniquement le capital et non les intérêts. Il offre un rendement supérieur au CPG conventionnel.

· Fiducies de revenu : elles offrent les revenus mensuels générés par certains biens. Elles sont conçues pour donner un revenu stable avec de faibles perspectives de croissance.

# Chapitre 11

## Emprunter pour investir

Yves se lève promptement et nous réveille d'un seul coup.

« Mississipi ! »

Non, cette fois-ci ce n'est pas le capitaine Haddock qui aurait, plutôt, crié *Eurêka*. Encore un de ses excès de passion pour les grands fleuves de ce monde. Mon père est d'attaque et c'est un bon signe pour finir en beauté avec cette dernière journée de pêche qui s'annonce plus ensoleillée que prévu. Par ailleurs, je me souviens qu'il m'avait déjà dit que la longueur du Mississippi, incluant son principal affluent, le Missouri, faisait plus de 6 275 km. Même la longueur de l'américain Mississippi-Missouri n'arrive pas à dépasser, le plus grand fleuve de la planète, l'africain Nil avec ses 6 895 km ou son rival sud-américain, l'Amazone avec ses 6 700 km. Et que dire de certains pêcheurs avec des « histoires de ménés gros comme le bras »... et moi-même je me laisse entraîner par l'euphorie du moment.

« Saumoniers et saumonière, partons sur-le-champ pour la fosse Mississipi, située dans la zone 3 de la York.

– Oui, mon capitaine ! »

Comme porte-bonheur, nous avons avec nous le fantôme de Haddock et nous gardons espoir de capturer un beau grand saumon atlantique. Évidemment, je ne dois pas trop m'illusionner puisque, pour moi, le roi saumon règne toujours en grand vainqueur, sans trop se préoccuper de nos trucs rocambolesques de maître-pêcheur.

Nous entrons donc dans un chemin forestier avec l'auto pour nous arrêter près d'une vieille barrière de bois. À pied, nous marchons dans un sentier, à proximité de la rivière York, et l'air est parfumé d'odeurs de sapins, de fougères et de champignons. Puis nous pénétrons dans un endroit sombre et mystérieux alors que le couvert forestier nous envahit avec ses amas de vieilles branches au sol qui craquent sous nos bottes. Sur la droite, nous apercevons une énorme façade rocheuse en vert-de-gris.

On se croirait au pays du troll, comme un vieux livre de légendes que mon père m'avait rapporté, il y a quelques années, à la suite d'un voyage en Norvège. L'**Ondin** (*Nøkken*, en norvégien), le troll des eaux, est un être sournois. Souvent, on le trouve au bord de l'eau comme un grand bijou brillant. Si vous le touchez, vous tombez entre ses mains visqueuses. Quelquefois, il est si rusé qu'il repose dans l'herbe mouillée comme une canne à pêche oubliée, fil et hameçon accroché.[20] Au bout du sentier, on aperçoit une vieille table de bois qui surplombe la fosse Mississipi. Elle est impressionnante cette fosse avec un courant fort en amont, à un endroit où la rivière forme un coude. De l'autre côté du cours d'eau vers l'aval, on aperçoit une dépression dans le roc comme si un animal s'y cachait pour nous surprendre. Yves nous fait la remarque que le nom de la fosse devant nous n'existe pas en anglais ou en français. En effet, il semble que les gens du coin aient simplifié son nom en enlevant un "p" au nom original de Mississippi. Donc, nous sommes dans un endroit unique au monde et quelle merveille pour les sens! Yves est déjà dans la fosse et il semble utiliser une nouvelle technique de pêche.

«Alors, Mathieu, as-tu hâte d'entendre la fin de mon récit?

– C'est vrai, tu n'avais pas terminé l'histoire de ta rencontre avec Roger Bellemare.

– Je voulais faire le tour des placements avec toi avant de te parler du prochain sujet. Si tu te sens d'attaque, je vais te montrer les bases de l'**investissement financé**.

– Vas-y, je suis prêt.

– Tout d'abord, dans la vie, il y a six façons de s'enrichir. Peux-tu m'en nommer quelques-unes?

– Tu peux travailler ou placer ton argent. Mis à part ça... je n'en connais pas d'autres.

– Tu en as déjà deux, c'est bon. Et dans le travail, on peut considérer le travail qu'on se donne lorsqu'on est propriétaire d'un immeuble à revenus. Je vais te nommer les autres. Au lieu de travailler, tu peux économiser sur ta consommation ou économiser sur la consommation des autres, si tu as un parti pris pour la vente en réseau, que certains appellent communément la vente pyramidale. Une autre manière de t'enrichir est de faire travailler les autres pour toi.

– Il faut que tu aies un commerce ou une industrie pour faire ça.

– Tu as tout à fait raison; c'est une option qui requiert d'être entrepreneur. Finalement, tu peux faire travailler l'argent des autres pour toi. Les banques ont toutes établi leurs activités économiques en faisant travailler l'argent de leurs épargnants pour elles, ce qui leur rapporte beaucoup. Plusieurs autres entreprises font aussi la même chose, ce qui les aide à accroître leur rentabilité. C'est de ce principe très lucratif que part l'investissement financé. Comme je t'ai dit un peu plus tôt, il s'agit d'emprunter de l'argent pour l'investir. Un peu comme j'ai fait avec mon deuxième prêt hypothécaire. C'est Roger qui m'a parlé de l'investissement financé. On en parle également sous le nom de prêt-investissement. Au début, je ne voulais rien entendre.

– Et pourquoi?

– Je trouvais ça beaucoup trop risqué. Peu de personnes l'utilisent. La plupart des gens ont une opinion négative de cette technique et je faisais partie de ce groupe. Roger m'a démontré que ce n'était pas si risqué. J'y ai pensé quelques jours, puis je suis passé à l'action.

– Qu'est-ce qu'il t'a dit pour te convaincre?

– Il m'a prouvé que ma façon de raisonner était erronée. Je vais t'amener au même raisonnement, tu vas voir. Tout d'abord, penses-tu qu'il soit risqué d'acheter un bien à crédit, disons une auto?

– Pas vraiment, puisque tout le monde le fait.

– Eh bien, cet emprunt est beaucoup plus risqué qu'un prêt-investissement! Tu empruntes pour acheter un actif qui se déprécie assurément année après année. De plus, les intérêts que tu paies sont habituellement beaucoup plus élevés et ils ne sont pas déductibles. Le prêt-investissement a tout pour lui en comparaison de l'achat d'une voiture. Est-ce que ça va jusque-là, Mathieu?

– Oui. Je comprends que c'est mieux que d'acheter une automobile.

– Je vais pousser un peu plus loin. **Emprunter pour investir** est même une bien meilleure décision financière que de prendre un prêt hypothécaire pour l'achat d'une maison. À long terme, un placement boursier s'apprécie davantage, surtout lorsqu'on considère l'**effet de levier** du prêt-investissement. Les intérêts sont similaires avant impôts, mais deviennent moins chers pour le placement étant donné qu'ils sont déductibles.

– Mais alors, pourquoi les gens ne font-ils pas tous cela?

– Parce qu'ils se font dire que ce n'est pas bon ou parce qu'ils ont peur de tout perdre. L'opinion publique louange les entrepreneurs, pourtant ils recourent à l'aide du banquier qui contribue à leur enrichissement. La même chose s'applique également à l'immobilier. Un individu qui achète un immeuble dans le but d'en faire de la location fait de l'investissement financé. Le pire, c'est que ces deux méthodes sont beaucoup plus risquées que d'emprunter pour investir.

– Et pourquoi?

– Mathieu! Réfléchis un peu. Pense à la diversification.

– J'y suis. C'est parce qu'en étant entrepreneur, tu ne diversifies pas autant tes activités que lorsque tu investis dans plusieurs fonds.

– Je savais que tu étais capable.

– Tu es presque drôle.

– Merci, c'est tout naturel. J'allais donc dire que quelqu'un qui contracte un prêt-investissement prend donc une décision semblable à celle de créer une entreprise, mais à moindre risque. Le principal risque, c'est de ne pas savoir avec certitude à quel moment on va commencer à faire de l'argent. Si on fait l'analogie avec la pêche à la truite mouchetée dans un lac, chaque appât est comme un placement différent. Lorsque tu possèdes déjà de très bons appâts, pour obtenir plus de poissons, tu peux pêcher à plusieurs lignes. C'est le même phénomène pour le placement ; utiliser plusieurs lignes est comparable à un prêt-investissement. Je vais t'en expliquer sommairement le fonctionnement. L'argent que tu empruntes est investi avec ou sans une mise initiale de ta part. Les deux types de prêts les plus populaires sont le prêt « 100 % », lequel est basé sur la valeur de ton **avoir propre** et n'exige aucun montant d'argent afin d'emprunter pour investir ; et le prêt « 3 pour 1 », lequel permet un effet de levier de 300 % de ta mise initiale en exigeant que tu mettes une part de ton argent, afin d'emprunter trois parts du banquier et avoir quatre parts sur le marché. Il est bon de savoir que certaines institutions financières acceptent que la part de l'argent que tu mets soit investie sous forme d'un compte d'épargne libre d'impôt (CELI).

– Qu'est-ce que tu veux dire par "avoir propre" et par CELI ?

– L'avoir propre, c'est la valeur de tes principaux actifs, notamment tes placements, moins la valeur de toutes tes dettes. Si tu as un bon avoir propre, tu peux faire un emprunt sans mise initiale de ta part. Le CELI est un compte dans lequel tu peux accumuler 5 000 $ par année à compter de 2009 et 5 500 $ par année à compter de 2013. Aucun impôt ne sera jamais payable sur les revenus de placement en découlant. Il suffit d'être majeur, de détenir un numéro d'assurance sociale et de résider au Canada.

– Mais alors, le prêt-investissement, c'est tout de même assez risqué pour la banque aussi ! Je croyais que les banques n'aimaient pas prendre de risques.

– Elles ont compris depuis longtemps que ce type d'emprunt est beaucoup moins risqué que d'autres prêts, comme pour l'achat d'un véhicule, surtout en raison des biens en garantie qui prennent de la valeur à long terme. Il sera toujours intéressant pour une banque de recevoir des paiements d'intérêts sur l'argent prêté.

– J'imagine que les banques prennent en garantie l'argent qu'elles prêtent.

– Elles prennent la totalité du placement en garantie, c'est-à-dire l'argent prêté ainsi que ta mise de fonds, lorsqu'il y en a une. C'est toute une opportunité pour ces banques de faire profiter de l'argent qui dort. Bon, parlons maintenant de l'investisseur. Cette technique comporte deux principaux avantages. Peux-tu me les nommer, Mathieu ?

– Ouf... Je n'en vois qu'un seul : un meilleur rendement à long terme !

– C'est déjà bon. Étant donné que tu obtiens un meilleur rendement, tu peux atteindre tes objectifs financiers beaucoup plus rapidement, comme dans notre cas, à Monique et moi. L'autre avantage concerne ta discipline d'épargne personnelle. Comme je te l'ai expliqué plus tôt aujourd'hui, tu dois te payer en premier. En contractant un emprunt, tu te forces à débourser mensuellement les intérêts ; c'est comme lorsque tu prends un prêt hypothécaire : tu n'as pas le choix de payer.

– Si je comprends bien, tu paies uniquement les intérêts, c'est bien cela ?

– Oui, c'est ce qui se passe habituellement... quoiqu'il s'offre des emprunts sur une période pouvant aller jusqu'à 20 ou 30 ans où tu peux rembourser le capital au fur et à mesure. Cette approche n'est toutefois pas la plus avantageuse si ton accès au crédit est limité. Par contre, si ta capacité d'emprunter excède abondamment ton intérêt à le faire, effectuer un prêt comportant un remboursement de capital et d'intérêts représente une approche intéressante pour acheter des **fonds de société** de série T, lesquels verseront des distributions qui allégeront les remboursements. Il faut toutefois faire attention ici pour ne pas utiliser les distributions obtenues pour améliorer son train de vie. Si l'argent de ces distributions sert à autre chose qu'à rembourser le capital ou les intérêts du prêt, ou à investir dans des placements offrant des expectatives de revenus d'intérêts ou de dividendes, les intérêts payés commenceront alors à être partiellement déductibles. À la limite, l'usage personnel courant de toutes ces distributions pourrait faire en sorte qu'en bout de course, les intérêts sur toute somme empruntée en vue d'acquérir un tel placement ne soient plus déductibles. As-tu pensé au cauchemar que cela peut représenter pour la personne qui n'a pas été prévenue et qui se fait vérifier plusieurs années antérieures par les autorités fiscales?

– Et comment le paiement des mensualités sur les emprunts se fait-il?

– C'est simple. Comme pour le prêt hypothécaire, c'est un prélèvement automatique à une date fixe dans ton compte bancaire. Les intérêts sont établis d'après le taux préférentiel des banques. Par contre, en ayant investi dans un fonds de société de série T, des dépôts provenant des distributions seront également versés à une date fixe dans ce même compte bancaire, allégeant ainsi les obligations de l'emprunteur.

– Mais alors, l'avantage de la discipline personnelle peut s'avérer un inconvénient si tu ne peux pas supporter le montant résiduel mensuel à payer!

– C'est pour cette raison qu'il faut prendre un prêt-investissement dont tu peux garantir l'obligation mensuelle qui en découle. Comme pour un prêt hypothécaire, tu dois être en mesure de payer même après la perte d'un emploi ou lorsque les taux d'intérêt grimpent.

– Mais, papa, comment quelqu'un peut-il se protéger contre une perte d'emploi?

– Tu peux du moins t'en prémunir. Avec une marge de crédit déjà négociée à l'avance, tu peux subvenir à tes besoins pour plusieurs mois, le temps de te trouver un nouvel emploi.

– Je n'avais pas fait le lien avec la marge de crédit dont tu m'as parlé hier. »

Léane revient vite vers nous et Yves repart vers la fosse. Cette fois-ci, Léane regarde avec moi tout ce qui se passe sur la rivière. Yves ne pêche plus de la même façon et Léane me fait remarquer que notre père utilise une technique spéciale de pêche à la mouche, celle de la **double traction**. De plus, étant donné qu'il avait déjà suivi des cours de taekwondo et de karaté dans sa jeunesse, il combine, maintenant, la double traction avec son punch à la Bruce Lee. En fait, il devient très concentré, un peu comme un fauve qui attend sa proie. Il est parfois comme cela notre père, tout authentique.

La double traction consiste à créer un effet de balancier avec une distribution d'énergie, partagée entre le mouvement de la canne et celle de la soie. De cette façon, le pêcheur peut augmenter la puissance de son lancer tout en diminuant l'effort utilisé par l'un ou l'autre de ses bras. D'après l'innovation apportée par Yves, la dernière séquence du lancer en punch de karaté permet de donner encore plus de puissance au lancer. Je ne comprends pas très bien tout ce jargon technique, mais Léane s'empresse d'illustrer ses propos par une esquisse qu'elle trace sur un bout de papier. Nous prenons le temps de relaxer et de grignoter encore un peu en silence, tout en observant l'élégance du lancer d'Yves qui retient toute notre attention et dont on ne semble pas se lasser. Soudain, Yves lance un grand cri!

«Ça y est!... et c'est un grand saumon.»

Yves pêche le saumon depuis des années et il peut sentir la différence entre un grand saumon - **dibermarin** (deux ans en mer) ou **tribermarin** (trois ans en mer) - et un madeleineau (un seul hiver en mer), d'après l'intensité des vibrations sur sa canne. La lutte dure au moins une vingtaine de minutes : le grand saumon saute hors de l'eau à quelques reprises et s'éloigne trois fois d'Yves en plongeant vers le fond de la fosse, en direction de l'amont. Puis, le grand saumon finit par s'épuiser et Yves l'amène près de la berge pour l'attraper par la queue sans toutefois le sortir de l'eau. Pas de filet, cette fois-ci. On est tous impressionnés par la grosse bête. Elle fait au moins 1 m.

«Je vais libérer ce dibermarin, puisqu'en plus d'être dans la catégorie des grands saumons en faisant plus de 63 cm de long, il contribue de façon significative à la pérennité de l'espèce.

– C'est fort probablement une grosse femelle puisqu'une majorité de mâles sont plutôt devenus madeleineaux. Après avoir quitté leur rivière natale, au printemps ou à l'été, les **saumoneaux** mâles, contrairement aux femelles, atteignent rapidement la maturité sexuelle, en six mois seulement, et sont prêts à retourner chez eux, comme madeleineaux, le printemps suivant. Mathieu surveille bien ce qu'Yves va faire afin d'entamer une démarche convenable de **graciation** (remise à l'eau des prises) pour ce grand saumon. Évidemment, il ne faut pas sortir le poisson de l'eau. Regarde bien cette technique particulière! Yves retire rapidement la mouche de la gueule du saumon, sans tordre l'hameçon inutilement, afin d'éviter de lui causer des blessures. Ensuite, il place le saumon avec la tête à contre-courant en le tenant par le ventre, dans le sens de la longueur, tout en l'amenant dans une zone de la rivière où il y a un léger courant d'eau, afin que les branchies soient perfusées pour une oxygénation optimale. À un moment donné, tu verras le saumon commencer à s'agiter et Yves devra le laisser s'en aller doucement.»

Une quinzaine de secondes plus tard, le saumon s'agite et s'éloigne des mains d'Yves. Le voilà parti et quel beau spectacle du saumonier protecteur de la ressource saumon! Yves revient ensuite vers moi. La soie de Léane flotte déjà sur la rivière, c'est comme si elle avait un regain d'énergie.

«Yves, revenons à l'investissement financé. Est-ce que cette stratégie comporte d'autres inconvénients qu'il faut connaître?

– Oui, il y en a quelques-uns. Je t'ai déjà dit que c'était plus risqué. L'effet de levier ne fait pas seulement augmenter le potentiel de rendement à long terme, mais également la volatilité à court terme. Pour n'importe quel placement, le pire ennemi de l'investisseur est sa propre personne. En raison de l'effet de levier, il est encore plus important de ne pas s'emporter. L'investisseur doit placer son argent et celui de la banque dans une optique de long terme et laisser cet argent investi, peu importe ce qui arrive. Il ne doit pas se décourager s'il obtient de mauvais résultats sur le court ou moyen terme.

– De toute façon, c'est de l'argent pour sa retraite. Il ne devrait pas s'inquiéter.

– Tu as bien raison. Il n'y a qu'une seule chose qui pourrait potentiellement inquiéter l'investisseur qui utilise ce type de produit. Il s'agit des **appels de marge**.

– Et qu'est-ce que c'est ?

– Il faut savoir qu'il existe deux types de prêts-investissements, le **prêt avec appel de marge** et le **prêt sans appel de marge**. Je recommande à tout débutant d'utiliser le prêt sans appel de marge. La raison est très simple : le seul avantage d'un prêt avec appel de marge, c'est de se faire forcer par la banque à réinvestir sur les marchés à un moment où je n'en aurai probablement pas envie, mais à un moment où il sera avantageux de le faire. En d'autres mots, je dois décider au départ si je veux me faire forcer la main par la banque – ce qui porte le nom d'appel de marge - à un moment où mes émotions pourraient déranger ma raison.

– Est-ce que ce service coûte quelque chose ?

– Ce service est offert gratuitement par la banque. Pour me mettre volontairement dans cette situation, je dois faire preuve d'un certain courage et être sûr de pouvoir passer à l'action au moment où la banque me l'exigera. Par ailleurs, la personne qui prend un prêt sans appel de marge dispose de la même opportunité d'investir quand les marchés sont bas. Toutefois, en bénéficiant d'une plus grande tranquillité d'esprit, il est possible qu'elle ne perçoive pas aussi clairement l'**opportunité d'achat** ou qu'elle décide d'y donner suite à un moment qui ne sera pas aussi avantageux.

– Par la suite, comment ça fonctionne ?

– Pour déterminer les options qui s'offrent à toi, tu dois d'abord connaître le ratio prêt-valeur de ton prêt. Le ratio prêt-valeur est différent en fonction du type de prêt que tu as choisi. Ainsi, au départ, le ratio prêt-valeur sera de 100 % pour le prêt « 100 % », et de 75 % pour le prêt « 3 pour 1 ». Évidemment, après la transaction initiale, ce ratio va fluctuer.

– Peux-tu me donner plus de détails ?

– Si tu as choisi un prêt avec appel de marge et que les marchés chutent entre 17 et 21 %, de telle sorte que le ratio prêt-valeur du prêt « 100 % » surpasse les 120 % ou que le ratio prêt-valeur du prêt « 3 pour 1 » surpasse les 95 %, le banquier t'indiquera avoir atteint sa **marge de tolérance** et te demandera alors de réinvestir pour sortir de la zone d'appel de marge. Par ailleurs, que ton prêt soit avec ou sans appel de marge, tu ne pourras pas en retirer d'argent (sauf pour fermer le prêt dans le cas d'un prêt « 3 pour 1 ») tant et aussi longtemps que le ratio prêt-valeur de ton emprunt n'excédera pas le ratio prêt-valeur du départ.

– Que se passe-t-il si le ratio prêt-valeur est meilleur qu'au départ ?

– Si le ratio prêt-valeur a effectivement baissé par rapport au ratio d'origine, cela rend les sorties de fonds possibles. Aussi, si notre placement est assujetti à une grille de frais de sortie, il aura été avantageux d'accumuler, d'année en année, les unités gratuites afin de réduire, voire d'annuler, les frais de rachat. Quand vient le temps d'effectuer un rachat important, il peut devenir approprié de morceler le prêt en deux prêts distincts et de fermer ensuite l'un d'eux. Ceci empêchera l'État de prétendre qu'une partie du placement a servi à un usage personnel et de réduire en conséquence la pleine déductibilité des intérêts.

– Et toi, papa, as-tu choisi d'avoir un prêt avec appel de marge ?

– Non. Ayant un emprunt total de plus de 200 000 $, je ne serais pas capable de trouver l'argent manquant en peu de temps. J'ai donc opté pour un prêt sans appel de marge.

– Tu parles de 200 000 $ ! Tu n'as pas peur de tout perdre ?

– Non, il n'y a aucun danger. Tu n'as pas écouté ce que je t'ai dit plus tôt ? Il ne peut rien arriver. Aussi longtemps que je paierai mes intérêts tous les mois, ces placements demeureront là jusqu'à ma retraite.

– Mais c'est tout de même 200 000 $ !

– Je suis d'accord avec toi, on peut considérer que c'est beaucoup de dettes pour une personne. D'une part, ça prend de l'argent pour faire de l'argent. D'autre part, il faut savoir reconnaître un bon emprunt d'un mauvais. Emprunter pour l'achat d'un actif qui prend de la valeur à long terme est une bonne chose puisque je m'enrichis. Ceci m'a permis de diminuer la contribution que je fais pour ma retraite. De plus, étant donné que l'argent emprunté est placé, mon bilan n'est pas affecté. Mais bon, il faut voir le prêt-investissement comme la décision de devenir entrepreneur.

– Qu'est-ce que tu veux dire par là ?

– Je fais comme un entrepreneur en empruntant pour faire fructifier davantage mon argent. Comme un entrepreneur, j'ai décidé de mon implication, du niveau d'emprunt que je suis en mesure de supporter.

– Et comment as-tu fixé ce niveau d'emprunt ?

– Sur le plan du montant mensuel que j'étais prêt à soutenir. Mais on s'éloigne du sujet. Continuons. Un entrepreneur peut créer une entreprise avec 10 employés à temps plein ou avec seulement un employé à temps partiel.

– Je ne vois pas où tu veux en venir.

– C'est simple, il décide de l'effet de levier avec lequel il se sent à l'aise de vivre, tout comme l'investisseur doit faire lorsqu'il décide le montant de son prêt-investissement.

– Oui, mais si tu empruntes une somme importante pour l'investir, tu auras des paiements importants. Est-ce que ces paiements peuvent nuire à ta capacité d'emprunter pour autre chose ?

– Certains types de prêts-investissements ne laissent "aucune trace" au Bureau de crédit, de telle sorte qu'un emprunteur s'en prévalant ne sera normalement pas limité pour toute autre demande de crédit pouvant être liée à une hypothèque, à un prêt automobile ou à une marge de crédit personnelle. Pour ces programmes de prêts qui peuvent être utilisés simultanément, le prêteur ne regarde souvent que le **score Beacon** de l'emprunteur, principalement pour s'assurer que l'emprunteur ne sera pas un mauvais payeur. »

« Comme l'absence de trace au Bureau de crédit signifie que le prêt n'y est pas enregistré, celui-ci n'altérera pas le niveau d'endettement de l'emprunteur. Par contre, le fait que le prêteur fasse une demandede vérification de crédit (pour obtenir un score Beacon, par exemple) aura pour effet de laisser une trace. Aussi, si un autre prêteur éventuel prend connaissance de la demande de vérification de crédit apparaissant au dossier et qu'il prend la peine d'appeler le prêteur en question, ce qui serait hautement improbable, ce dernier serait dans l'obligation de divulguer le détail de tout prêt consenti.

– Ça semble facile de se qualifier pour de tels prêts !

– Tu as raison. Certaines institutions prêtent jusqu'à 100 000 $ sans exiger de preuves de revenus et d'actifs. Certaines peuvent exiger que les placements soient faits auprès de certaines compagnies de fonds. D'autres, plus exigeantes à l'égard du score Beacon, peuvent se rendre jusqu'à 500 000 $ pour un individu et jusqu'à 750 000 $ pour un ménage. Dans tous les cas, le taux de tels prêts sans appel de marge, qu'ils soient "capital + intérêts" ou "intérêts seulement" varient de "taux préférentiel + ¾ %" à "taux préférentiel + 1 %".

– Je comprends que le score Beacon est très important dans tout ça. Mais qu'arrive-t-il pour quelqu'un comme mamie Roy qui, de son vivant, n'a jamais eu besoin d'emprunter et n'a probablement jamais eu de dossier de crédit ?

– Très bonne question. Comme je te l'ai dit avant-hier, mamie Roy a pu emprunter sur sa police d'assurance vie pour augmenter ses entrées de fonds. Lorsque papi Roy est décédé, n'ayant jamais travaillé à l'extérieur du foyer, elle s'est retrouvée avec leur immeuble de 6 logements dans lequel elle habitait encore. Elle aurait pu, à ce moment, bénéficier d'un programme lui permettant de toucher jusqu'à 50 % de la valeur de sa propriété – même sans cote de crédit, sans qu'elle doive effectuer de paiements sur cet emprunt – tant qu'elle demeurera dans son logement ou qu'elle vivra. Grâce à ce programme, sans mettre en péril ses revenus toute sa vie durant, elle aurait pu, ce qu'elle n'a pas fait, se servir de cet argent emprunté pour investir, pour réaliser différents projets ou simplement pour donner une part d'héritage à ses enfants de son vivant. Évidemment, on comprendra que dans le cadre de ce programme, les intérêts s'accumulent avec les années et augmentent le capital dû qui sera remboursé lors de la vente de l'immeuble ou au décès. Mamie Roy a plutôt choisi, comme bien des gens de son âge, de ne pas profiter de son immeuble du point de vue de l'investissement.»

Léane revient vers nous et je crois qu'Yves veut tenter de capturer son deuxième grand saumon, ce que Léane considère avec un vif intérêt.

«Léane, tu ne peux pas me cacher que tu meurs d'envie de capturer un grand saumon, toi aussi !

– Bien sûr et je sais qu'un jour, mon tour viendra, et que tout cela n'est qu'une question de temps.»

Yves se tourne ensuite vers moi.

«Mathieu, j'ai oublié de te dire qu'au moment où Roger m'a parlé du prêt-investissement, il m'a dit que je devais investir selon ma tolérance au risque. Il m'a suggéré d'emprunter un montant qui n'aurait aucun impact sur ma quiétude, un montant avec lequel je demeurerais zen. Il ne faut pas ruiner sa santé ou vivre plein de tracas pour faire plus d'argent. Penses-tu que tu serais capable de supporter un emprunt important ?

– Je ne sais pas. Je trouve que la technique de l'investissement financé est assez risquée.

– Tu as bien raison, mais sans risque, tu n'as pas de rendement. En choisissant un portefeuille de bons fonds communs que tu conserves sur du long terme, tu diminues grandement ton risque.

– Des fonds comme ceux dont tu m'as parlé hier, c'est bien cela?

– Oui. Des fonds de valeurs sûres dont les gestionnaires sélectionnent de bonnes entreprises pour un rendement optimal à long terme. Il est important que ces fonds aient une bonne **efficacité fiscale**, puisque ces placements doivent être non enregistrés.

– Tout cela pour que les intérêts soient déductibles, n'est-ce pas?

– Tu as tout compris. Il faut toujours que tu regardes le rendement après impôts, peu importe la stratégie de placement que tu choisis. Je vais te donner un exemple avec des chiffres pour te démontrer que le prêt-investissement peut être payant à long terme.»

Yves prend son havresac et en ressort des feuilles de cartable, un stylo et une calculatrice. Puis, il revient s'asseoir à côté de moi.

«Papa, peux-tu me dire ce que tu fais?

– Je vais te démontrer qu'investir dans un investissement financé est payant et que c'est une bien meilleure stratégie que bien d'autres dont on entend plus souvent parler!»

Il sort sa calculatrice de l'étui. Je n'ai jamais vu une calculatrice comme celle-là.

«Dis, papa, d'où sors-tu cette calculatrice?

– C'est une calculatrice financière; j'en ai fait le cadeau à Hubert il y a quelques années. Je l'ai empruntée pour notre voyage. Elle va nous être utile puisqu'elle permet d'effectuer facilement n'importe quel calcul financier. Quand Hubert m'a prêté sa calculatrice, elle était dans un sac comportant quelques documents très intéressants. Je les ai tous apportés. Le premier document présente les hypothèses de calcul proposées par l'Institut québécois de planification financière.[21] Le deuxième montre les tables d'impôt actuellement en vigueur. Le troisième, plus épais, décrit les courbes Laferrière qui permettent de constater, qu'en certaines circonstances, le **taux effectif marginal d'imposition** peut être beaucoup plus élevé qu'on ne le pense.[22]»

«Finalement, le dernier document présente 15 stratégies fiscales différentes liées aux marchés financiers. Les 10 premières, qui concernent davantage les gens ayant des revenus plutôt que des actifs, indiquent les profits que l'on peut obtenir avec des mises de fonds de 125 $ après impôts par mois, pendant 10 ans et les 5 autres stratégies fiscales, qui concernent davantage les gens ayant des actifs plutôt que des revenus, indiquent les profits que l'on peut obtenir dans 10 ans, sans modifier quoi que ce soit à son budget, pourvu que l'on détienne soit 10 000 $ d'équité (avoir net) sur sa résidence, soit 10 000 $ de CELI, soit 10 000 $ de REER ou soit 10 000 $ d'hypothèque. On peut également y découvrir différentes méthodes pour financer un prêt-investissement comme l'utilisation des distributions générées par le placement, un retrait du CELI ou du REER, un autre financement et, bien sûr, son épargne personnelle.

– Wow! Hubert ne voulait pas que tu t'ennuies! Peux-tu me présenter ces différents documents? Prends celui-là où il est écrit IQPF. De quoi parle-t-il déjà?

– Ce sont les hypothèses de calcul que l'Institut québécois de planification financière recommande pour effectuer des projections. Nous prendrons deux hypothèses importantes dans leur tableau: nous utiliserons un taux de rendement annuel de 7 % pour les placements uniquement en actions, peu importe la constitution du portefeuille. Nous utiliserons également le taux d'emprunt annuel de 5,25 %, peu importe le type de prêt utilisé. Le deuxième document montre les tables d'impôts en vigueur en ce moment. Nous prendrons pour hypothèse que la personne pour laquelle nous effectuons des calculs gagne entre 43 561 $ et 82 190 $ (2013). Cette personne sera assujettie à un taux marginal d'impôt de 18,4 % au fédéral et de 20 % au provincial.

– De quoi parlent les deux autres documents ?

– Le troisième document a été tiré du site Internet du Centre québécois de formation en fiscalité. On y présente les 37 courbes élaborées par Claude Laferrière. Cela permet de constater comment le taux effectif marginal d'imposition peut être différent du taux d'impôt marginal selon que l'on est célibataire ou que l'on vit en couple, avec ou sans enfants. Pour les couples, on peut savoir ce qui se passe selon qu'on a un ou deux revenus. Pour les enfants, on peut mesurer l'impact de leur nombre, leur âge ainsi que l'utilisation ou non des garderies à 7 $. On peut également examiner la situation des gens retraités. Il découle de ces courbes quelques constats étonnants. Par exemple, une famille biparentale, comptant un seul revenu et ayant trois enfants âgés de 6 et 17 ans, pour lesquels on ne paye pas de frais de garde, pourrait voir son taux effectif marginal d'imposition, pour ses revenus situés entre 41 500 $ et 43 500 $, osciller entre 77,5 % et 101,5 % alors que le taux d'impôt marginal publié est de 38,4 %. C'est purement scandaleux. Cet outil sert donc à démontrer que le gain fiscal à emprunter pour investir est assez souvent plus élevé que prévu.

– C'n'est pas des farces ! 77,5 % à 101,5 % d'impôt. Ça enlève complètement le goût de travailler !

– On peut le prendre comme ça mais, comme je te l'ai dit, on peut aussi voir que, dans une telle situation, le gouvernement peut être mis davantage à contribution lorsqu'on a des frais financiers déductibles... Mais la perle dans tous les documents qu'Hubert m'a prêtés, c'est ce document-là ! Il a été concocté par Roger Bellemare l'année dernière. Dans ce document, on retrouve une vraie mine d'or. Toutes les stratégies financières sont comparées afin d'en examiner leur profitabilité. Comme tu peux voir, il y a beaucoup de possibilités. Il est également mentionné que certaines possibilités ne sont accessibles que pour certaines clientèles spéciales. Aussi, la stratégie financière la plus payante de toutes consiste à se prévaloir du régime enregistré d'épargne-invalidité. Dans ce régime, avec 1 500 $ de placements, on attire 3 500 $ de subventions. Avec 1 500 $ de placements par année pendant 10 ans, on peut obtenir dans 10 ans plus de 35 000 $ de profits nets.

– Est-il facile de bénéficier de ce programme ?

– Le hic, c'est qu'il faut bénéficier du crédit d'impôt pour personne handicapée – le formulaire T2201 – pour pouvoir s'en prévaloir. En passant, lorsque je parle de profits nets, je parle de ce qui te reste dans tes poches, impôts payés, emprunt totalement remboursé si la stratégie implique un emprunt, en plus d'avoir récupéré la totalité de tes mises de fonds.

– D'accord, alors si tu fais 35 000 $ de profits nets, puisque tu as investi 15 000 $, ça veut dire que tu as au moins 50 000 $ de valeur, impôts payés ! Continue, c'est passionnant.

– La deuxième stratégie la plus payante consiste à emprunter pour investir dans un placement permettant l'encaissement de distributions. On l'appelle également « Stratégie de placement à revenus ». Ces distributions, tu t'en souviens, servent à réduire le coût du financement. Dans tous les cas où l'on utilisera cette stratégie, comme le prêt sera habituellement amorti sur 20 ans, on choisira de prendre un taux de distribution de 5 %, peu importe le rendement des placements. Ainsi, pendant 20 ans, ces distributions seront versées sous forme de récupération en capital non imposable, de telle sorte que, dans 20 ans, la valeur comptable du placement sera devenue nulle. Et sais-tu ce que tu peux faire quand la valeur comptable de ton placement est nulle ?

– Pas la moindre idée !

– Roger m'a déjà expliqué que, rendue là, une personne qui désire faire des dons de charité aura avantage à se servir de ce placement puisqu'elle pourra donner des unités sans valeur comptable et en recevoir un crédit d'impôt basé sur la valeur marchande. Avec un taux d'imposition de 38,4 %, un tel **don planifié** coûte environ 40 % du montant donné. Pour un don de charité de 10 000 $ en unités, don qui procurerait au donateur, s'il voulait l'encaisser, 8 080 $ après impôts, soit 10 000 $ moins 38,4 % d'impôts sur la moitié de ce 10 000 $, qui serait totalement considéré comme du gain en capital, le donateur en recevra 4 822 $ de crédits d'impôt. De plus, cette stratégie n'a rien à voir avec le stratagème des dons de charité douteux, où l'on fait miroiter des crédits d'impôt supérieurs aux montants effectivement déboursés...

– Et si on revient à la deuxième stratégie la plus payante, peut-on l'implanter avec n'importe quelle sorte de fonds ?

– Pour cette deuxième stratégie consistant à emprunter pour investir dans un placement permettant l'encaissement de distributions, dans le jargon technique, on parlera ici d'investir dans des fonds en société de série T, efficaces sur le plan fiscal, fonds qui n'existent que sous forme de fonds communs et non de fonds distincts. Aussi, les gens qui veulent absolument garantir une partie ou la totalité de leur capital n'ont malheureusement pas accès à toutes les stratégies impliquant des fonds en société de série T.

– Est-ce que toutes les familles de fonds se valent pour offrir de tels fonds ?

– Pas tout à fait. Lorsqu'on parle de fonds en société de série T, ce ne sont pas toutes les familles de fonds qui offrent une gamme complète de tels fonds pouvant permettre de modifier le portefeuille de placements, sans impact fiscal au fur et à mesure que l'épargnant prendra de l'âge et qu'il voudra investir de façon plus prudente une plus grande partie de son portefeuille.

– Papa, y a-t-il d'autres avantages avec ces fonds de série T ?

– Avec les fonds en société de série T, les fonds plus prudents ne génèrent jamais de revenus d'intérêts fortement imposés, mais toujours des revenus de dividendes imposés comme du gain en capital. Aussi, dans 20 ans, le fait que le prêt soit totalement payé fera en sorte que les retraits du placement ne seront plus nécessaires pour en payer les mensualités. Avec 1 500 $ de placements par année pendant 10 ans, on peut en obtenir dans 10 ans plus de 23 000 $ de profits nets.

– Et n'importe qui peut utiliser cette stratégie ?

– Tout à fait. Les stratégies consistant à investir dans des fonds en société de série T, avec ou sans emprunt pour y investir, ne concernent pas seulement les individus, mais aussi les **sociétés par actions**. D'ailleurs, à l'égard des sociétés par actions, il y a deux petites choses à savoir : d'une part, une société par actions peut déposer ses liquidités dans un compte bancaire à haut rendement et mettre ensuite ce compte bancaire en garantie afin de permettre à l'un de ses actionnaires d'emprunter un montant équivalent pour l'investir.

Cette approche respectera la règle fiscale empêchant une société par actions de prêter directement de l'argent pendant plus de 2 ans à ses actionnaires. D'autre part, pour tout prêt-investissement consenti à une société par actions, ce qui n'est présentement disponible qu'avec une seule institution financière, la moitié du gain en capital qui ne sera jamais imposée sur ses placements pourra être remise à l'actionnaire, sans qu'il ait un sou d'impôt à payer, par ce qu'on appelle le **compte de dividendes sur les gains en capital**.

– Et que fait la personne qui n'a pas besoin de ses distributions ?

– Une personne qui investirait dans un fonds en société de série T, qui n'aurait pas besoin de ses distributions, aurait tout de même avantage à les recevoir et les réinvestir, car la prochaine fois qu'elle aura besoin d'argent, elle aura probablement moins d'impôt à payer si elle prend cet argent dans le compte dans lequel elle aura déposé ses distributions. Il faut se rappeler ici que les distributions réinvesties augmentent la valeur comptable du placement alors que celles encaissées la diminuent, et que le calcul du gain ou de la perte en capital découle de l'écart entre la valeur comptable et la valeur marchande des unités vendues. Par ailleurs, la troisième stratégie la plus payante consiste aussi à emprunter pour investir, mais cette fois-ci, on le fait sans investir dans un placement permettant l'encaissement de distributions. Cela se fera alors en prenant un prêt comportant uniquement des remboursements d'intérêts et aucun remboursement de capital. Avec 1 500 $ de contribution par année pendant 10 ans, on peut en obtenir, dans 10 ans, plus de 17 000 $ de profits nets.

– C'est quand même beaucoup d'argent !

– Comme tu dis ! La quatrième stratégie la plus payante consiste à se prévaloir du régime enregistré d'épargne études. Évidemment, aux fins de comparaison, on présume ici que l'on est parent d'un enfant d'âge préscolaire, pour que le régime puisse demeurer en vigueur pendant 10 ans. Dans ce régime, avec 1 500 $ de placements, on attire 300 $ de subventions du fédéral et 150 $ de subvention du provincial, pourvu que l'on fasse affaire avec une institution financière en mesure de gérer cette subvention provinciale. De plus, une famille nombreuse ayant un certain écart d'âge entre ses enfants pourrait toucher plusieurs fois des subventions avec le même argent en le retirant et en le réinvestissant. Le REEE est spécialement conçu pour les gens gagnant de faibles revenus et effectuant de petites contributions, car la subvention peut alors être supérieure à 30 %. Pour les familles plus à l'aise, ce régime peut être bon pour les quelques années avant qu'un de leurs enfants commence ses études collégiales. Avec 1 500 $ de placements par année pendant 10 ans, on peut en obtenir, dans 10 ans, plus de 13 000 $ de profits nets.

– Il y a vraiment de bien bonnes idées dans ton document !

– Tu n'as rien vu. Attends de voir la prochaine qui est la cinquième stratégie la plus payante. Cette stratégie concerne uniquement les gens qui se servent de leur REER comme mise de fonds pour l'achat de leur résidence ou pour poursuivre des études à temps plein. L'idée ici consiste à ne plus réinvestir dans le REER après que l'on se soit servi du RAP pour acheter sa résidence ou du REEP pour poursuivre des études à temps plein.

– Tu as le droit de faire ça ?

– Tout à fait. Normalement, le RAP permet de retirer de l'argent de son REER sans que cela s'ajoute à son revenu imposable, afin de pouvoir effectuer une mise de fonds lors de l'achat de sa résidence. Une fois que cela est fait, l'État nous demande de remettre dans le REER, pendant 15 ans, le 1/15e du montant ainsi retiré, et pour ces réinvestissements, l'État n'accordera pas de nouveaux crédits d'impôt. Le même concept s'applique au REEP sur 10 ans. Par contre, la personne qui ne fait pas la contribution demandée verra son revenu imposable augmenter en conséquence. On vit donc avec ça. On paye ce que ça coûte et on se sert de la différence pour revenir à la deuxième stratégie la plus rentable, laquelle consiste à emprunter pour investir dans un placement permettant l'encaissement de distributions. Avec 1 500 $ de contributions par année pendant 10 ans, on peut en obtenir, dans 10 ans, près de 9 000 $ de profits nets supplémentaires à ce que l'on aurait obtenu à placer cet argent dans le REER.

– Je n'en reviens pas!»

«Mathieu, la sixième stratégie la plus payante est souvent proposée par des gens qui se prétendent des experts de la planification financière. Elle consiste à effectuer un prêt-REER. Le hic, c'est que le remboursement de ce prêt n'impliquera aucun intérêt déductible, ce qui en plombera le résultat. Avec 1 500 $ de contributions par année pendant 10 ans, on peut en obtenir, dans 10 ans, plus de 8 000 $ de profits nets.

– Mais dans un prêt-REER, est-ce que le REER est mis en garantie?

– Non. Étant donné qu'il s'agit d'un placement enregistré, il ne peut pas être mis en garantie sinon il sera imposable en totalité pour l'année en cours. C'est cette stratégie du prêt-REER que je t'invitais récemment à mettre de côté parce que je me souvenais qu'il y avait mieux.

– Ce n'est donc pas la première fois que tu analyses ce document?

– Tu parles, la première fois que je l'ai vu, il m'a presque empêché de dormir! Il m'a bien fait comprendre le vieux dicton : *le calcul vaut le travail*. Et les deux autres stratégies, qui arrivent en septième et huitième places, sont assez connues. Il s'agit du REER et du CELI. En fait, si le taux d'imposition au moment du retrait est inférieur à celui qui prévalait au moment du dépôt, le REER est plus intéressant que le CELI. En passant, il faut que tu saches qu'il existe des REER ordinaires et des REER autogérés. Avant le budget fédéral du 23 février 2005, le contenu étranger des REER était limité. Il pouvait alors être justifié de détenir un REER autogéré afin d'investir son contenu canadien avec une compagnie de fonds, et son contenu étranger avec une autre. Aujourd'hui, cette barrière n'existe plus, de telle sorte qu'il est inutile de payer des frais administratifs pour détenir un REER autogéré, à moins que le nombre d'échanges intercompagnies le justifient. Aussi, dans la simulation de Roger, aucuns frais annuels récurrents liés aux frais des REER autogérés n'ont été pris en considération. Pour ces deux stratégies, le REER et le CELI, avec 1 500 $ de placements par année pendant 10 ans, on peut en obtenir, dans 10 ans, environ 6 500 $ de profits nets.

– Attends, le REER et le CELI, c'est ce qu'on entend parler le plus souvent par rapport à la préparation de la retraite, et tu viens de me dire que ces stratégies sont, dans les faits, presque quatre fois moins profitables que d'utiliser le levier avec distributions! J'ai de la difficulté à comprendre. Il me semble qu'il y a quelque chose d'illogique là-dedans?

– Oh! tu viens de mettre le doigt sur un gros problème de société! D'un côté, tu as une population relativement ignorante des finances personnelles, des personnes qui ont appris tout ce qu'il faut savoir pour la longue période de temps pendant laquelle ils vont travailler, et qui sont pratiquement analphabètes des notions requises pour la longue période de temps pendant laquelle ils seront retraités. C'est ce qui fait qu'on sera plus enclin à prendre une soirée pour préparer ses prochaines vacances de 15 jours que pour préparer sa prochaine retraite de 30 ans!

– C'est quand même plus intéressant de préparer ses vacances...

– Mais les contradictions ne sont pas uniquement du côté de la population. Du côté de l'État, on coupe les cours d'éducation économique du secondaire, alors que les employeurs remplacent leurs régimes de retraite à prestations déterminées (RRPD) par des régimes de retraite à cotisations déterminées (RRCD), puis on investit dans une police censée combattre les criminels à cravate.

– Quelle est la différence entre ces deux régimes?

– Dans le premier, l'employeur est responsable d'assurer la retraite de son personnel. Dans le deuxième cas, l'employeur met l'argent, mais c'est l'employé qui est responsable de le faire fructifier. S'il prend les mauvaises décisions, il hypothèque tout simplement sa retraite. C'est exactement la même chose d'ailleurs qui distingue les **plans de bourses d'études** des REEE dont on vient de parler. Pour le plan de bourses d'études, c'est un comité de retraite qui prend les décisions de placement. Il prendra généralement des décisions plutôt prudentes. Pour le REEE, c'est l'investisseur lui-même qui prend ces décisions, ce qui pourra l'avantager s'il n'est pas du genre à prendre des décisions prudentes.

– Y a-t-il d'autres contradictions?

– Oui, actuellement on n'accepte pas qu'une personne détenant une maîtrise en finance d'une université québécoise puisse vendre des fonds communs de placement, mais on accepte qu'une personne ayant réussi un cours par correspondance de 30 heures sur les fonds d'investissement au Canada, élaboré par un organisme ontarien, puisse le faire. Par ailleurs, on ne veut pas non plus qu'une même personne puisse vendre des placements immobiliers et des placements boursiers, alors que cela est permis dans d'autres pays. Au Québec, cette personne serait prétendument en conflit d'intérêts. Aussi, si ces deux types de placements m'intéressent, je suis alors obligé de faire affaire avec deux intermédiaires différents.

– C'est vrai que ça serait plus pratique de tout faire avec la même personne. Y a-t-il autre chose que je dois savoir?

– Même si investir dans un commerce, une industrie ou un immeuble à revenus peut être considéré comme plus risqué qu'investir dans un portefeuille d'actions géré par un professionnel; si j'emprunte pour investir dans un commerce, si j'emprunte pour investir dans une industrie ou si j'emprunte pour investir dans un immeuble à revenus, l'État n'interviendra pas pour baliser la taille de mon projet. Par contre, si j'emprunte pour investir dans un portefeuille d'actions géré par un professionnel, même si je considère que cela est moins risqué à cause de la diversification, comme tu me l'as dit toi-même tout à l'heure, l'État cherchera à baliser la taille de mon levier financier et pourra même décourager des représentants de me proposer cette stratégie. Comme tu vois, il y a encore beaucoup de place pour des améliorations.

– Incroyable...

– Aussi, dans le domaine du placement, il en découle que quelqu'un qui inspire confiance, sans formation collégiale ou universitaire en finances personnelles, mais qui a réussi le cours de base dont je t'ai parlé tout à l'heure, peut se voir confier, grâce au permis de vendre des placements qu'accorde l'État, l'épargne de beaucoup de gens. Comme le conseil que le client reçoit découle de ce que le conseiller connaît et de ce qu'il peut vendre, je dois m'assurer que la personne avec laquelle je traite détient une formation et une expérience importante en finances personnelles ou que, du moins, elle fait partie d'une équipe bénéficiant d'une telle expertise.

– Mais si n'importe qui peut travailler dans le domaine du placement, il me semble qu'on prend de gros risques avec l'épargne des gens?

– Il y a quand même des organismes de surveillance dont les juges sont majoritairement des membres de l'industrie. Plusieurs conseillers considèrent toutefois que ces organismes sont souvent utilisés par des personnes pour nuire à leurs concurrents.

– Qu'est-ce que tu veux dire?

– Par exemple, un représentant qui convoiterait les placements d'un client investis uniquement en fonds d'action pourrait, lorsque les marchés sont en baisse, faire croire à ce client qu'il a trop investi en actions, tenter de se donner de la crédibilité en rédigeant pour lui et en lui faisant signer une plainte contre son représentant actuel – plainte prétextant, alors que cela est sans fondement, que celui-ci a mal fait son travail et profiter du fait que les émotions du client dérangent véritablement sa raison pour ainsi obtenir le transfert, en toute impunité, de son portefeuille. Ainsi, même si le changement de stratégie de placement peut être fait, on en conviendra, au pire moment possible pour le client en question.»

«Et devine ce qui se passera par la suite : on interdira à celui qui fut jadis son représentant de communiquer avec le client, laissant ainsi le champ libre au nouveau représentant. De son côté, l'ancien représentant sera harcelé par son organisme de surveillance au point même de devoir payer quelques dizaines de milliers de dollars pour assurer sa défense. Par contre, le nouveau représentant, qui, dans les faits, a incité le client à prendre la pire décision financière de sa vie – si tu te souviens de ce qu'on a discuté il y a 3 jours, et qui s'est servi de l'organisme de surveillance pour nuire à son concurrent –, ne sera jamais importuné, même après avoir déposé lui-même, soi-disant pour son client, une plainte sans fondement.

– Et qu'advient-il lorsque les organismes de surveillance traitent de stratégies qui ne sont pas des plus populaires?

– Des procès comme à l'époque de Galilée et de Copernic, où le REER pourra être mieux vu que le levier avec distributions, par des gens qui n'ont pas d'études universitaires en finance ou en fiscalité, et que l'on désignera comme témoins experts dans des "procès" qui pourront se dérouler 10 à 15 ans après les faits! Mais là, tu m'as fait complètement dévier des stratégies dont je te parlais. Il m'en restait deux à te présenter. Les deux dernières stratégies les plus payantes consistent soit à effectuer un placement efficace sur le plan fiscal, soit à rembourser prématurément son hypothèque. Pour ces deux stratégies, avec 1 500 $ de placements par année pendant 10 ans, on peut en obtenir, dans 10 ans, 5 500 $ et 4 500 $ de profits nets.

– Moi, c'est la deuxième partie de ton document que j'ai vu tout à l'heure qui m'intéresse le plus.

– Je te comprends, mais je ne pouvais pas te parler de la deuxième partie avant de t'expliquer la première. Dans la deuxième partie, on présume que l'on a déjà épargné à un moment ou un autre parce qu'on a accumulé des valeurs : une maison, un CELI, un REER. Le hic, c'est qu'on réalise peut-être que l'on n'a pas investi son argent avec la stratégie la plus payante, et on se demande s'il ne serait pas possible de transférer son argent d'une stratégie plus ou moins payante vers la meilleure stratégie accessible. C'est la raison pour laquelle le transfert n'exigera pas de nouvelle mise de fonds. L'argent est déjà là, il s'agit de s'en servir.»

«Aussi, dans ce processus de transfert, l'opération la plus avantageuse consiste à se servir de son CELI comme réserve de capitaux afin de pouvoir couvrir, pendant 10 ans, tous les frais liés à un levier avec distributions. Pour y parvenir, on s'obligera à transférer son CELI dans un placement plus sûr afin de garantir des revenus pour les 10 prochaines années. Et là, c'est assez fantastique ce qu'on peut faire. Dans 10 ans, pour chaque tranche de 10 000 $ de CELI détenue, on peut réussir à toucher un profit net supplémentaire d'environ 12 500 $ par rapport au profit net qu'on aurait fait en continuant de laisser son argent fructifier dans le CELI. C'est vraiment la stratégie la plus intéressante parmi celles qui s'appuient sur du vieux-gagné.

– Complètement débile!

– Une autre stratégie intéressante consiste à utiliser l'équité que l'on a sur sa résidence afin d'obtenir une marge de crédit hypothécaire, de se servir de cette marge comme réserve de capitaux pendant 10 ans pour en retirer, tous les mois, un montant d'argent qui servira à financer un levier avec distributions. Dans 10 ans, ce levier sera vendu et la marge ainsi utilisée sera alors remboursée.

– Ça veut dire que n'importe qui possédant une maison peut s'en servir pour s'enrichir davantage?

– Exactement cela. En même temps que la maison continue de prendre de la valeur, elle permet également de faire encore plus d'argent. Avec cette stratégie, dans 10 ans, pour chaque tranche d'équité sur sa maison qui aura permis d'utiliser 10 000 $ de marge, on peut réussir à toucher un profit net d'environ 10 500 $.

– C'est vraiment "capotant" ton document!

– La troisième stratégie la plus payante avec de l'argent déjà épargné consiste à faire exactement la même chose avec son REER que ce que j'ai expliqué que l'on pouvait faire avec le CELI. Et là, il ne faudra pas être surpris d'obtenir un résultat moins intéressant parce que le REER représente des revenus avant impôt, alors que le CELI représente des revenus après impôts. Par contre, la plupart des gens détiennent plus d'argent en REER qu'en CELI, parce que le REER existe depuis beaucoup plus longtemps et qu'il donne des crédits d'impôt à ceux qui y investissent. Toujours est-il qu'avec cette stratégie, dans 10 ans, pour chaque tranche de 10 000 $ de REER détenue, on peut réussir à toucher un profit net supplémentaire d'environ 7 500 $, par rapport au profit net qu'on aurait fait en continuant de laisser son argent fructifier dans le REER.

– Ça peut représenter beaucoup d'argent pour une personne qui détient 50 000 $ de REER!

– Oui. Par ailleurs, comme tu le sais, à 72 ans, le REER devra être transformé en FERR et cela pourra avoir pour effet de réduire les prestations de certains programmes gouvernementaux fédéraux, comme les prestations de la Pension de sécurité de la vieillesse et du Supplément de revenu garanti, si leur revenu est alors relativement bas. Aussi, si l'on n'a pas d'autre régime de retraite, il faut quand même se garder un 20 000 $ à 25 000 $ de REER pour le transformer en FERR dès 65 ans, parce qu'on pourra alors en retirer par la suite 2 000 $ de revenus annuels qui ne seront pas imposables à cause d'une déduction de 2 000 $ de revenus de pension.

– Je ne suis pas sûr d'avoir besoin de savoir ça!

– Certainement pas à ton âge. Les deux dernières stratégies consistent à modifier les modalités de paiement de ses remboursements hypothécaires pour se libérer de l'argent qui servira ensuite à couvrir les frais liés à un levier avec distributions. Moins on paye de capital, plus cela libère d'argent, et plus cela libère d'argent, plus on fait des profits nets supplémentaires. Les deux techniques pour réduire les paiements de capital lorsqu'on détient une hypothèque sont d'allonger la durée de remboursement, par exemple en amortissant le prêt sur 25 ans plutôt que sur 15 ans, ou en transférant tout simplement son hypothèque en marge de crédit hypothécaire, décisions que l'on prend au moment de contracter celle-ci.

– Mais ça semble complètement illogique de s'enrichir en évitant de payer ses dettes et même en les augmentant, tu ne trouves pas?

– En apparence, oui. Mais lorsqu'on calcule, non. Avec ces deux stratégies, dans 10 ans, pour chaque tranche de financement hypothécaire de 10 000$, on peut réussir à toucher un profit net supplémentaire, variant entre 3 000$ et 5 500$. Ce profit correspond à ce qu'il reste après que l'on ait remis le montant que l'on aurait versé sur son hypothèque, si on avait conservé le financement hypothécaire conventionnel.

– Et toi, l'as-tu fait?

– J'avais une grosse pénalité à payer si je modifiais mon financement hypothécaire. Pour cette raison, j'ai décidé d'attendre la fin de mon terme pour réviser le tout avec Roger.

– C'est là que l'on comprend l'importance de bien choisir la personne qui nous accompagnera concernant nos finances personnelles. Mais puisque tu as apporté une calculatrice financière et que la stratégie la plus intéressante consiste à transférer le CELI en levier avec distributions, peux-tu m'indiquer, étape par étape, les calculs pour y arriver?

– Oui, mais avant de commencer, il faut comprendre que Roger a effectué un certain nombre d'approximations dans le but de rendre les calculs moins complexes. La première consiste à utiliser des portefeuilles les plus avantageux selon les circonstances. La deuxième consiste à faire toutes les analyses sur 10 ans, alors que rien n'oblige à se confiner à une telle période. La troisième consiste à prétendre que l'on peut toucher certains crédits d'impôt au fur et à mesure que l'on engage des dépenses déductibles, ce qui est vrai dans la mesure où l'on fait les démarches appropriées pour compenser ces crédits d'impôt par de plus faibles retenues à la source de la part de son employeur, sinon il pourrait y avoir un délai à attendre son remboursement d'impôt annuel. La quatrième consiste à approximer les frais financiers. Dans les faits, le total est exact bien qu'il ne sera pas nécessairement réparti également d'une année à l'autre. La cinquième consiste à maintenir le même taux de taxation tout au long de l'exercice, peu importe le montant et le moment. Finalement, la dernière approximation consiste à toujours calculer avec des annuités de fin de période en multipliant le nombre d'années par 12 pour obtenir le nombre de périodes, et en divisant le taux annuel par 12 pour obtenir le taux d'intérêt par période.»

À mesure qu'Yves me parle, il inscrit ces chiffres au centre de la feuille. Puis, il prend sa calculatrice pour rentrer des données et gribouille quelques nombres de temps en temps.

«Alors, si on prend le transfert du CELI en levier avec distributions, on comprend que, dans un premier temps, on transférera le CELI dans un placement plus sûr afin de garantir des sorties de fonds pour les prochains 10 ans. Puis, 20% du placement sera placé pour couvrir le premier 2 ans; 30% sera placé pour couvrir les 3 années subséquentes; et 50% sera placé pour couvrir les 5 dernières années. Pour simplifier le calcul et en utilisant les hypothèses de l'IQPF, Roger en arrive à une moyenne pondérée de 4 et 7/8ᵉ pour cent.

– Comment arrives-tu à ce chiffre?

– En faisant une addition de plusieurs multiplications. Pour un placement 0-2 ans, je multiplie 20% par 3,25% de rendement estimé. Pour un placement 3-5 ans, je multiplie 30% par 4,5%, de rendement estimé. Pour un placement 5-10 ans, considérant qu'il sera préférable d'investir dans un placement équilibré composé à 50% d'actions et à 50% d'obligations, je prendrai 5,75%, ce qui représente la moyenne entre 4,5% et 7%. Aussi, pour un placement de 5-10 ans, je multiplie 50% par 5,75% de rendement estimé. En additionnant le produit de ces trois multiplications, on arrive à 4,875%.»

Yves continue à griffonner d'autres chiffres sur sa feuille.

«Avec un tel taux de rendement, 10 000$ permettent de récupérer, pendant 120 versements, un montant de 105,46$ tous les mois. Pour obtenir cela, je dois commencer par vider le registre de ma calculatrice. Ensuite, je mets n = 120, i = 0,40625, soit 4,875% divisé par 12, PV = 10 000$, FV = 0 et j'appuie ensuite sur PMT, la valeur que je cherche, ce qui me donne 105,46$. Avec 105,46$, avec les distributions du placement et avec les crédits d'impôt fédéral sur les frais financiers, je peux couvrir tous les frais liés à un emprunt de 55 440,28$, emprunt qui sera amorti sur 20 ans au taux de 5,25%.

– Mais comment Roger a-t-il fait pour déterminer ce montant?

– Probablement par essais et erreurs, avec des règles de 3. Toujours est-il qu'avec un tel emprunt, on aura des mensualités à payer de 373,58$ et une distribution mensuelle de 231$. Pour arriver au 373,58$, je mets n = 240, soit 20 x 12, i = 0,43750, soit 5,25% divisé par 12, PV = 55 440,28$, FV = 0 et j'appuie ensuite sur PMT, la valeur que je cherche, ce qui me donne 378,58$. Pour arriver au 231$, c'est beaucoup plus facile. Il s'agit de multiplier 55 440,28$ par 5% et de diviser le tout par 12, ce qui donne 231$. Et cette distribution sera considérée comme de la récupération de capital, de telle sorte que ce montant n'impliquera aucun impôt à payer. Est-ce que ça va?

– Oui, tu peux continuer.

– Ensuite, on a besoin de savoir ce qu'il restera de capital à payer dans 10 ans, car si on connaît le total des versements effectués et le total du capital payé, on pourra en déduire le total des intérêts payés. Et les intérêts payés nous donneront le montant du crédit d'impôt fédéral qu'il sera possible d'obtenir.

– C'est logique.

– Pour trouver le capital à payer dans 10 ans, il faut revenir au calcul qui nous a permis de trouver la mensualité de 373,58$. Il suffit de remplacer le n = 240 par un n = 120, et d'appuyer ensuite sur FV, la valeur que je cherche. Il en découlera le chiffre de 34 819,37$. Comme j'ai débuté par un emprunt de 55 440,28$ et qu'il me reste un capital dû de 34 819,37$, cela signifie que j'ai payé 20 620,91$ de capital. Par ailleurs, si j'ai effectué 120 paiements mensuels de 373,58$, j'ai déboursé un total de paiements de 44 829,60$. Si, dans ce montant de 44 829,60$, j'ai 20 620,91$ de capital payé, c'est donc dire que j'ai également payé 24 208,69$ d'intérêts; ce qui représente un intérêt annuel moyen de 2 420,87$ et un crédit d'impôt mensuel moyen de 37,12$. Ainsi, tout balance avec trois entrées de fonds et une sortie de fonds. Les entrées de fonds sont le retrait du CELI de 105,46 $, la distribution de 231 $ et le crédit d'impôt fédéral de 37,12 $. La sortie de fonds concerne la mensualité de 373,58 $.

– Wow, ça n'a pas dû être évident de trouver le chiffre pour que tout balance !

– Je présume que Roger a dû se servir de l'informatique. Ce qui est maintenant intéressant, c'est ce qu'on peut faire avec ce placement. En le plaçant pendant 10 ans à un taux de 7 %, malgré les distributions mensuelles de 231 $, celui-ci vaudra tout de même 71 433,60 $. Pour arriver à ce chiffre, je mets n = 120, soit 10 x 12, i = 0,58333, soit 7 % divisé par 12, PV = 55 440,28 $, PMT = MOINS 231 $ (ne pas oublier de mettre le signe négatif) et j'appuie ensuite sur FV, la valeur que je cherche, ce qui me donne 71 433,60 $. Mais cela n'est pas un montant net qui me revient. On se souvient que je dois encore 34 819,37 $ sur le placement. Puis, il y a l'impôt fédéral et l'impôt provincial à payer.

– Comment ça fonctionne les impôts avec une telle planification ?

– Autant au fédéral qu'au provincial, le calcul du gain en capital consiste à faire la différence entre la valeur marchande du placement de 71 433,60 $ et sa valeur comptable. Dans ce cas, comme on a prévu récupérer la totalité du placement en 20 ans, en prenant un taux de récupération de 5 % par année, on comprend qu'en 10 ans, on a récupéré la moitié du montant initialement investi. Aussi, si le placement initial a été de 55 440,28 $, dans 10 ans, la valeur comptable du placement sera approximativement de 27 720,28 $. La différence entre le 71 433,60 $ et le 27 720,28 $ représente un gain en capital. La moitié de ce gain est imposable. J'ai donc de l'impôt à payer sur un revenu de placement imposable de 21 856,66 $. Au fédéral, avec un taux d'imposition de 18,4 %, cela représentera 4 021,63 $ d'impôt à payer.

– Qu'est-ce qui se passe avec le provincial ?

– Attends, j'y arrive. Dans le cas du provincial, on a un ajustement à faire lorsqu'on réalise un revenu de placement, ce qui est actuellement le cas. Dans les faits, le gain en capital imposable est alors réduit de tous les frais financiers pour lesquels on n'a pas pu obtenir de crédits d'impôt. On se souviendra que, dans les 10 ans, on a payé 24 208,69 $ d'intérêts. Aussi, comme on a plus de frais financiers déductibles que de gains en capital imposable, il n'y aura pas d'impôt provincial à payer. Il résulte de tout cela un montant résiduel de 32 592,60 $, une fois le solde du prêt remboursé et tous les impôts payés. Mais cela ne nous donne pas le résultat de notre stratégie...

– Je ne te suis pas.

– C'est simple. On a obtenu 32 592,60 $ avec le levier avec distributions, mais on a sacrifié ce que le CELI aurait pu rapporter si on l'avait conservé. Dans un tel cas, le 10 000 $ de CELI aurait valu, 10 ans plus tard, avec un rendement de 7 %, car on n'aurait pas été obligé de l'investir de façon plus prudente, un montant de 20 096,61 $. Souviens-toi de la règle 72. Avec 7 %, ça prend environ 10 ans à doubler. Aussi, c'est 12 495,99 $ de plus que j'ai fait à faire le transfert progressif de mon CELI.

– C'est fou ce que la magie des intérêts composés peut faire. »

Yves inscrit maintenant tous les chiffres concernant le CELI du côté droit.

« Je suis complètement bouche bée. Jusqu'à quel point les résultats peuvent-ils être influencés par les hypothèses utilisées. Qu'arriverait-il, par exemple, si l'on majorait de 1 % le rendement des actions ?

– Très intelligent comme question. Ce que tu demandes, ça s'appelle faire une étude de sensibilité. Et Roger a poussé l'exercice jusque-là. Pour ce faire, en plus de considérer une majoration de 1 % du rendement des actions, il a aussi considéré une diminution de 1,25 % du rendement des placements à court terme. De plus, il a aussi considéré que le prêt-REER coûtait 1 % de plus que les prêts-investissements conventionnels et que les emprunts garantis par hypothèque coûtaient 1 % de moins que les prêts-investissements conventionnels. Avec ces modifications aux hypothèses de l'IQPF, toutes les stratégies conservent exactement le même ordre entre elles et leurs performances varient entre MOINS 1 000 $ supplémentaires à PLUS 9 500 $ supplémentaires. Ces études permettent également de découvrir qu'un prêt-investissement amorti sur une plus longue période que 20 ans – si cela est possible avec le prêteur, en réduisant la distribution en conséquence –, entraînera un gain encore meilleur après 10 ans.

– Est-ce qu'il y a d'autres détails que je devrais savoir ?

– Oui. Au fur et à mesure que tu deviens plus riche, la banque accepte de te prêter davantage d'argent avec lequel tu peux faire encore plus d'argent. C'est comme une boule de neige. Plus vite on commence, plus vite cela devient intéressant.

– Peux-tu réemprunter autant que tu veux au fur et à mesure que tes placements prennent de la valeur ?

– Oui, pourvu que tu sois capable de faire les paiements mensuels. Par contre, si tu décides d'utiliser intensivement cette stratégie, il serait prudent de t'assurer que tous tes prêts sont sans appel de marge. Tu ne veux pas courir le risque d'avoir à remettre d'importantes sommes d'argent, advenant une baisse boursière.

– C'est bien ! Je comprends que rien ne bat le levier avec distributions, encore plus si l'on tient compte des emprunts additionnels que l'on pourra prendre. C'est dommage que les gens ne sachent pas ça. Sinon, ils n'investiraient pas à rembourser plus rapidement leur hypothèque, à investir dans le REER ou dans le CELI. J'imagine que tu as complètement changé ta façon d'épargner à partir du moment où tu as appris tout ça !

– Bout pour bout, comme on dit ! Et là, j'ai pas mal terminé mon explication des documents laissés par Hubert et aussi mon explication du prêt-investissement. As-tu d'autres questions sur ce sujet ?

– Oui, il y a juste une chose qui n'est pas claire pour moi. Tu m'as déjà dit qu'emprunter pour investir exige de la discipline, qu'il faut être en mesure de maintenir ses mensualités, que l'on ait un emploi ou qu'on l'ait perdu. Y a-t-il d'autres mauvais côtés à connaître ?

– Si tu places toujours au moins 1 500 $ chaque année pour tes vieux jours, cela devrait te démontrer que tu as déjà de la discipline et cela devrait t'inciter à appliquer ce montant dans une stratégie d'effet de levier. Lorsque je parlais d'emploi, je parlais également de santé. Il faut être capable de payer, que l'on soit en santé ou malade. Toutefois, on peut déduire de tout ce que je t'ai expliqué tout à l'heure que prendre un REER ou un CELI pour payer ses frais financiers n'est pas bête du tout.

– As-tu d'autres conseils à me donner ?

– Pour profiter de ces stratégies, il faut être capable de demeurer stoïque, peu importe ce qui se passe sur les marchés, ce qui fait vivre beaucoup d'émotions, car les bulletins de nouvelles et les journaux gagnent leur pain et leur beurre à continuellement nous affoler à nous présenter un monde de catastrophes. Évidemment, il faut aussi que le banquier accepte de nous prêter, ce qui est plus difficile lorsqu'on commence dans la vie. À ce moment, une bonne approche consiste à le faire conjointement avec une personne ayant déjà un bon bilan. Tu pourras ainsi profiter de son avoir propre pour emprunter davantage que tes propres actifs ne te l'auraient permis et te bâtir une cote de crédit. De retour à la maison, nous pourrions envisager un tel scénario si cela t'intéresse.

– Je vais réfléchir à ta proposition. Et si j'ai un surplus, est-ce que ça demeure une bonne idée de l'investir dans le REER?

– Oui, bien sûr. Il faut que tu te serves du prêt-investissement pour rentabiliser la discipline que tu es capable de te donner. L'investissement financé est payant à long terme, pourvu que le coût d'emprunt après impôts soit inférieur au rendement après impôts. Le REER, quant à lui, représente la seule méthode pour atténuer les impôts à payer d'une année donnée, une fois l'année terminée. Dans ce cas, on a 60 jours pour y investir.

– Juste une dernière question pour terminer. J'ai déjà vu de la publicité concernant le Fonds de solidarité. Qu'est-ce que c'est et qu'est-ce que tu en penses?

– C'est un type de fonds qu'on appelle un **fonds de travailleurs**. Il peut être proposé par une centrale syndicale et vise à concentrer ses placements dans des entreprises québécoises. Comme il peut être plus risqué et moins payant, il bénéficie jusqu'en 2016 de crédits d'impôt particuliers.[23] Pour ma part, j'ai décidé de faire comme Hubert et d'en prendre pour les 10 dernières années que je travaillerai avant de prendre ma retraite... Mathieu, permets-moi cette analogie, tu as beaucoup appris de Léane et de moi depuis le début de notre voyage de pêche au saumon atlantique, et ce serait, maintenant, le temps de mettre en application un peu tout ce que tu as pu observer comme techniques et stratégies de pêche. C'est comme les théories financières personnelles et d'investissement, il faut mettre en application ses connaissances et ses observations afin d'en arriver à récolter les fruits de ses efforts.»

Léane me demande d'entrer dans l'eau, à mi-chemin entre la tête et la queue de la fosse, tout en m'éloignant d'environ 1 m du bord de la rivière. Je m'imprègne de l'odeur de la Mississipi en respirant cet air frais et sauvage, puis je passe à l'action. Je combine la technique du «balai en zigzag» d'Yves avec la précision du lancer de Léane qui, malgré l'énergie transférée à la soie, permet à la noyée d'entrer dans l'eau avec toute l'élégance d'une «fine mouche». Léane, ma super guide-saumon, s'affaire méticuleusement à entretenir mon bas de ligne et à changer régulièrement mes mouches, surtout lorsqu'elle juge que cela pourrait faire une différence. L'idée, c'est de faire bouger les quatre grands saumons narquois qui sont devant moi vers l'amont, à environ 6 mètres. Léane me donne constamment des directives de façon à diversifier mes approches et mes stratégies halieutiques. Mes efforts de pêche se poursuivent pendant une bonne demi-heure...

«Mille millions de sabords!»

Le cri d'Yves résonne dans toute la vallée comme celui d'un troll géant sorti de sa grotte corrodée par les millénaires. Les quatre saumons ont bougé, phénomène inusité mais bien réel. Mon cœur bat à tout rompre puisque ma mouche s'est intercalée entre deux grands saumons, provoquant une vive réaction parmi eux. Quelques lancers se succèdent et je deviens un obsédé de la précision. Chaque fois ou presque, ma sœur me demande d'orienter ma mouche un peu plus à gauche, un peu plus à droite, un peu plus haut et un peu plus bas, afin d'être en mesure de taquiner les quatre gros poissons, d'une façon quasi séquentielle. Un grand saumon bouge encore, puis tout redevient calme, et le phénomène d'apprentissage par **habituation** a fini par dominer le comportement de ces quatre rois de la fosse Mississipi. Entre-temps, Léane se place près de Yves avec ses lunettes à verres polarisés et, après avoir murmuré quelque peu, elle revient nerveusement vers moi pour remplacer ma noyée par une grosse sèche à moustaches, un **bomber** moustachu, bref une bibitte à poils tout à fait ridicule d'apparence, mais très efficace, me dit-on.

«Mathieu, viens avec moi un peu plus haut dans la fosse afin qu'un nouvel apprentissage par **déshabituation** puisse s'installer parmi nos quatre grosses mémères saumons. Place-toi en parallèle de l'écoulement de la rivière et lance délicatement ta sèche en utilisant le lancer parachute dont je t'ai déjà enseigné les rudiments.»

Une vingtaine de minutes plus tard, nous retournons vers nos quatre grands saumons sans que je doive entrer dans l'eau de la rivière, mais en me positionnant en parallèle des deux rives, de façon à ce que les quatre poissons soient droit devant moi. Malgré sa forme grotesque, mon bomber moustachu se pose délicatement sur l'eau en dérivant près de la tête d'au moins un grand saumon. Puis, je crois apercevoir une ombre s'approcher lentement de ma mouche et l'avant de cette chose devient soudainement blanc. Mon cœur se met alors à battre intensément puisque j'avais déjà vu la couleur blanche de la gueule du madeleineau de Léane. Le grand saumon arrive tout près de la mouche pour la gober et clap!, un clapotis fort audible qui atteint même les oreilles vieillissantes d'Yves. Puis j'entends aussi le murmure de ma propre voix...

«Un... deux... et trois!»

Après avoir "piqué" mon grand saumon, je relève immédiatement la canne presque à la verticale. C'est enfin arrivé, mon cœur continue à vibrer dans ma poitrine et je sens une chaleur m'envahir. J'ai gagné! Yves n'en revient pas.

«Tu es maintenant Grand saumonier du roi saumon. Comment te sens-tu?»

Je n'ai rien à dire puisque je suis, maintenant, dans un autre monde où tout est instinctif et non verbal. Les mots ne veulent plus rien dire pour moi et je suis tout simplement estomaqué par la puissance de la bête. Puis, le grand saumon s'engage dans une course folle vers le milieu de la fosse et Zzzzzzzzzzzz!... le moulinet défile sa longue soie dans un espace-temps qui me semble interminable. Finalement, le grand saumon termine sa descente d'un seul coup en s'immobilisant dans l'antre sombre de la fosse Mississipi. Le scion de ma canne tremble constamment en donnant de petits coups avertisseurs d'un dénouement dont on ne peut prétendre qui sera le vainqueur. Puis, j'entends un autre type de clapotis derrière moi et «ka flak, ka flak, ka flak»! Voici mon nerveux de père quasi étouffé par la surprise et par l'émotion.

«J'arrive!»

Au son de sa voix, je sens «l'eau chaude». Mauvais jeu de mots, je le sais, mais j'ai comme un pressentiment. Pendant que le grand saumon se repose, Dieu sait combien de longues secondes ou minutes, mon esprit divague un brin. Je me rappelle une petite histoire tragique racontée par Yves alors qu'un beau labrador blond appartenant à un très mauvais guide-saumon avait traversé une fosse à saumon avec des «ka flak, ka flak, ka flak» à la tonne, sous l'œil horrifié d'un parfait saumonier qui tenait tant à capturer son saumon dans la tumultueuse rivière Godbout, sur la Côte-Nord du Québec.

Ce qui se passe ensuite restera dans les annales des anecdotes halieutiques de notre famille. Alors que je tenais fermement ma canne dont le scion tremblotait avec une force de plus en plus grandissante, mon père, rempli d'un mélange de passion et d'exubérance, saisit mon bras comme pour me donner une petite leçon de pêche. Peut-être le saumon a-t-il senti une contre-vibration du bout de la mouche, puisqu'il s'est mis soudainement à sauter hors de l'eau. Presque immédiatement, je tente d'abaisser la canne comme je l'avais si bien appris de Léane, mais le bras nerveux et, plutôt lent, de mon père, beaucoup plus fort que le mien, réussit à contrecarrer la puissance de mon mouvement.

Paf!... la résonance d'un drame, mais la surprise d'une vie. Le grand saumon est finalement le grand gagnant d'un super beau combat, puisqu'il a brisé le bas de la ligne en se contorsionnant frénétiquement lorsqu'il est sorti de l'eau. Nous restons médusés, dans un grand silence. Nous sortons tous les deux de la rivière d'un pas lourd et quelque peu découragé du dénouement de cet épisode filial unique. Les premières paroles viennent d'Yves...

« Nous avons perdu un beau grand saumon ! »

Dans le contexte de mon expérience de pêcheur sur la Mississipi, j'ai quand même réussi à capturer un grand saumon et, comme prix de consolation, je me surprends à penser que l'apprentissage de toutes ces notions de finances et d'investissement me permettra tout de même de mieux apprivoiser le chemin de la réussite. Et là, je ne suis pas étonné de voir Yves nous ramener aux vraies valeurs.

« Mes enfants, vous êtes tous les deux mes cadeaux du ciel, à part votre mère, bien entendu ! »

Nous quittons les lieux, repassant par ce petit couvert forestier sombre et mystérieux des abords de la Mississipi tandis que quatre petites phrases tirées d'un livre écrit par l'ex-Beatles, John Lennon, m'effleurent l'esprit : « Lorsque j'avais 5 ans, ma mère me disait toujours que le bonheur était la clé de la vie. Lorsque j'ai commencé à fréquenter l'école, ils m'ont demandé ce que je voulais faire lorsque je serais grand. J'ai écrit le mot "heureux". Ils m'ont dit que je ne comprenais pas mon devoir et je leur ai répondu qu'ils ne comprenaient pas la vie. »

# Tableau 3

## Comparaison de 15 stratégies fiscales intéressantes

**CE QU'ON PEUT FAIRE**
**– AVEC DES CONTRIBUTIONS DE 125 $ APRÈS IMPÔTS PAR MOIS :**

Tableau comparatif présentant le profit net (après impôts), dans 10 ans, de 10 stratégies fiscales différentes liées aux marchés financiers et requérant toutes des contributions mensuelles nettes (après impôts) de **125 $**.

| | | |
|---|---|---|
| 1. | REEI (Épargne-invalidité) * | 35 185,46 $ |
| 2. | Levier avec distributions (appelé également «Stratégie de placement à revenus») | 23 631,84 $ |
| 3. | Levier sans distribution | 17 100,66 $ |
| 4. | REEE (Épargne-études) ** | 13 126,28 $ |
| 5. | Non-remboursement du RAP ou du REEP – Levier avec distributions *** | 8 796,60 $ |
| 6. | Prêt-REER | 8 413,53 $ |
| 7. | REER (Épargne-retraite) | 6 635,38 $ |
| 8. | CELI (Épargne libre d'impôt) | 6 635,60 $ |
| 9. | Placement non enregistré fiscalement efficace | 5 361,56 $ |
| 10. | Remboursement d'hypothèque ††† | 4 672,12 $ |

**CE QU'ON PEUT FAIRE**
**– SANS MODIFIER QUOI QUE CE SOIT À SON BUDGET :**

Tableau comparatif présentant le profit net (après impôts), dans 10 ans, de 5 stratégies fiscales différentes liées aux marchés financiers n'ayant aucun impact sur le budget de l'épargnant, mais exigeant toutes la détention de **10 000 $** d'équité sur sa résidence, de CELI, de REER ou d'hypothèque.

| | | |
|---|---|---|
| 11. | Transfert CELI – Levier avec distributions (par 10 000 $ de CELI) † | 12 495,99 $ |
| 12. | Équité sur résidence – Levier avec distributions (par 10 000 $ d'équité) ††† | 10 762,72 $ |
| 13. | Transfert REER – Levier avec distributions (par 10 000 $ de REER) †† | 7 695,73 $ |
| 14. | Transfert d'hypothèque en marge – Levier avec distributions (par 10 000 $ d'hypothèque) ††† | 5 557,92 $ |
| 15. | Plus grande durée hypothécaire – Levier avec distributions (par 10 000 $ d'hypothèque) ††† | 3 103,93 $ |

**Attention !** Certaines stratégies exigent que l'on ait droit de bénéficier du crédit d'impôt pour personne handicapée *, que l'on soit parent d'un enfant d'âge préscolaire **, que l'on ait déjà utilisé le RAP ou le REEP, et que l'on doive maintenant le rembourser ***, que l'on soit propriétaire d'un CELI †, d'un REER †† ou d'une résidence hypothéquée à moins de 80 % de sa valeur ou par le biais d'une hypothèque ouverte †††. Si vous ne répondez pas aux exigences mentionnées pour une telle stratégie, celle-ci ne peut pas vous concerner.

Tableau 3 : Comparaison de 15 stratégies fiscales intéressantes    139

## HYPOTHÈSES DE CALCUL

Dans tous les cas, toutes les stratégies seront calculées sur 10 ans, et présumées terminées à ce moment, dans le seul but d'en faire une comparaison.

Elles impliqueront des montants de financement et de placement différents qui ont été établis dans le seul but de comparer les mêmes apports financiers, tantôt avec des contributions de 125 $ après impôts par mois, tantôt sans modifier quoi que ce soit à son budget.

Pour effectuer nos calculs, nous avons utilisé les hypothèses de calcul suivantes de l'Institut québécois de planification financière (IQPF). Ainsi, comme toutes les stratégies proposées consisteront à investir uniquement en actions sur un horizon de 10 ans, peu importe comment le portefeuille d'actions sera constitué, nous utiliserons un rendement annuel de 7 %. Par ailleurs, pour tout emprunt, peu importe le type de prêt (hypothécaire, levier ou prêt-REER), nous utiliserons un taux d'emprunt annuel de 5,25 %.

Par ailleurs, comme tous les prêteurs exigent de l'emprunteur qui désire encaisser ses distributions qu'il prenne un prêt capital et intérêts, et comme tous les prêteurs offrent de tels prêts amortis sur 20 ans, dans tous les cas où il sera question d'acquérir des placements uniquement en actions effectuant des distributions (ex : portefeuille fiscalement efficace d'actions principalement canadiennes de série T), le taux de distribution choisi sera de 5 %, peu importe le rendement de ces placements ; pour faire en sorte que, dans 20 ans, le prêt étant totalement remboursé et la valeur comptable des placements étant devenue nulle, l'épargnant n'ait plus besoin de recevoir de telles distributions, lesquelles seront devenues, par surcroît, imposables.

Finalement, dans tous les cas, les taux d'impôts utilisés concerneront une personne ayant un revenu imposable annuel se situant entre 43 561 $ et 82 190 $ (2013) soit 18,4 % au fédéral et 20 % au provincial.

## APPROXIMATIONS

Certaines approximations ont été faites pour faciliter la compréhension. La première consiste à présumer que, pour toutes les stratégies où cela est requis, tous les placements pourront être effectués dans des portefeuilles fiscalement efficaces, qu'une telle efficacité fiscale pourra être soutenue pendant 10 ans, et que les faibles rendements en intérêts et en dividendes générés par de tels portefeuilles ne seront pas remis à l'épargnant, mais serviront plutôt à couvrir les frais de gestion prélevés par les gestionnaires alors que, dans les faits, pour ces stratégies, l'épargnant pourrait devoir payer plus tôt que prévu certains montants d'impôt minimes.

La seconde approximation consiste à prendre immédiatement en considération tout crédit d'impôt fédéral ou provincial, ce que permet l'utilisation des formulaires T1213 (fédéral) et TP-1016 (provincial). Dans les faits, il pourrait y avoir un léger décalage dans l'encaissement des crédits d'impôt malgré l'usage de ces formulaires.

La troisième approximation consiste, pour l'une des stratégies (levier avec distributions), à présumer qu'il y aura un arrimage parfait entre les distributions et les versements sur l'emprunt. Dans certains cas, il peut arriver qu'un prêt soit accordé à une date, faisant en sorte que son premier versement soit prélevé avant que la première distribution ne soit déposée. Pour éviter tout problème, il est recommandé de laisser dans le compte bancaire l'équivalent d'un versement mensuel.

La quatrième approximation consiste, pour cette même stratégie, à approximer les frais financiers déductibles annuellement. Dans les faits, l'épargnant pourrait recevoir plus vite que prévu certains remboursements d'impôt minimes.

La cinquième approximation consiste, pour l'une des stratégies (prêt-REER), à maintenir le taux d'imposition marginal utilisé, bien que le montant de la déduction initiale réclamée soit considérable. Dans les faits, l'épargnant pourrait recevoir un remboursement d'impôt initial plus petit que prévu.

La sixième approximation consiste à maintenir et à ne pas majorer le taux d'imposition marginal utilisé lors de la liquidation puisqu'il sera possible, pour toutes ces stratégies concernant les marchés financiers, d'étaler la liquidation de tout placement sur plusieurs années.

Finalement, la septième approximation consiste à considérer que toutes les annuités sont en fin de période, que tous les taux proposés doivent être divisés par 12 pour en obtenir le taux mensuel (variable i sur la calculatrice financière), et que le nombre d'années proposé doit être multiplié par 12 pour en obtenir le nombre de mois (variable n sur la calculatrice financière). Ceci vise à permettre au néophyte de reprendre tous nos calculs avec une calculatrice financière. Rappelons ici que, lorsqu'une touche devra être vidée avant d'effectuer un calcul, celle-ci sera mentionnée avec indication « = 0 ». De plus, il sera toujours approprié, avant de lancer un calcul, de s'assurer de l'exactitude de toutes les données entrées dans sa calculatrice financière, ce que permet la touche de vérification ou de rappel des données entrées.

## ANALYSE DE SENSIBILITÉ

Comme aucune des stratégies présentées n'implique, en même temps, la détention d'actifs ET des contributions mensuelles, et que cela représente une caractéristique usuelle des projets immobiliers locatifs, il n'a donc pas été possible de comparer ce type de projet aux autres stratégies financières ; ce qui ne signifie pas que ce type de projet soit moins avantageux pour autant.

Selon l'économiste russe Nikolaï Kondratiev, il existerait des cycles économiques très longs qui ne se répéteraient que tous les 30 à 60 ans environ [24]. Basé sur cette théorie, il y aurait un lien à faire entre les crises boursières de 1929 et de 2009. Aussi, il serait inapproprié de formuler des hypothèses concernant l'avenir en donnant un poids trop considérable aux données liées à une crise. Cela serait semblable à prétendre que de telles crises se répéteront toutes les 5 ou 10 années, ce qui ne s'est jamais vu dans le passé.

Aussi, comme depuis 1950 nous avons traversé la crise de 1981-82 – attribuable aux baby-boomers et provoquée par une rareté de l'argent ainsi que la crise boursière de 2009 –, ne serait-il pas approprié de retirer des données liées aux marchés financiers celles concernant ces crises ? Bien que cela n'ait pas été fait lors de l'élaboration du tableau Andex 2012 couvrant la période de 1950 à 2012, ce même tableau réussit tout de même à nous démontrer que, pour l'ensemble des 391 périodes d'investissement de 30 ans consécutifs entre 1950 et 2012 (toutes ces périodes étant décalées d'un mois), on en arrive à déterminer que le rendement annuel moyen minimum fut de 8,6 % pour les actions canadiennes [25]. Aussi, pour ces diverses raisons, il nous a semblé approprié d'effectuer une analyse de sensibilité sur nos résultats afin d'examiner ce qu'il en adviendrait si l'on présumait un taux de rendement sur les actions de 8 %.

D'un autre côté, tant qu'à effectuer une telle analyse de sensibilité sur nos résultats, nous avons également décidé, par rapport aux hypothèses de l'IQPF, de réduire de 3,25 % à 2 %

Tableau 3 : Comparaison de 15 stratégies fiscales intéressantes    141

le rendement proposé pour les placements à court terme. De plus, comme le prêt-REER amorti sur une longue période de temps implique un taux d'emprunt généralement plus élevé que tous les autres types de prêts-investissements, nous avons aussi décidé, pour ce type d'emprunt, de majorer de 5,25 % à 6,25 % le taux d'emprunt annuel utilisé. Par contre, comme l'emprunt garanti par hypothèque implique un taux d'emprunt généralement plus bas que tous les autres types de prêts-investissements, nous avons également décidé, pour ce type d'emprunt, de réduire de 5,25 % à 4,25 % le taux d'emprunt annuel utilisé.

Notre analyse de sensibilité aux résultats obtenus prendra donc en considération les 4 changements suivants :
— Majoration de 1 % du rendement des actions (8 % plutôt que 7 %) ;
— Réduction de 1,25 % du rendement des placements à court terme (2 % plutôt que 3,25 %) ;
— Majoration de 1 % du taux de prêt-REER (6,25 % plutôt que 5,25 %) ;
— Réduction de 1 % du taux d'emprunt garanti par hypothèque (4,25 % plutôt que 5,25 %).

Dans tous les cas, les calculs liés à cette analyse se retrouvent sur le site Internet de la firme de courtage pour laquelle travaillent les 4 auteurs de cet ouvrage.[26]

Par ailleurs, pour certaines stratégies précises, nous avons préalablement fait d'autres analyses de sensibilité : le taux de distribution pour le levier avec distributions, le taux de rendement faisant en sorte que certaines stratégies perdent leur attrait...

# 1—

## REEI – ÉPARGNE-INVALIDITÉ

**Pour cette stratégie, on présume que l'on a droit de bénéficier du crédit d'impôt pour personne handicapée (formulaire T2201).**

On devra effectuer, pendant 10 ans, le dépôt permettant d'attirer le maximum de subventions. Or, un dépôt annuel de 1 500 $ (**125 $** par mois) attirera une subvention de 3 500 $.

### CALCULS DU FINANCEMENT

Bien que la subvention permettra d'investir mensuellement **416,67 $** [(1 500 $ +3 500 $)/12], **pendant 10 ans, les investissements mensuels nets (après impôts) de cette stratégie seront de 125 $.**

### CALCULS DU PLACEMENT

L'argent sera investi dans un placement uniquement en actions (ex : portefeuille d'actions principalement internationales) offrant un rendement annuel moyen de 7 %, le total des 120 (n) mensualités de 416,67 $ (PMT), au taux de 0,58 % (i = 7 %/12), sans dépôt initial spécifique (PV = 0), vaudra dans 10 ans, soit dans 120 mensualités, **72 119,25 $** (FV).

À la retraite, le souscripteur pourra récupérer tous ses dépôts sans impact fiscal. Il sera toutefois imposé sur le rendement et les subventions qu'il conservera s'il respecte les exigences du régime. Les subventions et le rendement accumulés de **57 119,25 $** (valeur du placement dans 10 ans de 72 119,25 $ MOINS 15 000 $ de mises de fonds effectuées, soit 120 mois à **125 $/mois**) impliqueront un impôt de **21 933,79 $** (38,4 % – 18,4 % fédéral et 20 % provincial – de 57 119,25 $).

Dans 10 ans, le solde résiduel net sera alors de **50 185,46 $** (valeur du placement de 72 119,25 $ MOINS impôt à payer de 21 933,79 $).

### CONCLUSION

**Dans 10 ans, cette stratégie aura généré un profit net (après impôts) de 35 185,46 $** (profit obtenu une fois récupérés les 15 000 $ de mises de fonds effectuées, soit les 120 mois à **125 $/mois**). Cette stratégie représente donc **le choix le plus rentable** parmi toutes les stratégies fiscales proposées impliquant un investissement mensuel net de **125 $**.

### ANALYSE DE SENSIBILITÉ

Bien que cette stratégie permette d'investir dans un portefeuille d'actions principalement internationales, susceptibles de générer une performance supérieure à celle considérée par notre analyse de sensibilité ; une majoration de 1 % du rendement des actions, en laissant inchangées toutes les autres hypothèses de calcul, permettrait de générer, dans 10 ans, **2 531,06 $** de profits nets supplémentaires.

Tableau 3 : Comparaison de 15 stratégies fiscales intéressantes    143

# 2 –

## LEVIER AVEC DISTRIBUTIONS
## (APPELÉ ÉGALEMENT «STRATÉGIE DE PLACEMENT À REVENUS»)

Pour cette stratégie, on doit emprunter pour investir avec un prêt amorti sur 20 ans. Le placement lui-même générera des distributions qui permettront, avec les crédits d'impôt liés aux frais financiers, de réduire les exigences financières liées à l'emprunt.

### CALCULS DU FINANCEMENT

Pour cette stratégie, on doit emprunter pour investir avec un prêt 100 %, amorti sur 20 ans, à un taux d'emprunt annuel de 5,25 %. Nous utiliserons donc un emprunt de 65 712,45 $ (PV) amorti sur 240 mensualités (n = 20 x 12) au taux de 0,44 % (i = 5,25 %/12) sans valeur finale (FV = 0), lequel impliquera une mensualité de **442,80 $** (PMT) et une distribution mensuelle, basée sur un taux de distribution annuel de 5 %, de **273,80 $** (5 %/12 de 65 712,45 $).

Dans 10 ans, soit dans 120 mensualités (n = 10 x 12), au taux de 0,44 % (i = 5,25 %/12), l'emprunt initial de 65 712,45 $ (PV) pour lequel on aura effectué des versements de MOINS 442,80 $ (ne pas oublier de mettre le signe négatif) (PMT) vaudra alors **41 270,54 $** (FV).

Comme sur 10 ans, **53 136,00 $** de paiements (capital et intérêts) auront été faits (442,80 $ x 120), si le capital a été réduit de **24 441,91 $** (valeur initiale de 65 712,45 $ MOINS valeur de l'emprunt, dans 10 ans de 41 270,54 $), c'est donc dire que, sur 10 ans, **28 694,09 $** d'intérêts auront été payés (total des dépôts sur 10 ans de 53 136,00 $ MOINS capital payé, en 10 ans, de 24 441,91 $), soit une moyenne annuelle de 2 869,41 $. Avec un taux d'impôt fédéral de 18,4 %, cela représente un crédit mensuel moyen de **44,00 $** (2 869,41 $ x 18,4 %/12).

Aussi, **pendant 10 ans, les investissements mensuels nets (après impôts) de cette stratégie seront de 125 $** (mensualité de 442,80 $ MOINS distribution de 273,80 $ MOINS crédit d'impôt fédéral de 44,00 $).

### CALCULS DU PLACEMENT

L'argent sera investi dans un placement uniquement en actions (ex. : portefeuille fiscalement efficace d'actions principalement canadiennes de série T), offrant un rendement annuel moyen de 7 % et effectuant, tel que mentionné précédemment, des distributions de 5 %.

Sur 10 ans, soit dans 120 mensualités (n = 10 x 12), au taux de 0,58 % (i = 7 %/12), le placement initial de 65 712,45 $ (PV), réduit des distributions mensuelles mentionnées précédemment de MOINS 273,80 $ (ne pas oublier de mettre le signe négatif) (PMT), vaudra alors **84 669,15 $** (FV).

Quant au capital dû sur l'emprunt, tel que mentionné précédemment, celui-ci vaudra, dans 10 ans, soit après 120 mensualités, **41 270,54 $**.

L'impôt fédéral à payer, dans 10 ans, sera de **4 766,77 $** (18,4 % de la moitié de l'écart entre la valeur du placement, dans 10 ans, de 84 669,15 $ et la valeur comptable du placement de 32 856,45 $, soit le montant initial du placement de 65 712,45 $ MOINS 120 retraits sous forme de distribution en capital de 273,80 $).

L'impôt provincial à payer, dans 10 ans, sera par ailleurs de **0 $** puisque la somme des frais financiers déductibles accumulée (28 694,09 $, mentionnés précédemment) sera supérieure à celle des revenus de placement imposables (la moitié de l'écart entre la valeur du placement, dans 10 ans, de 84 669,15 $ et la valeur comptable du placement de 32 856,45 $).

Dans 10 ans, le solde résiduel net sera alors de **38 631,84 $** (valeur du placement dans 10 ans de 84 669,15 $ MOINS capital dû sur le placement, dans 10 ans de 41 270,54 $ MOINS impôt fédéral à payer, dans 10 ans de 4 766,77 $).

## CONCLUSION

**Dans 10 ans, cette stratégie aura généré un profit net (après impôts) de 23 631,84 $** (profit obtenu une fois récupérés les 15 000 $ de mises de fonds effectuées, soit les 120 mois à **125 $/mois**). Cette stratégie représente donc le **deuxième choix le plus rentable** parmi toutes les stratégies fiscales proposées impliquant un investissement mensuel net de **125 $**.

## ANALYSE DE SENSIBILITÉ

Avec un étalement sur 16 ans et 8 mois (200 mois plutôt que 240 mois) et un taux de distribution de 6 % l'an plutôt que 5 % l'an, l'emprunt initial aurait été de 66 221,59 $ plutôt que de 65 712,45 $ (pour donner une mensualité de **125 $** nets), mais le solde résiduel aurait été de 37 718,54 $ plutôt que de 38 631,84 $. Il est donc pénalisant de choisir un taux de distribution de 6 % plutôt que de 5 %.

Avec un étalement sur 25 ans (300 mois plutôt que 240 mois), et un taux de distribution de 4 % l'an plutôt que 5 % l'an, l'emprunt initial aurait été de 64 207,48 $ plutôt que 65 712,45 $ (pour donner une mensualité de **125 $** nets) mais le solde résiduel aurait été de 39 209,23 $ plutôt que de 38 631,84 $. Il est donc plus avantageux de choisir un taux de distribution de 4 % plutôt que de 5 %, mais cela demeure conditionnel à la possibilité d'obtenir du prêteur un emprunt étalé sur 25 ans, ce qui n'est pas offert par tous les prêteurs.

Avec un étalement du 30 ans (360 mois plutôt que 240 mois) et un taux de distribution de 3,33 % l'an plutôt que de 5 % l'an, l'emprunt initial aurait été de 62 344,22 $ plutôt que 65 712,45 $, mais le solde résiduel aurait été de 39 281,07 $ plutôt que de 38 631,84 $. Cela ne représente pas un gain significatif par rapport à un étalement sur 25 ans et demeure conditionnel à la possibilité d'obtenir du prêteur un emprunt étalé sur 30 ans, ce qui n'est pas offert par tous les prêteurs.

Une majoration de 1 % du rendement des actions, en laissant inchangées toutes les autres hypothèses de calcul, permettrait de générer, dans 10 ans, **9 524,92 $** de profits nets supplémentaires.

Tableau 3 : Comparaison de 15 stratégies fiscales intéressantes   145

# 3 —

## LEVIER SANS DISTRIBUTION

Pour cette stratégie, on doit emprunter pour investir avec un prêt à intérêts seulement. Les exigences financières liées à l'emprunt seront réduites des crédits d'impôt liés aux frais financiers.

### CALCULS DU FINANCEMENT

Pour cette stratégie, on doit emprunter pour investir avec un prêt 100 %, intérêts seulement, à un taux d'emprunt annuel de 5,25 %. Nous utiliserons donc un emprunt de 35 014,86 $ impliquant une mensualité de **153,19 $** (35 014,86 $ x 5,25 %/12). Avec un taux d'impôt fédéral de 18,4 %, cette mensualité représente un crédit mensuel moyen de **28,19 $** (153,19 $ x 18,4 %). Aussi, **pendant 10 ans, les investissements mensuels nets (après impôts) de cette stratégie seront de 125 $** (mensualité de 153,19 $ MOINS crédit d'impôt fédéral de 28,19 $).

### CALCULS DU PLACEMENT

L'argent sera investi pendant 10 ans dans un placement uniquement en actions (ex. : portefeuille fiscalement efficace d'actions principalement internationales), offrant un rendement annuel moyen de 7 %.

Dans 10 ans, soit dans 120 mensualités (n = 10 x 12), au taux de 0,58 % (i = 7 %/12), le placement initial de 35 014,86 $ (PV), sans distribution (PMT = 0), vaudra alors **70 368,01 $** (FV).

Puisqu'aucun capital n'aura été payé sur l'emprunt, ce capital de **35 014,86 $** demeurera inchangé dans 10 ans.

L'impôt fédéral à payer dans 10 ans sera de **3 252,49 $** (18,4 % de la moitié de l'écart entre la valeur du placement dans 10 ans de 70 368,01 $, et le montant investi de 35 014,86 $, ce qui représente également la valeur comptable du placement).

L'impôt provincial à payer dans 10 ans sera par ailleurs de **0 $** puisque la somme des frais financiers déductibles accumulée (120 versements de 153,19 $) sera supérieure à celle des revenus de placement imposables (la moitié de l'écart entre la valeur du placement, dans 10 ans, de 70 368,01 $ et le montant investi de 35 014,86 $).

Dans 10 ans, le solde résiduel net sera alors de **32 100,66 $** (valeur du placement, dans 10 ans, de 70 368,01 $ MOINS capital dû sur le placement, dans 10 ans, de 35 014,86 $ MOINS impôt fédéral à payer, dans 10 ans de 3 252,49 $).

### CONCLUSION

**Dans 10 ans, cette stratégie aura généré un profit net (après impôts) de 17 100,66 $** (profit obtenu une fois récupérés les 15 000 $ de mises de fonds effectuées, soit les 120 mois à **125 $**/mois). Cette stratégie représente donc le **troisième choix le plus rentable** parmi toutes les stratégies fiscales proposées, impliquant un investissement mensuel net de **125 $**.

## ANALYSE DE SENSIBILITÉ

Pour une personne dont la capacité d'emprunter est limitée par son bilan, cette stratégie est intéressante puisqu'elle génère de meilleures retombées par rapport au montant emprunté. En effet, le profit net, dans 10 ans, par rapport au montant emprunté, est de 36 % (23 631,84 $ / 65 712,45 $) pour le levier avec distributions, alors qu'il est de 49 % (17 100,66 $ / 35 014,86 $) pour le levier sans distribution.

Bien que cette stratégie permette d'investir dans un portefeuille d'actions principalement internationales susceptibles de générer une performance supérieure à celle considérée par notre analyse de sensibilité ; une majoration de 1 % du rendement des actions, en laissant inchangées toutes les autres hypothèses de calcul, permettrait de générer, dans 10 ans, 6 081,97 $ de profits nets supplémentaires.

# 4 –

## REEE – RÉGIME ENREGISTRÉ D'ÉPARGNE-ÉTUDES

**Pour cette stratégie, on présume que l'on est parent d'un enfant d'âge préscolaire (pour que le régime puisse demeurer en vigueur pendant 10 ans).**

On devra effectuer, pendant 10 ans, un dépôt permettant d'attirer des subventions fédérales et provinciales d'épargne-études. Dans ce régime, comme le premier 2 500 $ de dépôt annuel attirera une subvention de 30 % (20 % fédérale et 10 % provinciale), jusqu'à ce que l'enfant ait atteint l'âge de 15 ans, un dépôt annuel de 1 500 $ (125 $ par mois) attirera une subvention de 450 $ (300 $ au fédéral et 150 $ au provincial).

### CALCULS DU FINANCEMENT

Bien que la subvention permette d'investir mensuellement **162,50 $ (125 $ +30 %), pendant 10 ans, les investissements mensuels nets (après impôts) de cette stratégie seront de 125 $.**

### CALCULS DU PLACEMENT

L'argent sera investi dans un placement uniquement en actions (ex : portefeuille d'actions principalement internationales), offrant un rendement annuel moyen de 7 %, le total des 120 (n) mensualités de 162,50 $ (PMT), au taux de 0,58 % (i = 7 %/12), sans dépôt initial spécifique (PV = 0), vaudra dans 10 ans **28 126,28 $** (FV).

Le souscripteur pourra récupérer tous ses dépôts sans impact fiscal. Techniquement, si l'enfant ne poursuit pas d'études postsecondaires, le souscripteur perd les subventions et le rendement sur celles-ci. En présumant que l'enfant poursuivra de telles études post-secondaires, le solde provenant des subventions et du rendement sera imposé "sur sa tête". Dans un tel cas, il pourra être étalé sur plusieurs années, tout au long de ses études. Aussi, puisqu'un contribuable peut généralement gagner près de 10 500 $ par année sans payer d'impôts, on peut présumer que ce solde réparti sur plusieurs années n'impliquera aucun impôt à payer.

Dans 10 ans, le solde résiduel net sera donc de **28 126,28 $**.

Tableau 3 : Comparaison de 15 stratégies fiscales intéressantes     147

## CONCLUSION

Dans 10 ans, cette stratégie aura généré un profit net (après impôts) de 13 126,28 $ (profit obtenu une fois récupérés les 15 000 $ de mises de fonds effectuées, soit les 120 mois à 125 $/mois). Cette stratégie représente donc le **quatrième choix le plus rentable** parmi toutes les stratégies fiscales proposées, impliquant un investissement mensuel net de **125$**.

## ANALYSE DE SENSIBILITÉ

Bien que cette stratégie permette d'investir dans un portefeuille d'actions principalement internationales, susceptibles de générer une performance supérieure à celle considérée par notre analyse de sensibilité, une majoration de 1% du rendement des actions, en laissant inchangées toutes les autres hypothèses de calcul, permettrait de générer, dans 10 ans, **1 602,45 $** de profits nets supplémentaires.

## 5 —
## NON-REMBOURSEMENT DU RAP OU DU REEP —
## LEVIER AVEC DISTRIBUTIONS

**Pour cette stratégie, dans le cas du RAP, on présume que l'on a déjà utilisé cette technique pour retirer 22 500 $ de son REER en vue d'acquérir sa résidence, et que l'on doit maintenant réinvestir dans son REER, pendant 15 ans, un montant de 1 500 $ par année, sous peine que ce montant s'ajoute à son revenu imposable si ce réinvestissement n'est pas fait. Dans le cas du REEP, on présume que l'on a déjà utilisé le REEP pour retirer 15 000 $ de son REER, en vue de poursuivre des études à temps plein, et que l'on doit maintenant réinvestir dans son REER, pendant 10 ans, un montant de 1 500 $ par année, sous peine que ce montant s'ajoute à son revenu imposable si ce réinvestissement n'est pas fait. De plus, ce réinvestissement ne donnera pas droit à recevoir de nouveaux crédits d'impôt.**

On choisira délibérément de ne pas réinvestir 1 500 $ par année dans le REER, mais de se servir plutôt de cet argent en vue d'emprunter pour investir avec un prêt amorti sur 20 ans.

## CALCULS DU FINANCEMENT

En ne suivant pas la recommandation de l'État de réinvestir dans le REER, bien que pour l'épargnant, **les investissements mensuels nets (après impôts) de cette stratégie seront de 125 $**, il sera imposé sur le 1 500 $ non réinvesti dans le REER, ce qui impliquera un impôt annuel de 576 $ (38,4 % – 18,4 % fédéral et 20 % provincial – de 1 500 $), ce qui correspond à un montant mensuel de **48,00 $**.

Il lui restera donc un montant mensuel de **77,00 $** (125 $ - 48,00 $) pour couvrir les exigences financières d'un prêt 100 %, amorti sur 20 ans à un taux d'emprunt annuel de 5,25 %. Nous utiliserons donc un emprunt de 40 478,87 $ (PV) amorti sur 240 mensualités (n = 20 x 12), à un taux de 0,44 % (i = 5,25 %/12) sans valeur finale (FV = 0), lequel impliquera une mensualité de **272,76 $** (PMT) et une distribution mensuelle, basée sur un taux de distribution annuel de 5 %, de **168,66 $** (5 %/12 de 40 478,87 $).

Dans 10 ans, soit dans 120 mensualités (n = 10 x 12), au taux de 0,44 % (i = 5,25 %/12), l'emprunt initial de 40 478,87 $ (PV), pour lequel on aura effectué des versements de MOINS 272,76 $ (ne pas oublier de mettre le signe négatif) (PMT), vaudra alors **25 423,41 $** (FV).

Comme sur 10 ans **32 731,20 $** de paiements (capital et intérêts) auront été faits (272,76 $ x 120), si le capital a été réduit de **15 055,46 $** (valeur de départ de 40 478,87 $ MOINS valeur de l'emprunt, dans 10 ans de 25 423,41 $), c'est donc dire que, sur 10 ans, **17 675,74 $** d'intérêts auront été payés (total des dépôts sur 10 ans de 32 731,20 $ MOINS capital payé en 10 ans de 15 055,46 $), soit une moyenne annuelle de 1 767,57 $. Avec un taux d'impôt fédéral de 18,4 %, cela représente un crédit mensuel moyen de **27,10 $** (1 767,57 $ x 18,4 %/12).

Aussi, **pendant 10 ans, les investissements mensuels nets (après impôts) de cette stratégie seront de 125 $** (impôt à payer pour le non-réinvestissement du REER de 48,00 $ PLUS mensualité de 272,76 $ MOINS distribution de 168,66 $ MOINS crédit d'impôt fédéral de 27,10 $).

## CALCULS DU PLACEMENT

L'argent sera investi dans un placement uniquement en actions (ex. : portefeuille fiscalement efficace d'actions principalement canadiennes de série T), offrant un rendement annuel moyen de 7 % et effectuant, tel que mentionné précédemment, des distributions de 5 %.

Sur 10 ans, soit dans 120 mensualités (n = 10 x 12), au taux de 0,58 % (i = 7 %/12), le placement initial de 40 478,87 $ (PV), réduit des distributions mensuelles mentionnées précédemment de MOINS 168,66 $ (ne pas oublier de mettre le signe négatif) (PMT), vaudra alors **52 156,34 $** (FV).

Quant au capital dû sur l'emprunt, tel que mentionné précédemment, celui-ci vaudra, dans 10 ans, soit après 120 mensualités, **25 423,41 $**.

L'impôt fédéral à payer dans 10 ans sera de **2 936,33 $** (18,4 % de la moitié de l'écart entre la valeur du placement, dans 10 ans, de 52 156,34 $ et la valeur comptable du placement de 20 239,67 $, soit le montant initial du placement de 40 478,87 $ MOINS 120 retraits sous forme de distribution en capital de 168,66 $).

L'impôt provincial à payer dans 10 ans sera par ailleurs de **0 $** puisque la somme des frais financiers déductibles accumulée (17 675,74 $ mentionnés précédemment) sera supérieure à celle des revenus de placement imposables (la moitié de l'écart entre la valeur du placement, dans 10 ans, de 52 156,34 $ et la valeur comptable du placement de 20 239,67 $).

Dans 10 ans, le solde résiduel net sera alors de **23 796,60 $** (valeur du placement, dans 10 ans, de 52 156,34 $ MOINS capital dû sur le placement, dans 10 ans, de 25 423,41 $ MOINS impôt fédéral à payer, dans 10 ans, de 2 936,33 $).

Par ailleurs, si on avait donné suite à la recommandation de l'État de réinvestir dans le REER, pendant 10 ans, dans un placement uniquement en actions (ex : portefeuille d'actions principalement internationales), offrant un rendement annuel moyen de 7 %, le total des 120 mensualités (n = 10 x 12) de **125 $** (PMT), au taux de 0,58 % (i = 7 %/12), sans dépôt initial spécifique (PV = 0), aurait valu, dans 10 ans, soit dans 120 mensualités, **21 635,60 $** (FV) ce qui aurait impliqué un impôt à payer de **8 308,07 $** (38,4 % – 18,4 % fédéral et 20 % provincial – de 21 635,60 $).

Dans 10 ans, le solde résiduel net aurait alors été de **13 327,53 $** (valeur du placement dans 10 ans de 21 635,60 $ MOINS impôts à payer, dans 10 ans, de 8 308,07 $).

Tableau 3 : Comparaison de 15 stratégies fiscales intéressantes    149

## CONCLUSION

**Dans 10 ans, cette stratégie aura généré un profit net (après impôts) de 8 796,60 $** (profit obtenu une fois récupérés les 15 000 $ de mises de fonds effectuées, soit les 120 mois à **125 $/mois**), alors que si l'on avait observé la recommandation de l'État de réinvestir dans le REER, cela aurait occasionné une perte de 1 672,47 $ (puisque le montant obtenu après impôts de 13 327,53 $ n'aurait même pas couvert les 15 000 $ de mises de fonds effectuées).

De plus, à la retraite, l'État aura moins d'emprise sur ses revenus (le REER transformé en FERR pouvant avoir pour effet de réduire les prestations de certains programmes gouvernementaux fédéraux). Cette stratégie représente donc le **cinquième choix le plus rentable** parmi toutes les stratégies fiscales proposées impliquant un investissement mensuel net de **125 $**.

### ANALYSE DE SENSIBILITÉ

Pour que cette stratégie ne vaille pas la peine d'être mise en place, le rendement annuel moyen obtenu avec les placements (autant le REER que le levier avec distributions) doit être inférieur à environ 4 ¾ %.

Par ailleurs, une majoration de 1 % du rendement des actions, en laissant inchangées toutes les autres hypothèses de calcul, permettrait de générer, dans 10 ans, **5 867,38 $** de profits nets supplémentaires.

# 6 —

## PRÊT-REER

Pour cette stratégie, on effectuera une mise de fonds importante dans le REER, laquelle sera financée par un prêt amorti sur 10 ans, prêt qui sera réduit, dès l'origine, des crédits d'impôt liés à un tel placement.

### CALCULS DU FINANCEMENT

Pour cette stratégie, on doit emprunter pour investir avec un prêt 100 %, amorti sur 10 ans, à un taux d'emprunt annuel de 5,25 %. Comme un placement dans un REER de 18 913,12 $ permet d'obtenir 7 262,64 $ de crédits d'impôt (18 913,12 $ x 38,4 %), le montant à financer sera alors réduit à 11 650,48 $ (valeur du placement de 18 913,12 $ MOINS crédit d'impôt de 7 262,64 $).

Nous utiliserons donc un emprunt de 11 650,48 $ (PV), amorti sur 10 ans, soit 120 versements (n = 10 x 12) au taux de 0,44 % (i = 5,25 %/12) sans valeur finale (FV = 0), lequel impliquera une mensualité de **125 $** (PMT). Ainsi, **pendant 10 ans, les investissements mensuels nets (après impôts) de cette stratégie seront de 125 $**.

### CALCULS DU PLACEMENT

L'argent sera investi dans un placement uniquement en actions (ex. : portefeuille d'actions principalement internationales), offrant un rendement annuel moyen de 7 %.

Dans 10 ans, soit dans 120 mensualités (n = 10 x 12), au taux de 0,58 % (i = 7 %/12), le placement initial de 18 913,12 $ (PV), sans autre mise de fonds (PMT = 0), vaudra alors **38 008,97 $** (FV).

L'impôt fédéral et provincial à payer dans 10 ans sera de **14 595,44 $** (38,4 % – 18,4 % fédéral et 20 % provincial – de 38 008,97 $).

Dans 10 ans, le solde résiduel net sera alors de **23 413,53 $** (valeur du placement, dans 10 ans, de 38 008,97 $ MOINS impôt à payer, dans 10 ans, de 14 595,44 $).

## CONCLUSION

**Dans 10 ans, cette stratégie aura généré un profit net (après impôts) de 8 413,53 $** (profit obtenu une fois récupérés les 15 000 $ de mises de fonds effectuées, soit les 120 mois à **125 $/mois**). Cette stratégie représente donc le **sixième choix le plus rentable** parmi toutes les stratégies fiscales proposées, impliquant un investissement mensuel net de **125 $**.

## ANALYSE DE SENSIBILITÉ

Bien que cette stratégie permette d'investir dans un portefeuille d'actions principalement internationales susceptibles de générer une performance supérieure à celle considérée par notre analyse de sensibilité, une majoration de 1% du rendement des actions et une majoration de 1% du taux de prêt-REER, en laissant inchangées toutes les autres hypothèses de calcul, permettrait de générer, dans 10 ans, **1 297,43 $** de profits nets supplémentaires.

# 7 —
## REER – RÉGIME ENREGISTRÉ D'ÉPARGNE-RETRAITE

Pour cette stratégie, on effectuera des mises de fonds régulières dans le REER, lesquelles seront augmentées des crédits d'impôt liés à de tels placements.

## CALCULS DU FINANCEMENT

Comme un placement dans un REER de **202,92 $** permet d'obtenir 77,92 $ de crédits d'impôt (202,92 $ x 38,4 %), il sera possible de déposer dans le REER un montant mensuel de 202,92 $, de telle sorte que, **pendant 10 ans, les investissements mensuels nets (après impôts) de cette stratégie seront de 125 $** (mensualité de 202,92 $ MOINS crédit d'impôt fédéral de 77,92 $).

## CALCULS DU PLACEMENT

Les dépôts mensuels seront investis dans un placement uniquement en actions (ex. : portefeuille d'actions principalement internationales), offrant un rendement annuel moyen de 7 %.

Dans 10 ans, 120 mensualités (n = 10 x 12) de 202,92 $ (PMT), au taux de 0,58 % (i = 7 %/12), sans dépôt initial spécifique (PV = 0), vaudront **35 122,37 $** (FV).

L'impôt fédéral et provincial à payer, dans 10 ans, sera de **13 486,99 $** (38,4 % – 18,4 % fédéral et 20 % provincial – de 35 122,37 $).

Dans 10 ans, le solde résiduel net sera alors de **21 635,38 $** (valeur du placement, dans 10 ans, de 35 122,37 $ MOINS impôt à payer, dans 10 ans, de 13 486,99 $).

## CONCLUSION

**Dans 10 ans, cette stratégie aura généré un profit net (après impôts) de 6 635,38 $** (profit obtenu une fois récupérés les 15 000 $ de mises de fonds effectuées, soit les 120 mois à **125 $/mois).** Cette stratégie représente donc les **septième et huitième choix les plus rentables,** ex æquo avec le CELI, parmi toutes les stratégies fiscales proposées, impliquant un investissement mensuel net de **125 $.** Par ailleurs, le REER et le CELI ne sont pas ex æquo si le taux d'imposition au moment du dépôt n'est pas le même que celui prévalant au moment du retrait. Si le taux au moment du retrait est inférieur à celui prévalant au moment du dépôt, le REER devient alors préférable au CELI.

## ANALYSE DE SENSIBILITÉ

Bien que cette stratégie permette d'investir dans un portefeuille d'actions principalement internationales susceptibles de générer une performance supérieure à celle considérée par notre analyse de sensibilité; une majoration de 1% du rendement des actions, en laissant inchangées toutes les autres hypothèses de calcul, permettrait de générer, dans 10 ans, **1 232,64 $** de profits nets supplémentaires.

# 8 –
## CELI – COMPTE D'ÉPARGNE LIBRE D'IMPÔT

Pour cette stratégie, on effectuera des mises de fonds régulières dans le CELI.

## CALCULS DU FINANCEMENT

Comme tout dépôt dans le CELI n'impliquera aucun remboursement d'impôt, on peut en déduire que, **pendant 10 ans, les investissements mensuels nets (après impôts) de cette stratégie seront de 125 $.**

## CALCULS DU PLACEMENT

Les dépôts mensuels seront investis dans un placement uniquement en actions (ex.: portefeuille d'actions principalement internationales), offrant un rendement annuel moyen de 7%.

Dans 10 ans, 120 mensualités (n = 10 x 12) de **125 $** (PMT), au taux de 0,58% (i = 7%/12), sans dépôt initial spécifique (PV = 0), vaudront **21 635,60 $** (FV).

Le contribuable pourra alors retirer ce montant sans payer d'impôt.

Dans 10 ans, le solde résiduel net sera alors de **21 635,60 $.**

## CONCLUSION

**Dans 10 ans, cette stratégie aura généré un profit net (après impôts) de 6 635,60 $** (profit obtenu une fois récupérés les 15 000 $ de mises de fonds effectuées, soit les 120 mois à **125 $/mois).** Cette stratégie représente donc les **septième et huitième choix les plus rentables,** ex æquo avec le REER, parmi toutes les stratégies fiscales proposées impliquant un investissement mensuel net de **125 $.** Par ailleurs, le REER et le CELI ne sont pas ex æquo si le taux d'imposition au moment du dépôt n'est pas le même que celui prévalant au moment du retrait. Si le taux au moment du retrait est supérieur à celui prévalant au moment du dépôt, le CELI devient alors préférable au REER.

## ANALYSE DE SENSIBILITÉ

Bien que cette stratégie permette d'investir dans un portefeuille d'actions principalement internationales, susceptibles de générer une performance supérieure à celle considérée par notre analyse de sensibilité; une majoration de 1 % du rendement des actions, en laissant inchangées toutes les autres hypothèses de calcul, permettrait de générer, dans 10 ans, 1 232,65 $ de profits nets supplémentaires.

# 9 –
## PLACEMENT NON ENREGISTRÉ FISCALEMENT EFFICACE

Pour cette stratégie, on effectuera des dépôts mensuels de 125 $ pendant une période de 10 ans.

## CALCULS DU FINANCEMENT

Comme les dépôts n'impliqueront aucun remboursement d'impôt, on peut en déduire que, **pendant 10 ans, les investissements mensuels nets (après impôts) de cette stratégie seront de 125 $.**

## CALCULS DU PLACEMENT

Les dépôts mensuels seront investis dans un placement uniquement en actions (ex. : portefeuille fiscalement efficace d'actions principalement internationales), offrant un rendement annuel moyen de 7 %.

Dans 10 ans, le total des 120 mensualités (n = 10 x 12) de **125 $** (PMT), au taux de 0,58 % (i = 7 %/12), sans dépôt initial spécifique (PV = 0), vaudra **21 635,60 $** (FV).

L'impôt fédéral et provincial à payer dans 10 ans sera de **1 274,04 $** (38,4 % – 18,4 % fédéral et 20 % provincial – de la moitié de l'écart entre 21 635,60 $ et 15 000 $).

Dans 10 ans, le solde résiduel net sera alors de **20 361,56 $** (valeur du placement de 21 635,60 $ MOINS impôts à payer de 1 274,04 $).

## CONCLUSION

**Dans 10 ans, cette stratégie aura généré un profit net (après impôts) de 5 361,56 $** (profit obtenu une fois récupérés les 15 000 $ de mises de fonds effectuées, soit les 120 mois à 125 $/mois). Cette stratégie représente donc le **neuvième choix le plus rentable** parmi toutes les stratégies fiscales proposées, impliquant un investissement mensuel net de 125 $.

## ANALYSE DE SENSIBILITÉ

Bien que cette stratégie permette d'investir dans un portefeuille d'actions principalement internationales, susceptibles de générer une performance supérieure à celle considérée par notre analyse de sensibilité ; une majoration de 1% du rendement des actions, en laissant inchangées toutes les autres hypothèses de calcul, permettrait de générer, dans 10 ans, **995,99 $** de profits nets supplémentaires.

# 10 –
## REMBOURSEMENT ANTICIPÉ D'HYPOTHÈQUE

**Pour cette stratégie, on présume que l'on est propriétaire d'une résidence et que celle-ci est hypothéquée.**

On effectuera des dépôts mensuels de **125 $** pendant une période de 10 ans en vue de réduire le capital dû sur son emprunt hypothécaire.

### CALCULS DU FINANCEMENT

Comme ces remboursements d'hypothèque n'impliqueront aucun crédit d'impôt, on peut en déduire que, **pendant 10 ans, les investissements mensuels nets (après impôts) de cette stratégie seront de 125 $.**

### CALCULS DU PLACEMENT

Dans 10 ans, le total des 120 mensualités (n = 10 x 12) de **125 $** (PMT) utilisées à réduire le capital dû sur un emprunt hypothécaire au taux de 0,44 % (i = 5,25 %/12), sans dépôt initial spécifique (PV = 0), aura permis de réduire ce capital dû de **19 672,12 $** (FV).

### CONCLUSION

**Dans 10 ans, cette stratégie aura généré un profit net (après impôts) de 4 672,12 $** (profit obtenu une fois récupérés les 15 000 $ de mises de fonds effectuées, soit les 120 mois à **125 $/mois**). Cette stratégie représente donc le **dixième choix le plus rentable** parmi toutes les stratégies fiscales proposées, impliquant un investissement mensuel net de **125 $**.

### ANALYSE DE SENSIBILITÉ

Une réduction de 1% du taux d'emprunt garanti par hypothèque, en laissant inchangées toutes les autres hypothèses de calcul, aurait pour effet de réduire, en 10 ans, les profits supplémentaires de **1 021,21 $**.

# 11 –
## TRANSFERT CELI – LEVIER AVEC DISTRIBUTIONS (PAR 10 000 $ DE CELI)

**Pour cette stratégie, on présume que l'on détient un CELI.**

Par ailleurs, comme la stratégie la plus rentable et accessible à tous parmi toutes celles présentées consiste à utiliser un levier avec distributions, ne serait-il pas financièrement avantageux d'utiliser ce CELI comme réserve de capitaux afin de couvrir tous les frais financiers liés à un levier avec distributions pour une période de 10 ans ?

## CALCULS DU FINANCEMENT

Pour mettre en place une telle stratégie, 20 % du CELI devra être investi à court terme (pour couvrir les deux premières années), 30 % devra être investi à moyen terme de courte durée dans du revenu fixe (pour couvrir les trois années suivantes) et 50 % devra être investi à moyen terme de longue durée dans un mélange ½ de revenu fixe et ½ d'actions (pour couvrir les 5 dernières années). Comme l'IQPF considère que les taux applicables pour chacune de ces tranches sont respectivement de 3,25 %, 4,5 % et 5,75 % (une moyenne entre 4,5 % et 7 %), nous utiliserons une moyenne pondérée de **4,875 %** pour l'ensemble du CELI jusqu'à son épuisement.

Sur 10 ans ou 120 mensualités (n = 10 x 12), avec un rendement annuel moyen de 0,41 % (i = 4,875 %/12), si on retire progressivement **10 000 $** du CELI (PV) pour qu'il n'en reste plus rien à l'échéance (FV = 0), on pourra en obtenir **105,46 $** par mois (PMT).

Pour cette stratégie, on doit emprunter pour investir avec un prêt 100 %, amorti sur 20 ans, à un taux d'emprunt annuel de 5,25 %. Nous utiliserons donc un emprunt de 55 440,28 $ (PV) amorti sur 240 mensualités (n = 20 x 12) au taux de 0,44 % (i = 5,25 %/12), sans valeur finale (FV = 0), lequel impliquera une mensualité de **373,58 $** (PMT) et une distribution mensuelle, basée sur un taux de distribution annuel de 5 %, de **231,00 $** (5 %/12 de 55 440,28 $).

Dans 10 ans, soit dans 120 mensualités (n = 10 x 12), au taux de 0,44 % (i = 5,25 %/12), l'emprunt initial de 55 440,47 $ (PV), pour lequel on aura effectué des versements de MOINS 373,58 $ (ne pas oublier de mettre le signe négatif) (PMT), vaudra alors **34 819,37 $** (FV).

Comme sur 10 ans **44 829,60 $** de paiements (capital et intérêts) auront été faits (373,58 $ x 120), si le capital a été réduit de **20 620,91 $** (valeur initiale de 55 440,28 $ MOINS valeur de l'emprunt, dans 10 ans de 34 819,37 $), c'est donc dire que, sur 10 ans, **24 208,69 $** d'intérêts auront été payés (total des dépôts sur 10 ans de 44 829,60 $ MOINS capital payé en 10 ans de 20 620,91 $), soit une moyenne annuelle de 2 420,87 $. Avec un taux d'impôt fédéral de 18,4 %, cela représente un crédit mensuel moyen de **37,12 $** (2 420,87 $ x 18,4 %/12).

Aussi, **pendant 10 ans, les investissements mensuels nets (après impôts) de cette stratégie seront de 105,46 $** (mensualité de 373,58 $ MOINS distribution de 231,00 $ MOINS crédits d'impôt de 37,12 $), ce qui correspond au montant mensuel pouvant être prélevé du CELI.

## CALCULS DU PLACEMENT

L'argent sera investi dans un placement uniquement en actions (ex. : portefeuille fiscalement efficace d'actions principalement canadiennes de série T), offrant un rendement annuel moyen de 7 % et effectuant, tel que mentionné précédemment, des distributions de 5 %.

Sur 10 ans, soit dans 120 mensualités (n = 10 x 12), au taux de 0,58 % (i = 7 %/12), le placement initial de 55 440,28 $ (PV), réduit des distributions mensuelles mentionnées précédemment de MOINS 231,00 $ (ne pas oublier de mettre le signe négatif) (PMT), vaudra alors **71 433,60 $** (FV).

Quant au capital dû sur l'emprunt, tel que mentionné précédemment, celui-ci vaudra dans 10 ans, soit après 120 mensualités, **34 819,37 $**.

L'impôt fédéral à payer dans 10 ans sera de **4 021,63 $** (18,4 % de la moitié de l'écart entre la valeur du placement dans 10 ans de 71 433,60 $, et la valeur comptable du placement de

Tableau 3 : Comparaison de 15 stratégies fiscales intéressantes    155

27 720,28 $, soit le montant initial du placement de 55 440,28 $ MOINS 120 retraits sous forme de distribution en capital de 231,00 $).

L'impôt provincial à payer dans 10 ans sera par ailleurs de 0 $ puisque la somme des frais financiers déductibles accumulée (24 208,69 $ mentionnés précédemment) sera supérieure à celle des revenus de placement imposables (la moitié de l'écart entre la valeur du placement dans 10 ans de 71 433,60 $ et la valeur comptable du placement de 27 720,28 $).

Dans 10 ans, le solde résiduel net sera alors de 32 592,60 $ (valeur du placement, dans 10 ans, de 71 433,60 $ MOINS capital dû sur le placement de 34 819,37 $ MOINS impôt fédéral à payer de 4 021,63 $).

Par ailleurs, si on avait laissé l'argent fructifier dans un CELI investi dans un placement uniquement en actions (ex : portefeuille d'actions principalement internationales), offrant un rendement annuel moyen de 7 %, dans 10 ans, soit pendant la durée de 120 versements (n = 10 x 12), au taux de 0,58 % (i = 7 %/12), le placement initial de 10 000 $ (PV), sans autre mise de fonds (PMT = 0), aurait alors valu 20 096,61 $ (FV).

## CONCLUSION

Dans 10 ans, grâce à cette stratégie, l'épargnant se sera enrichi de 12 495,99 $ supplémentaires (valeur nette, dans 10 ans, du levier avec distributions de 32 592,60 $ MOINS valeur nette, dans 10 ans, du CELI de 20 096,61 $). Cette stratégie représente donc le **premier choix le plus rentable** parmi toutes les stratégies fiscales proposées n'ayant aucun impact sur le budget de l'épargnant.

## ANALYSE DE SENSIBILITÉ

Pour que cette stratégie ne vaille pas la peine d'être mise en place, le rendement annuel moyen obtenu avec les placements (autant le CELI que le levier avec distributions) doit être inférieur à environ 2 ¼ %.

Par ailleurs, bien que cette stratégie permette, pour l'un des placements comparés, d'investir dans un portefeuille d'actions principalement internationales, susceptibles de générer une performance supérieure à celle considérée par notre analyse de sensibilité ; une majoration de 1 % du rendement des actions et une réduction de 1,25 % du rendement des placements à court terme, en laissant inchangées toutes les autres hypothèses de calcul, permettrait de générer, dans 10 ans, 5 936,20 $ de profits nets supplémentaires.

# 12 –
## ÉQUITÉ SUR RÉSIDENCE – LEVIER AVEC DISTRIBUTIONS (PAR 10 000 $ D'ÉQUITÉ)

**Pour cette stratégie, on présume que l'on est propriétaire d'une résidence et que celle-ci détient une équité suffisante pour permettre d'obtenir une marge de crédit hypothécaire.**

Cette marge de crédit hypothécaire sera utilisée comme réserve de capitaux afin de permettre de couvrir tous les frais financiers liés à un levier avec distributions pour une période de 10 ans.

## CALCULS DU FINANCEMENT

Disons d'abord qu'avec aucun capital initial (PV=0), un emprunt amorti sur 10 ans, soit 120 versements (n = 10 x 12) au taux d'emprunt de 0,44 % (i = 5,25 %/12), devant procurer une valeur finale de **10 000 $** (FV), cela impliquerait des possibilités de retraits mensuels de **63,54 $** (PMT).

Bien que les remboursements de capital ne soient pas déductibles, les intérêts pour les différer le sont. Ainsi, en ayant effectué 120 retraits de 63,54 $, ce qui totalise 7 624,80 $, si on doit **10 000 $** dans 10 ans, c'est qu'en 10 ans on aura payé **2 375,20 $** d'intérêts, soit une moyenne de 237,52 $ d'intérêts par année. Avec un taux d'impôt fédéral de 18,4 %, cela représente un crédit mensuel moyen de **3,64 $** (2 375,20 $ x 18,4 %/12). Nous disposerons donc d'un montant mensuel de **67,18 $** (63,54 $ + 3,64 $).

Pour cette stratégie, on doit emprunter pour investir avec un prêt 100 %, amorti sur 20 ans, à un taux d'emprunt annuel de 5,25 %. Nous utiliserons donc un emprunt de 35 316,50 $ (PV) amorti sur 240 mensualités (n = 20 x 12) au taux de 0,44 % (i = 5,25 %/12) sans valeur finale (FV = 0), lequel impliquera une mensualité de **237,98 $** (PMT) et une distribution mensuelle, basée sur un taux de distribution annuel de 5 %, de **147,15 $** (5 %/12 de 35 316,50 $).

Dans 10 ans, soit dans 120 mensualités (n = 10 x 12), au taux de 0,44 % (i = 5,25 %/12), l'emprunt initial de 35 316,50 $ (PV) pour lequel on aura effectué des versements de MOINS 237,98 $ (ne pas oublier de mettre le signe négatif) (PMT), vaudra alors **22 180,20 $** (FV).

Comme sur 10 ans **28 557,60 $** de paiements (capital et intérêts) auront été faits (237,98 $ x 120), si le capital a été réduit de **13 136,30 $** (valeur initiale de 35 316,50 $ MOINS valeur de l'emprunt, dans 10 ans de 22 180,20 $), c'est donc dire que, sur 10 ans, **15 421,30 $** d'intérêts auront été payés (total des dépôts sur 10 ans de 28 557,60 $ MOINS capital payé en 10 ans de 13 136,30 $), soit une moyenne annuelle de 1 542,13 $. Avec un taux d'impôt fédéral de 18,4 %, cela représente un crédit mensuel moyen de **23,65 $** (1 542,13 $ x 18,4 %/12).

Aussi, **pendant 10 ans, les investissements mensuels nets (après impôts) de cette stratégie seront de 67,18 $** (mensualités de 237,98 $ MOINS distribution de 147,15 $ MOINS crédits d'impôt de 23,65 $) ce qui correspond au montant mensuel pouvant être prélevé de la marge de crédit hypothécaire.

## CALCULS DU PLACEMENT

L'argent sera investi dans un placement uniquement en actions (ex. : portefeuille fiscalement efficace d'actions principalement canadiennes de série T), offrant un rendement annuel moyen de 7 % et effectuant, tel que mentionné précédemment, des distributions de 5 %.

Sur 10 ans, soit dans 120 mensualités (n = 10 x 12), au taux de 0,58 % (i = 7 %/12), le placement initial de 35 316,50 $ (PV), réduit des distributions mensuelles mentionnées précédemment de MOINS 147,15 $ (ne pas oublier de mettre le signe négatif) (PMT), vaudra alors **45 504,78 $** (FV).

Quant au capital dû sur l'emprunt, tel que mentionné précédemment, celui-ci vaudra, dans 10 ans, soit après 120 mensualités, **22 180,20 $**. Il faudra également y ajouter le **10 000 $** dû sur la marge de crédit hypothécaire jadis utilisée progressivement, et maintenant complètement utilisée, de telle sorte que le capital dû sera de **32 180,20 $**.

Tableau 3 : Comparaison de 15 stratégies fiscales intéressantes    157

L'impôt fédéral à payer dans 10 ans sera de **2 561,86 $** (18,4 % de la moitié de l'écart entre la valeur du placement, dans 10 ans, de 45 504,78 $ et la valeur comptable du placement de 17 658,50 $, soit le montant initial du placement de 35 316,50 $ MOINS 120 retraits sous forme de distribution en capital de 147,15 $).

L'impôt provincial à payer dans 10 ans sera par ailleurs de **0 $** puisque la somme des frais financiers déductibles accumulée (le 2 375,20 $ lié à la marge de crédit hypothécaire, ainsi que le 15 421,30 $ lié au prêt 100 % mentionnés précédemment pour un total de 17 796,50 $) sera supérieure à celle des revenus de placement imposables (la moitié de l'écart entre la valeur du placement, dans 10 ans, de 45 504,78 $ et la valeur comptable du placement de 17 658,50 $).

## CONCLUSION

Dans 10 ans, grâce à cette stratégie, l'épargnant se sera enrichi de **10 762,72 $** supplémentaires (valeur du placement, dans 10 ans, de 45 504,78 $ MOINS capital dû sur le placement, dans 10 ans, de 32 180,20 $ MOINS impôt fédéral à payer, dans 10 ans, de 2 561,86 $). Cette stratégie représente donc le **deuxième choix le plus rentable** parmi toutes les stratégies fiscales proposées n'ayant aucun impact sur le budget de l'épargnant.

## ANALYSE DE SENSIBILITÉ

Pour que cette stratégie ne vaille pas la peine d'être mise en place, le rendement annuel moyen obtenu avec le placement doit être inférieur à environ 4 5/8 %.

Par ailleurs, une majoration de 1 % du rendement des actions et une réduction de 1 % du taux d'emprunt garanti par hypothèque, en laissant inchangées toutes les autres hypothèses de calcul, permettrait de générer, dans 10 ans, **6 522,63 $** de profits nets supplémentaires.

# 13 –
## TRANSFERT REER – LEVIER AVEC DISTRIBUTIONS (PAR 10 000 $ DE REER)

**Pour cette stratégie, on présume que l'on détient un REER.**

Par ailleurs, comme la stratégie la plus rentable et accessible à tous parmi toutes celles présentées consiste à utiliser un levier avec distributions, ne serait-il pas financièrement avantageux d'utiliser ce REER comme réserve de capitaux afin de couvrir tous les frais financiers liés à un levier avec distributions pour une période de 10 ans ?

## CALCULS DU FINANCEMENT

Pour mettre en place une telle stratégie, 20 % du REER devra être investi à court terme (pour couvrir les deux premières années), 30 % devra être investi à moyen terme de courte durée dans du revenu fixe (pour couvrir les trois années suivantes), et 50 % devra être investi à moyen terme de longue durée dans un mélange ½ de revenu fixe et ½ d'actions (pour couvrir les 5 dernières années). Comme l'IQPF considère que les taux applicables pour chacune de ces tranches sont respectivement de 3,25 %, 4,5 % et 5,75 % (une moyenne entre 4,5 % et 7 %), nous utiliserons une moyenne pondérée de **4,875 %** pour l'ensemble du REER jusqu'à son épuisement.

Sur 10 ans ou 120 mensualités (n = 10 x 12), avec un rendement annuel moyen de 0,41 % (i = 4,875 %/12), si on retire progressivement **10 000 $** du REER (PV) pour qu'il n'en reste plus rien à l'échéance (FV = 0), on pourra en obtenir **105,46 $** par mois (PMT). Un tel retrait impliquera des déductions à la source de **22,15 $** (21 %). Dans les faits, cette déduction à la source sera insuffisante pour couvrir l'impôt fédéral et provincial de **40,50 $** par mois à payer sur un tel retrait (38,4 % – 18,4 % fédéral et 20 % provincial – de 105,46 $). Il faudra donc conserver une réserve mensuelle de **18,35 $** (impôt à payer de 40,50 $ MOINS impôt prélevé à la source de 22,15 $), pour couvrir les impôts supplémentaires à payer au-delà de ce qui aura été prélevé à la source, de telle sorte que le montant mensuel réellement disponible sera de **64,96 $** (montant retiré du REER de 105,46 $ MOINS total des impôts à payer de 40,50 $).

Pour cette stratégie, on doit emprunter pour investir avec un prêt 100 %, amorti sur 20 ans, à un taux d'emprunt annuel de 5,25 %. Nous utiliserons donc un emprunt de 34 149,45 $ (PV) amorti sur 240 mensualités (n = 20 x 12) au taux de 0,44 % (i = 5,25 %/12) sans valeur finale (FV = 0), lequel impliquera une mensualité de **230,11 $** (PMT) et une distribution mensuelle, basée sur un taux de distribution annuel de 5 %, de **142,29 $** (5 %/12 de 34 149,45 $).

Dans 10 ans, soit dans 120 mensualités (n = 10 x 12), au taux de 0,44 % (i = 5,25 %/12), l'emprunt initial de 34 149,45 $ (PV) pour lequel on aura effectué des versements de MOINS 230,11 $ (ne pas oublier de mettre le signe négatif) (PMT), vaudra alors **21 448,16 $** (FV).

Comme sur 10 ans **27 613,20 $** de paiements (capital et intérêts) auront été faits (230,11 $ x 120), si le capital a été réduit de **12 701,29 $** (valeur initiale de 34 149,45 $ MOINS valeur de l'emprunt, dans 10 ans de 21 448,16 $), c'est donc dire que, sur 10 ans, **14 911,91 $** d'intérêts auront été payés (total des dépôts sur 10 ans de 27 613,20 $ MOINS capital payé en 10 ans de 12 701,29 $), soit une moyenne annuelle de 1 491,19 $. Avec un taux d'impôt fédéral de 18,4 %, cela représente un crédit mensuel moyen de **22,86 $** (1 491,19 $ x 18,4 %/12).

Aussi, **pendant 10 ans, les investissements mensuels nets (après impôts) de cette stratégie seront de 64,96 $** (mensualité de 230,11 $ MOINS distribution de 142,29 $ MOINS crédit d'impôt de 22,86 $) qui correspond au montant mensuel pouvant être prélevé du REER.

## CALCULS DU PLACEMENT

L'argent sera investi dans un placement uniquement en actions (ex. : portefeuille fiscalement efficace d'actions principalement canadiennes de série T), offrant un rendement annuel moyen de 7 % et effectuant, tel que mentionné précédemment, des distributions de 5 %.

Sur 10 ans, soit dans 120 mensualités (n = 10 x 12), au taux de 0,58 % (i = 7 %/12), le placement initial de 34 149,45 $ (PV), réduit des distributions mensuelles mentionnées précédemment de MOINS 142,29 $ (ne pas oublier de mettre le signe négatif) (PMT), vaudra alors **44 000,59 $** (FV).

Quant au capital dû sur l'emprunt, tel que mentionné précédemment, celui-ci vaudra dans 10 ans, soit après 120 mensualités, **21 448,16 $**.

L'impôt fédéral à payer dans 10 ans sera de **2 477,19 $** (18,4 % de la moitié de l'écart entre la valeur du placement, dans 10 ans, de 44 000,59 $ et la valeur comptable du placement de 17 074,65 $, soit le montant initial du placement de 34 149,45 $ MOINS 120 retraits sous forme de distribution en capital de 142,29 $).

L'impôt provincial à payer, dans 10 ans, sera par ailleurs de **0 $** puisque la somme des frais financiers déductibles accumulée (14 911,91 $ mentionnés précédemment) sera supérieure à celle des revenus de placement imposables (la moitié de l'écart entre la valeur du placement, dans 10 ans, de 44 000,59 $ et la valeur comptable du placement de 17 074,65 $).

Dans 10 ans, le solde résiduel net sera alors de **20 075,24 $** (valeur du placement dans 10 ans de 44 000,59 $ MOINS capital dû sur le placement, dans 10 ans, de 21 448,16 $ MOINS impôt fédéral à payer, dans 10 ans, de 2 477,19 $).

Par ailleurs, si on avait laissé l'argent fructifier dans un CELI investi dans un placement uniquement en actions (ex : portefeuille d'actions principalement internationales), offrant un rendement annuel moyen de 7 %, dans 10 ans, soit pendant la durée de 120 versements (n = 10 x 12), au taux de 0,58 % (i = 7 %/12), le placement initial de **10 000 $** (PV), sans autre mise de fonds (PMT = 0), aurait alors valu **20 096,61 $** (FV). L'impôt fédéral et provincial à payer, dans 10 ans, aurait alors été de **7 717,10 $** (38,4 % – 18,4 % fédéral et 20 % provincial – de 20 096,61 $). Le solde résiduel net aurait alors été de **12 379,51 $** (valeur du placement, dans 10 ans, de 20 096,61 $ MOINS impôt à payer, dans 10 ans, de 7 717,10 $).

## CONCLUSION

Dans 10 ans, grâce à cette stratégie, l'épargnant se sera enrichi de **7 695,73 $** supplémentaires (valeur nette dans 10 ans du levier avec distributions de 20 075,24 $ MOINS valeur nette, dans 10 ans, du REER de 12 379,51 $). De plus, à la retraite, l'État aura moins d'emprise sur ses revenus (le REER transformé en FERR pouvant avoir pour effet de réduire les prestations de certains programmes gouvernementaux fédéraux). Cette stratégie représente donc le **troisième choix le plus rentable** parmi toutes les stratégies fiscales proposées, n'ayant aucun impact sur le budget de l'épargnant.

## ANALYSE DE SENSIBILITÉ

Pour que cette stratégie ne vaille pas la peine d'être mise en place, le rendement annuel moyen obtenu avec les placements (autant le REER que le levier avec distributions) doit être inférieur à environ 2 ¾ %.

Par ailleurs, bien que cette stratégie permette, pour l'un des placements comparés, d'investir dans un portefeuille d'actions principalement internationales, susceptibles de générer une performance supérieure à celle considérée par notre analyse de sensibilité ; une majoration de 1 % du rendement des actions et une réduction de 1,25 % du rendement des placements à court terme, en laissant inchangées toutes les autres hypothèses de calcul, permettrait de générer, dans 10 ans, **3 656,47 $** de profits nets supplémentaires.

# 14 –

## TRANSFERT D'HYPOTHÈQUE EN MARGE – LEVIER AVEC DISTRIBUTIONS (PAR 10 000 $ D'HYPOTHÈQUE)

Pour cette stratégie, on présume que l'on est propriétaire d'une résidence et que celle-ci est hypothéquée avec une hypothèque ouverte.

Nous verrons ce qu'il adviendrait à quelqu'un qui désirerait rembourser son hypothèque sur 15 ans, et qui demanderait sciemment à son créancier hypothécaire de transférer celle-ci en marge de crédit hypothécaire. Il en résulterait deux conséquences : d'une part, sa mensualité serait réduite. D'autre part, le capital payé en prenant une marge de crédit hypothécaire cesserait de baisser, alors qu'il aurait baissé en prenant une hypothèque sur 15 ans. On se servira donc, pour une période de 10 ans, du montant mensuel ainsi dégagé pour couvrir tous les frais pouvant être liés à un levier avec distributions et, dans 10 ans, on se servira des profits générés par ce levier avec distributions pour couvrir le capital manquant.

## CALCULS DU FINANCEMENT

Pour une période de 15 ans ou de 180 mensualités (n = 15 x 12), au taux de 0,44 % (i = 5,25 %/12) sans valeur finale (FV = 0), **10 000 $** d'hypothèque (PV) implique une mensualité de **80,39 $** (PMT). Dans 10 ans, soit après 120 mensualités (n = 10 x 12), au taux de 0,44 % (i = 5,25 % /12), l'hypothèque initiale de **10 000 $** (PV) pour laquelle on aura effectué des versements de MOINS 80,39 $ (ne pas oublier de mettre le signe négatif) (PMT), vaudra alors **4 233,71 $** (FV).

Par ailleurs, au taux de 0,44 % (i = 5,25 %/12), le même prêt converti en marge de crédit hypothécaire impliquera des remboursements d'intérêts de **43,75 $ (10 000 $** x 5,25 %/12). Dans 10 ans, le solde hypothécaire sera encore de **10 000 $**. On peut donc en conclure qu'au taux de 0,44 % (i = 5,25 %/12), pendant 10 ans, soit pendant 120 versements (n = 10 x 12), le montant ainsi dégagé de **36,64 $** (PMT correspondant à l'écart entre la mensualité de 80,39 $, correspondant à une hypothèque étalée sur 15 ans, et la mensualité de 43,75 $ correspondant à une marge de crédit hypothécaire) sans placement initial (PV = 0) impliquera un capital dû de **5 766,29 $** (FV correspondant à l'écart entre le capital de **10 000 $** dû, avec une marge de crédit hypothécaire, et le capital dû de 4 233,71 $ avec une hypothèque étalée sur 15 ans).

Pour cette stratégie, on doit emprunter pour investir avec un prêt 100 %, amorti sur 20 ans, à un taux d'emprunt annuel de 5,25 %. Nous utiliserons donc un emprunt de 19 261,88 $ (PV) amorti sur 240 mensualités (n = 20 x 12) au taux de 0,44 % (i = 5,25 %/12) sans valeur finale (FV = 0), lequel impliquera une mensualité de **129,80 $** (PMT) et une distribution mensuelle, basée sur un taux de distribution annuel de 5 %, de **80,26 $** (5 %/12 de 19 261,88 $).

Dans 10 ans, soit dans 120 mensualités (n = 10 x 12), au taux de 0,44 % (i = 5,25 %/12), l'emprunt initial de 19 261,88 $ (PV) pour lequel on aura effectué des versements de MOINS 129,80 $ (ne pas oublier de mettre le signe négatif) (PMT), vaudra alors **12 096,62 $** (FV).

Comme sur 10 ans **15 576,00 $** de paiements (capital et intérêts) auront été faits (129,80 $ x 120), si le capital a été réduit de **7 165,26 $** (valeur initiale de 19 261,88 $ MOINS valeur de l'emprunt, dans 10 ans de 12 096,62 $), c'est donc dire que, sur 10 ans, **8 410,74 $** d'intérêts auront été payés (total des dépôts sur 10 ans de 15 576,00 $ MOINS capital payé en 10 ans de 7 165,26 $), soit une moyenne annuelle de 841,07 $. Avec un taux d'impôt fédéral de 18,4 %, cela représente un crédit mensuel moyen de **12,90 $** (841,07 $ x 18,4 %/12).

Aussi, **pendant 10 ans, les investissements mensuels nets (après impôts) de cette stratégie seront de 36,64 $** (mensualité de 129,80 $ MOINS distribution de 80,26 $ MOINS crédit d'impôt de 12,90 $), qui correspond au montant mensuel pouvant être dégagé par le transfert de l'hypothèque en marge de crédit hypothécaire.

## CALCULS DU PLACEMENT

L'argent sera investi dans un placement uniquement en actions (ex. : portefeuille fiscalement efficace d'actions principalement canadiennes de série T), offrant un rendement annuel moyen de 7 % et effectuant, tel que mentionné précédemment, des distributions de 5 %.

Sur 10 ans, soit dans 120 mensualités (n = 10 x 12), au taux de 0,58 % (i = 7 %/12), le placement initial de 19 261,88 $ (PV), réduit des distributions mensuelles mentionnées précédemment de MOINS 80,26 $ (ne pas oublier de mettre le signe négatif) (PMT), vaudra alors **24 818,07 $** (FV).

Quant au capital dû sur l'emprunt, tel que mentionné précédemment, celui-ci vaudra, dans 10 ans, soit après 120 mensualités, **12 096,62 $**.

L'impôt fédéral à payer, dans 10 ans, sera de **1 397,24 $** (18,4 % de la moitié de l'écart entre la valeur du placement, dans 10 ans, de 24 818,07 $ et la valeur comptable du placement de 9 630,68 $, soit le montant initial du placement de 19 261,88 $ MOINS 120 retraits sous forme de distribution en capital de 80,26 $).

L'impôt provincial à payer dans 10 ans sera par ailleurs de **0 $** puisque la somme des frais financiers déductibles accumulée (8 410,74 $ mentionnés précédemment) sera supérieure à celle des revenus de placement imposables (la moitié de l'écart entre la valeur du placement, dans 10 ans, de 24 818,07 $ et la valeur comptable du placement de 9 630,68 $).

Dans 10 ans, le solde résiduel net sera alors de **11 324,21 $** (valeur du placement, dans 10 ans, de 24 818,07 $ MOINS capital dû sur le placement, dans 10 ans, de 12 096,62 $ MOINS impôt fédéral à payer, dans 10 ans, de 1 397,24 $).

## CONCLUSION

Dans 10 ans, grâce à cette stratégie, l'épargnant se sera enrichi de **5 557,92 $** supplémentaires (valeur nette dans 10 ans du levier avec distributions de 11 324,21 $ MOINS capital qui aurait été payé sur l'hypothèque, en 10 ans, de 5 766,29 $). Cette stratégie représente donc le **quatrième choix le plus rentable** parmi toutes les stratégies fiscales proposées n'ayant aucun impact sur le budget de l'épargnant.

## ANALYSE DE SENSIBILITÉ

Pour que cette stratégie ne vaille pas la peine d'être mise en place, le rendement annuel moyen obtenu avec le placement doit être inférieur à environ 4 5/8 %.

Par ailleurs, une majoration de 1 % du rendement des actions et une réduction de 1 % du taux d'emprunt garanti par hypothèque, en laissant inchangées toutes les autres hypothèses de calcul, permettrait de générer, dans 10 ans, **3 838,13 $** de profits nets supplémentaires.

# 15 —

## PLUS GRANDE DURÉE HYPOTHÉCAIRE — LEVIER AVEC DISTRIBUTIONS (PAR 10 000 $ D'HYPOTHÈQUE)

Pour cette stratégie, on présume que l'on est propriétaire d'une résidence et que celle-ci est hypothéquée avec une hypothèque ouverte.

Nous verrons ce qu'il adviendrait à quelqu'un qui désirerait rembourser son hypothèque sur 15 ans, et qui demanderait sciemment à son créancier hypothécaire de la rembourser sur 25 ans. Il en résulterait deux conséquences : d'une part, sa mensualité serait réduite. D'autre part, le capital payé en prenant une marge de crédit hypothécaire cesserait de baisser alors qu'il aurait baissé en prenant une hypothèque sur 15 ans. On se servira donc, pour une période de 10 ans, du montant mensuel ainsi dégagé pour couvrir tous les frais pouvant être liés à un levier avec distributions et, dans 10 ans, on se servira des profits générés par ce levier avec distributions pour couvrir le capital manquant.

### CALCULS DU FINANCEMENT

Pour une période de 15 ans ou de 180 mensualités (n = 15 x 12), au taux de 0,44 % (i = 5,25 %/12) sans valeur finale (FV = 0), **10 000 $** d'hypothèque (PV) implique une mensualité de 80,39 $ (PMT). Dans 10 ans, soit après 120 mensualités (n = 10 x 12), au taux de 0,44 % (i = 5,25 % /12), l'hypothèque initiale de **10 000 $** (PV), pour laquelle on aura effectué des versements de MOINS **80,39 $** (ne pas oublier de mettre le signe négatif) (PMT), vaudra alors **4 233,71 $** (FV). Par ailleurs, pour une période de 25 ans ou de 300 mensualités (n = 25 x 12), au taux de 0,44 % (i = 5,25 %/12) sans valeur finale (FV = 0), **10 000 $** d'hypothèque (PV) implique une mensualité de 59,92 $ (PMT). Dans 10 ans, soit après 120 mensualités (n = 10 x 12), au taux de 0,44 % (i = 5,25 % /12), l'hypothèque initiale de **10 000 $** (PV), pour laquelle on aura effectué des versements de MOINS 59,92 $ (ne pas oublier de mettre le signe négatif) (PMT), vaudra alors **7 455,21 $** (FV).

On peut donc en conclure qu'au taux de 0,44 % (i = 5,25 %/12), pendant 10 ans, soit pendant 120 versements (n = 10 x 12), le montant ainsi dégagé de **20,47 $** (PMT correspondant à l'écart entre la mensualité de 80,39 $, correspondant à une hypothèque étalée sur 15 ans et la mensualité de 59,92 $, correspondant à une hypothèque étalée sur 25 ans), sans placement initial (PV = 0), impliquera un capital dû de **3 221,50 $** (FV correspondant à l'écart entre le capital de 7 455,21 $ dus avec une hypothèque étalée sur 25 ans, et le capital dû de 4 233,71 $ avec une hypothèque étalée sur 15 ans).

Pour cette stratégie, on doit emprunter pour investir avec un prêt 100 %, amorti sur 20 ans, à un taux d'emprunt annuel de 5,25 %. Nous utiliserons donc un emprunt de 10 760,91 $ (PV) amorti sur 240 mensualités (n = 20 x 12) au taux de 0,44 % (i = 5,25 %/12) sans valeur finale (FV = 0), lequel impliquera une mensualité de **72,51 $** (PMT) et une distribution mensuelle, basée sur un taux de distribution annuel de 5 %, de **44,84 $** (5 %/12 de 10 760,91 $).

Dans 10 ans, soit dans 120 mensualités (n = 10 x 12), au taux de 0,44 % (i = 5,25 %/12), l'emprunt initial de 10 760,91 $ (PV), pour lequel on aura effectué des versements de MOINS 72,51 $ (ne pas oublier de mettre le signe négatif) (PMT), vaudra alors **6 758,65 $** (FV).

Comme sur 10 ans, **8 701,20 $** de paiements (capital et intérêts) auront été faits (72,51 $ x 120), si le capital a été réduit de **4 002,26 $** (valeur initiale de 10 760,91 $ MOINS valeur de l'emprunt, dans 10 ans de 6 758,65 $), c'est donc dire que, sur 10 ans, **4 698,94 $** d'intérêts auront été payés (total des dépôts sur 10 ans de 8 701,20 $ MOINS capital payé, en 10 ans,

Tableau 3 : Comparaison de 15 stratégies fiscales intéressantes   163

de 4 002,26 $), soit une moyenne annuelle de 469,89 $. Avec un taux d'impôt fédéral de 18,4 %, cela représente un crédit mensuel moyen de **7,20 $** (469,89 $ x 18,4 %/12).

Aussi, **pendant 10 ans, les investissements mensuels nets (après impôts) de cette stratégie seront de 20,47 $** (mensualité de 72,51 $ MOINS distribution de 44,84 $ MOINS crédit d'impôt de 7,20 $), qui correspond au montant mensuel pouvant être dégagé par l'augmentation de 15 à 25 ans de la durée de l'hypothèque.

## CALCULS DU PLACEMENT

L'argent sera investi dans un placement uniquement en actions (ex. : portefeuille fiscalement efficace d'actions principalement canadiennes de série T), offrant un rendement annuel moyen de 7 % et effectuant, tel que mentionné précédemment, des distributions de 5 %.

Sur 10 ans, soit dans 120 mensualités (n = 10 x 12), au taux de 0,58 % (i = 7 %/12), le placement initial de 10 760,91 $ (PV), réduit des distributions mensuelles mentionnées précédemment de MOINS 44,84 $ (ne pas oublier de mettre le signe négatif) (PMT), vaudra alors **13 864,66 $** (FV).

Quant au capital dû sur l'emprunt, tel que mentionné précédemment, celui-ci vaudra, dans 10 ans, soit après 120 mensualités, **6 758,65 $**.

L'impôt fédéral à payer, dans 10 ans, sera de **780,58 $** (18,4 % de la moitié de l'écart entre la valeur du placement, dans 10 ans, de 13 864,66 $ et la valeur comptable du placement de 5 380,11 $, soit le montant initial du placement de 10 760,91 $ MOINS 120 retraits, sous forme de distribution en capital de 44,84 $).

L'impôt provincial à payer dans 10 ans sera par ailleurs de **0 $**, puisque la somme des frais financiers déductibles accumulée (4 698,94 $ mentionnés précédemment) sera supérieure à celle des revenus de placement imposables (la moitié de l'écart entre la valeur du placement, dans 10 ans, de 13 864,66 $ et la valeur comptable du placement de 5 380,11 $).

Dans 10 ans, le solde résiduel net sera alors de **6 325 43 $** (valeur du placement, dans 10 ans, de 13 864,66 $ MOINS capital dû sur le placement de 6 758,65 $ MOINS impôt fédéral à payer, dans 10 ans, de 780,58 $).

## CONCLUSION

Dans 10 ans, grâce à cette stratégie, l'épargnant se sera enrichi de **3 103,93 $** supplémentaires (valeur nette dans 10 ans du levier avec distributions de 6 325,43 $ MOINS capital qui aurait été payé sur l'hypothèque, en 10 ans, de 3 221,50 $). Cette stratégie représente donc le **cinquième choix le plus rentable** parmi toutes les stratégies fiscales proposées, n'ayant aucun impact sur le budget de l'épargnant.

## ANALYSE DE SENSIBILITÉ

Pour que cette stratégie ne vaille pas la peine d'être mise en place, le rendement annuel moyen obtenu avec le placement doit être inférieur à environ 4 ¾ %.

Par ailleurs, une majoration de 1 % du rendement des actions et une réduction de 1 % du taux d'emprunt garanti par hypothèque, en laissant inchangées toutes les autres hypothèses de calcul, permettrait de générer, dans 10 ans, **1 866,74 $** de profits nets supplémentaires.

# Sommaire

Dans la vie, il y a six façons de s'enrichir : travailler, faire travailler son argent, économiser sur sa consommation, s'enrichir sur la consommation des autres, faire travailler les autres pour soi (s'établir à son compte) et faire travailler l'argent des autres pour soi.

Cette dernière technique, très payante et fortement utilisée par les banques, est accessible à tous par le prêt-investissement (ou investissement financé). Il s'agit d'emprunter pour investir. C'est un bon emprunt, puisqu'il sert à acheter des placements qui deviennent intéressants à long terme. De plus, étant donné qu'il s'agit de placements non enregistrés, ces intérêts sont déductibles au fédéral et vont à l'encontre des revenus de placement au provincial.

Quelqu'un qui contracte un prêt-investissement prend donc une décision similaire à celle de créer une entreprise, mais à moindre risque. Si sa capacité d'emprunter excède abondamment son intérêt à le faire, cette approche devient intéressante en s'en servant pour acheter des fonds de société de série T, lesquels verseront des distributions qui allégeront les remboursements. Il faut toutefois décider au départ si on désire un prêt où la banque pourra nous forcer la main à un moment où nos émotions pourront déranger notre raison. Par ailleurs, quand viendra le temps d'effectuer un rachat important, il pourra devenir approprié de morceler le prêt en deux prêts distincts, et de fermer ensuite l'un d'eux.

Les prêts les plus populaires sont le « 100 % » et le « 3 pour 1 ». Il pourra être avantageux de prendre un prêt « capital et intérêts » amorti sur 20 ans, si l'on désire utiliser les distributions pour alléger ses obligations financières.

Emprunter pour investir offre plus de rendement à long terme, tant et aussi longtemps que le coût de l'emprunt est inférieur au rendement, le tout après impôts. Ceci apporte également une discipline d'épargne personnelle qu'il faut poursuivre, même lors d'un événement fâcheux, comme la perte d'un emploi.

Les courbes Laferrière permettent de constater qu'en certaines circonstances le taux effectif marginal d'imposition peut être beaucoup plus élevé qu'on ne le pense.

La stratégie financière la plus payante de toutes consiste à se prévaloir du régime enregistré d'épargne-invalidité, dans la mesure où l'on s'y qualifie.

La deuxième stratégie la plus payante consiste à emprunter pour investir dans un placement permettant l'encaissement de distributions.

Quand la valeur comptable du placement devient nulle, cela correspond au meilleur moment pour envisager un don planifié, dont le coût correspondra à environ 40 % du montant donné.

Les fonds en société de série T, fiscalement efficaces, n'existent que sous forme de fonds communs de placement et non de fonds distincts. Aussi, les gens qui veulent absolument garantir une partie ou la totalité de leur capital n'ont malheureusement pas accès à toutes les stratégies impliquant des fonds en société de série T. De tels fonds peuvent permettre de modifier le portefeuille de placements, sans impact fiscal, au fur et à mesure que l'épargnant prendra de l'âge et qu'il voudra investir de façon plus prudente une plus grande partie de son portefeuille. De tels fonds ne génèrent jamais de revenu d'intérêts fortement imposé, mais toujours des revenus de dividendes imposés comme du gain en capital. De tels fonds ne concernent pas seulement les individus, mais aussi les sociétés par actions.

Finalement, l'épargnant qui investirait dans un fonds en société de série T, et qui n'aurait pas besoin de ses distributions, aurait tout de même avantage à les recevoir et les réinvestir.

La troisième stratégie la plus payante consiste aussi à emprunter pour investir, mais cette fois-ci, en le faisant sans investir dans un placement permettant l'encaissement de distributions.

La quatrième stratégie la plus payante consiste à se prévaloir du régime enregistré d'épargne études, régime qui permet de placer de l'argent pour les études postsecondaires de ses enfants.

La cinquième stratégie la plus payante consiste à ne plus réinvestir dans le REER après que l'on se soit servi du RAP pour acheter sa résidence, ou du REEP pour poursuivre ses études à temps plein.

La sixième stratégie la plus payante consiste à effectuer un prêt-REER. Les deux autres stratégies, qui arrivent en septième et huitième places, sont assez connues. Il s'agit du REER et du CELI, lesquels sont presque quatre fois moins profitables que d'utiliser le levier avec distributions.

Les deux dernières stratégies les plus payantes consistent à effectuer un placement non enregistré fiscalement efficace, et à rembourser prématurément son hypothèque.

La méconnaissance de ces stratégies s'explique par une population relativement ignorante des finances personnelles, ainsi que par diverses contradictions du côté de l'État.

Si on réalise qu'on n'a pas investi son argent avec la stratégie la plus payante et qu'on se demande s'il ne serait pas possible de transférer son argent d'une stratégie plus ou moins payante vers la meilleure stratégie accessible, dans ce processus de transfert, l'opération la plus avantageuse consiste à se servir de son CELI comme réserve de capitaux, afin de pouvoir couvrir, pendant 10 ans, tous les frais liés à un levier avec distributions.

Une autre stratégie intéressante consiste à utiliser l'équité que l'on a sur sa résidence afin d'obtenir une marge de crédit hypothécaire, se servir de cette marge comme réserve de capitaux pendant 10 ans pour en retirer, tous les mois, un montant d'argent qui servira à financer un levier avec distributions.

La troisième stratégie la plus payante avec de l'argent déjà épargné consiste à faire exactement la même chose avec son REER que ce qui a été proposé de faire avec le CELI.

Les deux dernières stratégies consistent à modifier les modalités de paiement de ses remboursements hypothécaires pour se libérer de l'argent qui servira ensuite à couvrir les frais liés à un levier avec distributions. Moins on paye de capital, plus cela libère d'argent, et plus cela libère d'argent, plus on fait de profits nets supplémentaires.

Avec certaines modifications mineures aux hypothèses de l'IQPF, toutes les stratégies conservent exactement le même ordre entre elles.

Lorsqu'on commence dans la vie, une bonne approche pour pouvoir effectuer un prêt-investissement consiste à le faire conjointement avec une personne ayant déjà un bon bilan. Pour augmenter les profits dégagés par ses prêts-investissements, on peut se servir de l'augmentation de son avoir propre pour emprunter davantage.

# Conclusion

L'expédition de pêche fut très agréable. Yves m'a concédé que le saumon qui m'a filé entre les doigts était probablement plus gros que celui qu'il a lui-même gracié, de telle sorte qu'ayant ferré le saumon le plus gros, il compte fêter cela en nous invitant au restaurant à notre retour à Montréal. Nous pourrons raconter notre expédition à Monique qui se joindra à nous. Hum, la poutine va être bonne!

Après être allés ramasser nos affaires au campement, nous avons pris la route en direction de Québec. Le temps maussade d'aujourd'hui concorde avec mon état d'esprit. Le voyage était vraiment plaisant et je trouve dommage qu'il soit déjà terminé. En même temps, je suis heureux des moments que j'ai passés et j'ai hâte de retrouver ma copine. Je ne pensais jamais que j'allais m'attacher à une fille un jour. Il faut croire que les temps changent, et que le fait de l'avoir vu presque tous les jours depuis le début de l'année m'a habitué à sa présence.

« Puis, Mathieu, as-tu aimé ton expérience?

– Sensationnelle! Merci encore. Merci aussi pour les cours sur les finances personnelles. Même si je n'ai pas tout retenu, je crois avoir enregistré l'essentiel. »

Léane exprime également sa grande satisfaction d'être revenue dans une région qu'elle adore et d'avoir partagé avec nous une partie de ses connaissances sur la pêche au saumon atlantique.

«Ne t'en fais pas. L'important pour toi est surtout de savoir que ça existe. Que penses-tu faire avec tout ça?

– Je pense discuter avec toi pour voir s'il serait possible de s'associer dans un prêt-investissement conjoint.

– C'est bien, Mathieu, c'est ce que je voulais entendre. Tu fais ce que tu veux, mais je souhaite seulement que tu prennes les meilleures décisions. Je voudrais te donner un dernier conseil; il s'agit des cinq **lois de création de la richesse**. Si tu respectes tous ces points, tu vivras confortablement ta vie et ta retraite.

– Est-ce que la plupart de ces aspects ont été vus au cours des derniers jours?

– Oui, pas mal tous. Je veux être sûr que tu retiennes ces leçons. Voilà, tout d'abord, il faut que tu te fixes un but, des objectifs. Mathieu, quel est ton but?

– Je veux réussir mes études en génie et vivre plus à l'aise financièrement.

– Eh bien, je pense que, pour la deuxième partie de ton objectif, tu as entendu plusieurs recettes pour y parvenir au cours des derniers jours! Les deuxième et troisième lois peuvent se résumer en une phrase: se servir de l'intelligence et de la richesse des autres pour y arriver. C'est pour cette raison que tu dois utiliser les services d'un bon conseiller financier. Il te fera choisir les meilleurs placements et te suggérera les meilleures stratégies financières pour que tu t'enrichisses, bien souvent avec l'argent de la banque.

– J'ai compris que les entrepreneurs seront toujours les personnes les plus riches de notre société, et que c'est pour cela que je dois l'être, au moins avec mes placements.

– Et, dans une certaine mesure, la société reconnaît la contribution des gens qui ont accepté d'en devenir entrepreneurs. Savais-tu, qu'à certaines conditions, un entrepreneur peut être exempté d'impôt sur 750 000 $ de gains en captial, lors de la vente des actions de son entreprise (800 000 $ à partir de 2014, indexé par la suite) et, s'il est en affaires en couple, le couple pourra être exempté d'impôt sur 1 500 000 $ de gains en capital, lors de la vente des actions de leur entreprise (1 600 000 $ à partir de 2014, indexé par la suite).

– C'est quand même une belle façon de les remercier d'avoir participé à créer de la richesse dans la société pendant plusieurs années. Et quelles sont les deux autres lois de création de la richesse?

– Tu dois apprendre à te discipliner, à te payer en premier.

– Avec le 10 % de mon salaire net que je dois épargner, n'est-ce pas?

– C'est bien ça; ça nous oblige à faire la différence entre un désir et un besoin. Finale-ment, tu dois avoir une philosophie de placement. La nôtre, celle de ta mère et moi, est de faire affaire avec les meilleurs gestionnaires; ceux qui achèteront des titres d'excellentes entreprises sous-évaluées pour les conserver à long terme. On veut acheter des biens de qualité supérieure et les conserver pour du long terme.

– C'est bien. Ce sont tous des points que j'avais retenus et je vais essayer de les mettre en application.

– J'aurais un tout dernier conseil à te donner.

– Vas-y, j'écoute.

– Tu dois conserver un certain équilibre. Tous ces conseils pour s'enrichir doivent t'aider à apporter du bien autour de toi. Dans la vie comme en investissement, on récolte ce que l'on a semé. Avoir une retraite confortable financièrement, c'est une chose. Avoir une retraite heureuse en est une autre. »

# Sommaire

Voici les cinq lois de la création de la richesse :

1) se fixer un but, des objectifs ;

2) utiliser l'intelligence des autres (conseiller financier compétent) ;

3) se servir de la richesse des autres (utiliser le prêt-investissement) ;

4) apprendre à se discipliner et se payer en premier (toujours épargner 10 % de son salaire net) ;

5) avoir une philosophie de placement (bons gestionnaires de type "valeur" investissant à long terme dans d'excellentes entreprises sous-évaluées).

# Épilogue

## Dix ans plus tard

Je travaille maintenant depuis plusieurs années en informatique. Outre mes stages, j'ai décroché mon premier emploi tout juste avant de recevoir mon diplôme. Durant ma formation, j'ai dû travailler beaucoup plus qu'au cégep. J'ai fréquenté plusieurs filles puis j'ai rencontré Audrey lors de mon avant-dernière année d'études. À ce moment-là, elle terminait son baccalauréat en traduction. Après deux ans de fréquentations, nous avons commencé à faire vie commune. Quatre ans plus tard, nous avons acheté notre première maison. Cela fait maintenant près de deux ans.

Dès que je suis revenu de l'expédition de pêche au saumon atlantique à laquelle Léane avait participé, j'ai manifesté à Yves mon intérêt à emprunter pour investir avec lui et à me servir du 10 % de mon revenu net pour payer des frais financiers. Nous y sommes alors allés pour un prêt « 100 % » conjoint de 75 000 $, amorti sur 20 ans, investi dans des fonds de société de série T et effectuant des distributions, de telle sorte que ce prêt me coûtait, pour ma part, environ 71 $ par mois, en tenant compte des crédits d'impôt.

Lorsque j'ai commencé à fréquenter Audrey, je lui ai fait prendre conscience de l'importance du 10 %. De nature dépensière, elle a trouvé que c'était une excellente idée et elle a commencé, de son côté, à s'imposer une épargne minimale. Toutefois, dans sa famille, personne n'a voulu l'accompagner afin d'emprunter pour investir avec elle, de telle sorte qu'elle n'a pu que déposer ses économies dans le REER.

Dès que j'ai terminé mes études, un an avant de commencer notre vie commune, comme mes revenus commençaient à augmenter de façon significative, j'ai rencontré M. Roger Bellemare pour la seconde fois, lequel m'a proposé de me doter d'un autre prêt «100 %» de 100 000 $, amorti sur 30 ans, prêt cette fois-ci à mon nom seulement et souscrit auprès d'une autre institution financière. Lui aussi serait investi dans des fonds de société de série T et effectuant des distributions. Ce prêt me coûterait près de 62 $ supplémentaires par mois en tenant compte des crédits d'impôt. Il en résulta qu'avec mon 40 000 $ de revenu brut et 32 000 $ de revenu net, pour épargner 10 % de mon revenu net, je devais également épargner 217 $ par mois dans le REER – épargne qui me coûterait dans les faits 134 $ par mois.

Aussi, quand nous avons commencé notre vie commune, j'avais déjà 4 ans d'expérience à épargner et j'ai accumulé 6 000 $. À la fin de notre première année de vie commune, nous avions épargné 19 000 $.

Nous avons modifié notre stratégie financière il y a trois ans, après que l'idée de nous acheter une première maison se mit à mijoter dans nos têtes.

Aussi, au début de l'année où nous avons acheté notre maison, ayant des droits de contribution inutilisés au REER, j'ai négocié un prêt REER de 10 000 $, dont le premier paiement fut différé de quelques mois. Par la suite, j'ai demandé à scinder en deux le prêt-investissement que j'avais depuis plusieurs années, conjointement avec Yves. J'ai ensuite demandé à liquider la totalité de ma partie du prêt ainsi scindé et j'ai appliqué le profit obtenu afin de réduire le montant dû au prêt REER. J'ai fait de même avec mes crédits d'impôt, de telle sorte que j'ai pu rembourser totalement ce prêt. Il en résulta pour moi qu'au moment d'acquérir notre maison, j'avais accumulé 25 000 $ de REER. Par ailleurs, bien que j'aie liquidé ma partie du prêt-investissement conjoint avec Yves, j'avais conservé mon autre prêt-investissement de 100 000 $, négocié lorsque j'ai commencé à travailler.

Audrey, pour sa part, bien qu'elle ait un travail moins bien rémunéré que le mien, comme elle a commencé à travailler un an avant moi et n'a jamais cessé de contribuer au REER pour y épargner 10 % de son revenu net, avait pu accumuler, au moment d'acquérir notre maison, 27 000 $ de REER.

Nous songions à notre maison depuis un bon moment, mais l'élément déclencheur, la venue de Thierry, se fit attendre. Nous avons trouvé une belle petite maison jumelée à 220 000 $. Du même coup, cela permettait à Audrey de s'établir à son compte. Cette idée mûrissait dans sa tête depuis la fin de ses études.

La maison nous permettait de mettre en branle plusieurs stratégies mises de l'avant par M. Bellemare. Nous avons décidé d'utiliser le RAP pour acheter notre maison sans avoir besoin de la SCHL, ce qui nous a donné accès à 50 000 $. Puis, nous avons convenu de ne pas prendre d'hypothèque sur la maison, mais plutôt une marge de crédit hypothécaire.

Lorsque nous sommes allés chez le notaire pour acheter notre maison, nous avions donc en main le 50 000 $ provenant du RAP. À ce moment-là, nous avons décidé de prendre une marge de crédit hypothécaire de 176 000 $ répartie en 2 tranches. La première tranche de 170 000 $, jumelée à notre épargne, servit à payer le vendeur. La deuxième tranche de 6 000 $ servit à Audrey pour payer les dépenses liées à son entreprise en appliquant la technique de **mise à part de l'argent**.

Cette technique fut expliquée au cours d'une conférence de M. Bellemare à laquelle nous avons assisté. Aussi, même si Audrey, comme traductrice, fait partie d'un ordre professionnel qui l'autorise, depuis 2011, à exploiter son entreprise par le biais d'une société par actions, elle a décidé, comme travailleuse autonome, de ne pas se prévaloir de cette possibilité afin de rendre progressivement déductibles les intérêts sur notre prêt hypothécaire et toute autre dette personnelle. Cette marge servait, et sert encore à Audrey pour payer les dépenses liées à son entreprise.

À cet égard, nous avons convenu d'utiliser tous les revenus découlant de ses services de traduction pour réduire la première tranche de notre marge de crédit hypothécaire. Comme les intérêts d'un prêt pour affaires sont déductibles, toutes les dépenses d'exploitation et d'immobilisation liées à ses services de traduction sont payées par la marge de 6 000 $. Évidemment, au fur et à mesure que la première tranche de notre marge de crédit hypothécaire baissait, nous avons progressivement ajusté à la hausse notre deuxième tranche, puisque le 6 000 $ devenait insuffisant.

Nous avons donc petit à petit diminué la première tranche de notre emprunt, dont les intérêts ne sont pas déductibles, pour augmenter la deuxième tranche de notre emprunt, dont les intérêts sont déductibles. L'économie d'impôts liée à cette manœuvre a évidemment été recyclée en épargne supplémentaire. Par ailleurs, Audrey, qui était demeurée plus craintive que moi à l'égard du prêt-investissement – ce qui est un peu un trait de famille chez elle – après m'avoir vu fonctionner avec cette stratégie pendant plusieurs années, s'est lancée à son tour avec un premier prêt-investissement à son nom ainsi qu'un deuxième, conjointement avec moi. Pour ma part, j'ai augmenté le mien.

En suivant les conseils de M. Bellemare, nous cherchons d'abord à utiliser les stratégies les plus rentables, comme la stratégie du levier financier avec distributions, au maximum de ce qui peut être accepté par les prêteurs. Évidemment, nous ne rembourserons pas les REER liés au RAP.

De plus, nous avons décidé d'augmenter notre épargne – 10 % de notre revenu – des sommes découlant de la réduction de notre mensualité hypothécaire, ainsi que celles provenant des crédits d'impôt supplémentaires liés à l'utilisation de la technique de mise à part de l'argent. On constate que ramasser 5 000 $ se fait maintenant beaucoup plus rapidement qu'auparavant. Aussi, nous anticipons que, d'ici peu, nous aurons franchi le cap des 100 000 $ d'actifs nets ; soit ce qui nous appartient une fois considéré ce qui est dû au banquier ou à l'État...

Je me sens maintenant en très bonne santé financière, bien outillé de ces connaissances transmises par Yves ainsi que par M. Bellemare. Je réalise l'importance de bénéficier des services d'un excellent conseiller financier. Je suis certain que ma situation financière est aujourd'hui nettement améliorée grâce à ces stratégies. Il est certain que je vais tout mettre en œuvre pour que Thierry, ainsi que ses frères et sœurs à venir, aient eux aussi, en temps et lieu, leur petit voyage de pêche...

# Index lexique
## −sur la planification financière

## A

### ACHAT IMPULSIF
Achat fait sous l'influence de divers stimulants et de l'émotion du moment dont la décision n'est pas préméditée

p. 41

### ACHAT PÉRIODIQUE
Placement acquis par versements égaux à intervalles réguliers

p. 33

### ACTIF
Tout bien ou valeur appartenant à une personne ou à une société par actions

p. 17

### ACTION ORDINAIRE
Titre de propriété d'une société par actions donnant à son porteur le droit de participer aux décisions, aux profits ainsi qu'au partage des actifs, après le remboursement de tous les créanciers, en cas de liquidation

p. 21

### ACTION PRIVILÉGIÉE
Titre de propriété d'une société par actions qui ne permet pas à son porteur de participer aux décisions, mais lui permet, avant les détenteurs d'actions ordinaires, de participer aux profits ainsi qu'au partage des actifs, après le remboursement de tous les créanciers, en cas de liquidation

p. 21

### APPEL DE MARGE
Requête d'un prêteur visant à exiger d'un emprunteur qu'il augmente les placements mis en garantie pour son prêt ou qu'il rembourse partiellement celui-ci

p. 120

### ASSURANCE INVALIDITÉ
Assurance qui procure à son propriétaire un revenu en cas d'accident ou de maladie

p. 53

### ASSURANCE "MALADIES GRAVES"
Assurance qui procure à son propriétaire un montant forfaitaire lors du diagnostic d'un problème de santé important comme le cancer, l'accident vasculaire cérébral, l'infarctus ou le pontage

p. 58

### ASSURANCE VIE DERNIER DÉCÈS
Assurance dont le capital au décès est versé par l'assureur sur présentation des deux certificats de décès des deux personnes assurées

p. 58

### ASSURANCE VIE ENTIÈRE
Assurance vie renouvelable jusqu'au décès, dont les primes sont généralement supérieures aux coûts d'assurance. L'assureur investit ces surplus en garantissant au propriétaire, après un certain temps, des valeurs de rachat déterminées à l'avance s'il met fin volontairement à son contrat avant son décès

p. 54

## ASSURANCE VIE TEMPORAIRE

Assurance vie renouvelable jusqu'à son échéance dont les primes sont comparables aux coûts d'assurance pour des périodes déterminées à l'avance de 5, 10, 20 ou 30 ans

p. 54

## ASSURANCE VIE UNIVERSELLE

Assurance vie renouvelable jusqu'au décès dont les primes sont plus ou moins supérieures aux coûts d'assurance. Le propriétaire investit ces surplus de telle sorte que l'assureur ne peut pas lui garantir de valeur de rachat déterminée à l'avance, s'il met fin volontairement à son contrat avant son décès

p. 54

## AVOIR NÉGATIF

Situation d'une personne ayant des dettes supérieures aux actifs pris en compte par les établissements financiers

p. 52

## AVOIR PROPRE

Situation d'une personne dont les actifs pris en compte par les établissements financiers représentent une valeur marchande supérieure aux montants dus sur ceux-ci

p. 118

# B

## BESOIN

Sensation de manque ou de privation qui incite un individu à agir pour la faire disparaître et qui est à l'origine du processus de décision d'achat

p. 41

## BON DU TRÉSOR

Titre de dette émis par le gouvernement fédéral pour se financer à court terme

p. 18

## BOURSE

Marché public établi pour faciliter le commerce de diverses valeurs mobilières (actions, produits dérivés, etc.) ou de certaines marchandises

p. 28

## BUFFETT, WARREN

Né en 1930, considéré comme le meilleur gestionnaire de portefeuille de tous les temps, président de Berkshire Hathaway Inc. (BRK-A), un conglomérat dont le titre se transige à la Bourse de New York

p. 106

# C

## CAPITAL D'ASSURANCE VIE

Montant d'assurance vie versé par l'assureur lors du décès

p. 56

## CARTE DE CRÉDIT

Carte émise par un établissement financier et permettant à son détenteur d'effectuer des achats sans versement immédiat

p. 39

## CELI

Compte d'épargne libre d'impôt. Acronyme défini au tableau 1

p. 67

## COMMUNAUTÉ DE BIENS

Régime matrimonial des couples mariés au Québec, sans contrat de mariage, avant le 1er juillet 1970

p. 47

**COMPTE BANCAIRE**
Compte détenu auprès d'un établissement financier utilisé habituellement pour y faire des opérations bancaires courantes de dépôts et de retraits

p. 17

**COMPTE DE DIVIDENDES SUR LES GAINS EN CAPITAL**

Compte par lequel il est possible de remettre à un actionnaire la partie non imposable d'un gain en capital réalisé par une société par actions

p. 127

**CONFLIT D'INTÉRÊTS**
Situation dans laquelle une personne est en conflit entre ses intérêts personnels (ou ceux de son employeur) et les intérêts divergents d'une autre personne

p. 92

**CONJOINT DE FAIT**
Personne vivant maritalement depuis plus d'un an sans être civilement ou religieusement mariée

p. 46

**CONTRÔLE DE L'ÉTAT**
Situation où le contribuable perd la possibilité de gérer à sa convenance ses placements parce que l'État prend le contrôle de sa déclaration de revenus

p. 102

**COTE DE CRÉDIT**
Résultat de la notation concernant la solvabilité d'une personne ou d'une société par actions

p. 20

**COUPON**
Partie détachable d'une obligation permettant à son porteur de toucher le revenu de placement auquel il a droit

p. 20

**CPG**
Certificat de placement garanti. Acronyme défini au tableau 1

p. 17

**CRI**
Compte de retraite immobilisé. Acronyme défini au tableau 1

p. 67

**CSST**
Commission de la santé et de la sécurité du travail. Organisme gouvernemental responsable des accidents de travail au Québec

p. 53

# D

**DÉBENTURE**
Titre de créance habituellement convertible en actions, selon des conditions déterminées à l'avance

p. 20

**DÉDUCTION**
Montant que le contribuable peut retrancher de son revenu pour lui permettre de payer moins d'impôt

p. 65

**DÉPÔT À TERME**
Titre émis par un établissement financier pour se financer à court terme

p. 17

**DÉSIR**
Envie de posséder quelque chose indépendamment de besoins réels

p. 41

**DIFFÉRENCIER (SE)**
Se doter de caractéristiques spécifiques distinguant ses produits ou son entreprise de ses concurrents

p. 16

**DISCIPLINE**
Capacité à respecter les obligations financières que l'on se donne

p. 20

**DISTRIBUTION DE CAPITAL**
Remise de capital non imposable représentant un pourcentage prédéterminé d'un fonds commun de placement permettant cette particularité

p. 109

**DISTRIBUTION DE REVENUS**
Montant attribué à un épargnant et découlant des revenus de placement réalisés durant une période de temps donnée

p. 22

**DIVERSIFICATION GÉOGRAPHIQUE**
Stratégie consistant à répartir ses placements dans différentes régions du monde pour en maximiser le rendement et en minimiser la volatilité

p. 97

**DIVIDENDE**
Partie des profits qu'une société par actions distribue à ses actionnaires en proportion des actions qu'ils détiennent

p. 22

**DIVIDENDE DÉTERMINÉ**
Pour une société privée sous contrôle canadien détenant moins de 10 millions de dollars de capital imposable, dividende payé sur son revenu d'entreprise qui excède 500 000 $ de revenu imposable

p. 22

**DIVIDENDE NON DÉTERMINÉ OU ORDINAIRE**
Pour une société privée sous contrôle canadien, détenant moins de 10 millions de dollars de capital imposable, dividende payé sur ses revenus d'entreprise et de placement pour son premier 500 000 $ de revenu imposable

p. 22

**DON**
Bien ou valeur que l'on reçoit, sans contrepartie, d'une personne vivante

p. 48

**DON PLANIFIÉ**
Don de bienfaisance faisant l'objet d'une planification fiscale de la part du donateur

p. 126

**DROITS MATRIMONIAUX**
Droits découlant du mariage civil ou religieux

p. 63

**DROITS SUCCESSORAUX**
Droits découlant du décès d'une personne dont on hérite

p. 63

**DURÉE**
Nombre total d'années prévu pour le remboursement complet d'un emprunt

p. 77

# E

**EFFET DE LEVIER**
Stratégie permettant, par l'usage d'emprunts, d'augmenter son implication financière, ce qui amplifie ses performances, à la hausse et à la baisse

p. 117

**EFFICACITÉ FISCALE**
Caractéristique de placements augmentant en valeur sans générer d'impact fiscal par le biais de distributions

p. 124

**ÉMOTION**
Réponse impulsive à une stimulation perturbatrice

p. 29

**EMPRUNT**
Opération consistant à obtenir de l'argent d'un prêteur en contrepartie des modalités de paiement et du taux d'intérêt convenus

p. 16

**EMPRUNTER POUR INVESTIR**
Technique consistant à emprunter de l'argent pour l'investir dans un placement afin d'en obtenir un rendement supérieur au coût de l'emprunt

p. 117

**ENCAISSE**
Montant en dépôt dans un compte bancaire

p. 91

**ENTREPRENEUR**
Personne qui, pour s'enrichir, a accepté de créer une entreprise ou de travailler à son compte sans connaître avec certitude le moment où elle commencera à en tirer des profits

p. 41

**ÉPARGNE**
Partie des revenus que l'on réussit à ne pas dépenser et que l'on investit en prévision d'objectifs financiers futurs

p. 41

**ESPÉRANCE DE VIE**
Probabilité déterminant l'âge auquel la moitié des gens risquent de survivre

p. 24

**ÉTHIQUE**
Principes sur lesquels s'appuient les choix effectués

p. 93

# F

**FERR**
Fonds enregistré de revenu de retraite. Acronyme défini au tableau 1

p. 67

**FERR CONJOINT**
Fonds enregistré de revenu de retraite conjoint cotisant. Acronyme défini au tableau 1

p. 67

**FIDUCIE DE REVENU**
Entité répartissant à ses détenteurs de parts les revenus mensuels qu'elle tire de certains actifs

p. 113

**FIDUCIE TESTAMENTAIRE**
Entité juridique prenant effet au décès d'un testateur dont les actifs, découlant d'un héritage, constituent un patrimoine distinct protégé de tout créancier

p. 65

## FISCALITÉ
Domaine d'activité ayant pour objet les lois et les règlements concernant les impôts et les taxes

p. 58

## FONDS COMMUN
Fonds constitué de sommes mises en commun par divers épargnants, gérées par un ou plusieurs gestionnaires qui doivent, sur demande, racheter les parts à leur valeur marchande

p. 17

## FONDS CONCENTRÉ
Fonds commun détenant un nombre restreint de titres

p. 107

## FONDS DE COUVERTURE
Fonds géré par un ou plusieurs gestionnaires à qui on laisse beaucoup plus de latitude que pour la gestion d'un fonds commun conventionnel, notamment en leur permettant d'utiliser des produits dérivés ou à effet de levier

p. 112

## FONDS DE SÉRIE T
Fonds commun de placement conçu pour permettre à ses détenteurs de parts de recevoir périodiquement des distributions de capital non imposables, jusqu'au plein remboursement du capital investi

p. 109

## FONDS DE SOCIÉTÉ
Fonds commun établi sous forme de société d'investissement à capital variable où chaque souscripteur en devient actionnaire en détenant, sur ses actifs, des droits proportionnels à ses apports, reconnus sous forme d'actions nominatives, et dont le capital social varie en fonction des entrées et sorties des souscripteurs d'actions

p. 119

## FONDS DE TRAVAILLEURS
Fonds de capital de risque qui obtient ses capitaux en sollicitant la population, et qui en réinvestit la majorité dans le capital-actions de petites et moyennes entreprises qui répondent à certains critères préétablis

p. 136

## FONDS DE TYPE « VALEUR »
Fonds dont le style de gestion consiste à acheter des titres sous-évalués et à les conserver longtemps

p. 109

## FONDS DISTINCTS
Fonds communs de placement vendus par une compagnie d'assurance vie garantissant à l'épargnant un certain pourcentage du capital investi, normalement après 10 ans ou lors de son décès, s'il survient plus tôt

p. 112

## FONDS INDICIEL
Fonds conçu pour réaliser une performance identique à celle d'un indice boursier

p. 111

## FRACTIONNEMENT DU REVENU
Technique permettant notamment à un contribuable soumis à un taux d'imposition élevé de répartir un revenu entre différents membres de sa famille soumis à un taux d'imposition moindre afin de réduire ses impôts

p. 100

## FRAIS DE GESTION
Frais prélevés par un établissement financier pour gérer les actifs qui lui sont confiés

p. 57

**INFLATION**
Augmentation des prix des biens et services d'une année sur l'autre, réduisant d'autant son pouvoir d'achat

p. 19

**INTÉRÊT**
Compensation versée par un emprunteur à un prêteur afin de pouvoir lui louer son argent

p. 20

**INTÉRÊT COMPOSÉ**
Phénomène exponentiel provenant du fait que l'intérêt actuel s'accumule toujours sur les intérêts ou le rendement passé

p. 23

**INTÉRÊT DÉDUCTIBLE**
Frais financiers encourus pour effectuer un emprunt visant à faire un placement en mesure de générer du revenu

p. 82

**INVALIDITÉ**
Situation d'incapacité à effectuer son travail causée par une maladie ou une blessure et générant une perte de revenus

p. 53

**INVENTAIRE DES BIENS**
Liste de tous les actifs et de toutes les obligations financières d'une personne venant de décéder

p. 63

**INVESTISSEMENT**
Achat de bien ou valeur afin d'en obtenir un rendement sous forme de revenu ou de plus-value

p. 16

**INVESTISSEMENT FINANCÉ**
Technique pour s'enrichir consistant à effectuer un placement non enregistré grâce à de l'argent emprunté

p. 116

# L

**LIQUIDATEUR**
Personne chargée de payer tous les créanciers et de partager tous les actifs d'un défunt, selon son testament

p. 66

**LIQUIDITÉ**
Actif pouvant être transformé très rapidement en argent comptant

p. 19

**LOI DE L'OFFRE ET DE LA DEMANDE**
Loi économique déterminant les prix selon la rareté ou l'abondance de l'offre et de la demande pour un bien ou service donné

p. 14

**LOIS DE CRÉATION DE LA RICHESSE**
Lignes de conduite s'inspirant des personnes ayant le mieux réussi à l'égard de leurs finances personnelles

p. 170

# M

**MANDAT DE PROTECTION**
Document déterminant qui s'occupera de ses actifs et de sa personne lorsqu'on ne sera plus apte à le faire soi-même

p. 66

## MARCHÉ BAISSIER
Situation caractérisée par une baisse prolongée de la valeur de la plupart des titres transigés à une Bourse

p. 29

## MARCHÉ BOURSIER
Marché où se négocient les titres boursiers

p. 17

## MARCHÉ FINANCIER
Marché dans lequel se négocient les titres émis à long terme, notamment les actions et les obligations

p. 31

## MARCHÉ MONÉTAIRE
Fonds permettant de placer de l'argent à court terme et d'en obtenir un rendement supérieur à celui offert par les comptes bancaires traditionnels

p. 18

## MARGE DE CRÉDIT
Financement accessible accordé par un établissement financier et comportant habituellement l'obligation financière minimale d'en payer mensuellement les intérêts sur les sommes empruntées

p. 40

## MARGE DE TOLÉRANCE
Écart maximal qu'un établissement financier accepte de tolérer lorsque la valeur du placement, résultant d'un prêt, est inférieure à sa valeur initiale

p. 121

## MILLIONNAIRE
Personne ayant accumulé plus d'un million de dollars de biens et de valeurs, après avoir soustrait ses dettes

p. 41

## MISE À PART DE L'ARGENT
Technique permettant à un travailleur autonome, qui n'oeuvre pas par l'entreprise d'une société par actions, de rendre progressivement déductibles ses intérêts sur un prêt personnel

p. 174

## MISE DE FONDS
Montant qu'il est nécessaire de verser en vue de consommer ou d'épargner

p. 73

## MONOPOLE
Situation dans laquelle l'offre d'un bien ou d'un service n'est assurée que par une seule entreprise

p. 15

# N

## NIVEAU DE VIE
Bien-être découlant de ses ressources financières et de ses priorités budgétaires

p. 89

# O

## OBLIGATION
Titre d'emprunt transférable émis à long terme par un gouvernement ou une entreprise, dont l'échéance et le rendement sont fixés d'avance

p. 17

## OPPORTUNITÉ D'ACHAT
Situation dans laquelle il peut être intéressant d'acheter

p. 121

# P

**PAIEMENT HEBDOMADAIRE**
Paiement effectué toutes les semaines

p. 77

**PAIEMENT MINIMUM**
Mensualité minimum requise pour rembourser partiellement un emprunt ou une carte de crédit

p. 40

**PASSIF**
Obligations financières dues par une personne ou par une entreprise

p. 52

**PATRIMOINE FAMILIAL**
Patrimoine constitué des résidences de la famille, des meubles, des véhicules automobiles et des régimes de retraite acquis durant le mariage (concept entré en vigueur au Québec le 1er juillet 1989)

p. 47

**PAYER À TEMPS**
Situation dans laquelle un emprunteur respecte les délais de remboursement exigés afin d'éviter des frais de crédit

p. 40

**PERTE APPARENTE**
Perte que subit un contribuable sur la cession d'un bien qu'il remplace par le même bien ou un bien identique, dans un délai si court que la législation fiscale refuse d'admettre la déduction de la perte

p. 83

**PERTE EN CAPITAL**
Perte subie lorsqu'on vend un bien ou un placement moins cher qu'on l'a payé

p. 22

**PEUR**
Émotion de crainte ou d'inconfort produite par l'idée d'un danger

p. 29

**PHILOSOPHIE DE PLACEMENT**
Critères sur lesquels s'appuie un gestionnaire pour prendre ses décisions

p. 106

**PLACEMENT**
Voir Investissement

p. 14

**PLACEMENT À LONG TERME**
Placement effectué afin d'être conservé pendant une période minimale de 10 ans

p. 31

**PLACEMENT ENREGISTRÉ**
Placement habituellement réalisé pour accumuler un capital de retraite et effectué avec de l'argent non imposé. Tout revenu en découlant sera imposable lors du retrait

p. 100

**PLACEMENT NON ENREGISTRÉ**
Placement effectué avec de l'argent déjà imposé

p. 100

**PLAN DE BOURSES D'ÉTUDES**
REEE dont les placements sont gérés par un comité de placement et versant aux bénéficiaires qui se qualifient des prestations sous forme de bourses d'études

p. 129

**PLUS-VALUE**
Appréciation de la valeur d'un bien ou d'un placement

p. 101

**PORTEFEUILLE**
Ensemble des divers biens ou placements détenus

p. 22

**POUVOIR D'ACHAT**
Total des biens et services pouvant être acquis avec un montant d'argent

p. 19

**PRÊT AVEC APPEL DE MARGE**
Prêt pour lequel un déboursé supplémentaire peut être requis lorsque la marge de tolérance est franchie

p. 121

**PRÊT HYPOTHÉCAIRE FERMÉ**
Prêt immobilier d'un terme déterminé et pouvant comporter une pénalité financière s'il est acquitté avant la fin de ce terme

p. 79

**PRÊT HYPOTHÉCAIRE OUVERT**
Prêt immobilier pouvant être acquitté en tout temps sans impliquer de pénalité financière

p. 78

**PRÊT-INVESTISSEMENT**
Prêt dont l'argent est utilisé afin d'effectuer des placements non enregistrés

p. 99

**PRÊT REER**
Prêt dont l'argent est utilisé afin d'effectuer des placements enregistrés

p. 81

**PRÊT SANS APPEL DE MARGE**
Prêt pour lequel aucun déboursé supplémentaire ne sera requis, peu importe les circonstances

p. 121

**PRINCIPE DU 10 %**
Pourcentage du revenu net qu'il est suggéré d'épargner durant toute sa vie afin de se préparer une situation financière confortable à la retraite

p. 98

**PRIX DE REVIENT**
Ensemble des coûts attribués à un bien produit ou commercialisé par l'entreprise ou à un service fourni par cette dernière et comprenant les coûts fixes et variables engagés jusqu'à ce que le bien ou le service soit mis à la disposition de l'utilisateur ou du consommateur

p. 29

**PRIX DE VENTE**
Prix qui est demandé, espéré ou obtenu pour un bien ou un service

p. 16

**PROFITER DE LA VIE**
Dosage approprié entre la consommation pour le présent et l'épargne pour le futur

p. 42

**PROGRAMME IMPÔT ZÉRO**
Prêt REER de longue durée, d'un montant correspondant au revenu imposable d'une année donnée et permettant le plein remboursement de tous les impôts payés pour cette même année

p. 99

# Q

**QUAND ACHETER**
Le moment approprié pour acquérir un bien ou un placement

p. 33

**QUAND VENDRE**
Le moment approprié pour se départir d'un bien ou d'un placement

p. 33

**QUESTIONNAIRE DE TOLÉRANCE AU RISQUE**
Questionnaire obligatoire des établissements financiers devant être rempli par le client et qui permet de déterminer les placements pouvant lui convenir, compte tenu de leurs risques

p. 91

# R

**RAP**
Régime d'accès à la propriété.
Acronyme défini au tableau 1

p. 67

**RATIONNEL**
Qui découle uniquement de la logique

p. 29

**REEE FAMILIAL**
Régime enregistré d'épargne-études familial. Acronyme défini au tableau 1

p. 67

**REEE INDIVIDUEL**
Régime enregistré d'épargne-études individuel. Acronyme défini au Tableau 1

p. 68

**REEI**
Régime enregistré d'épargne-invalidité.
Acronyme défini au tableau 1

p. 68

**REEP**
Régime d'encouragement à l'éducation permanente. Acronyme défini au tableau 1

p. 68

**REER**
Régime enregistré d'épargne-retraite.
Acronyme défini au tableau 1

p. 64

**REER CONJOINT**
Régime enregistré d'épargne-retraite conjoint cotisant. Acronyme défini au tableau 1

p. 68

**RÉGIME COLLECTIF**
Lorsqu'un régime, habituellement individuel, est offert par un employeur, on dira alors qu'il est collectif. Ceci concerne les régimes de retraite tels que le REER, le REER conjoint cotisant, le FERR et le FERR conjoint cotisant, ainsi que d'autres régimes tels que le CELI, le REEE familial et le REEE individuel

p. 98

**RÉGIME MATRIMONIAL**
Régime déterminé au moment du mariage et établissant les droits de chacun des conjoints sur les biens et les placements du couple, pendant et après leur union

p. 48

**RÈGLE DE 72**
Approximation mathématique mettant en relation un taux de rendement annuel et un nombre d'années pour doubler son capital

p. 24

**REMBOURSEMENT D'IMPÔT**
Montant à recevoir des autorités fiscales découlant d'impôts déjà versés que l'on peut récupérer

p. 99

**RENDEMENT APRÈS IMPÔTS**
Rendement obtenu d'un placement après le paiement de l'impôt s'y rapportant, en présumant sa liquidation

p. 23

## RISQUE
Représente tous les dangers associés à un placement. La volatilité représente le risque le plus couramment calculé en investissement

p. 16

## RPDB
Régime de participation différée aux bénéfices. Acronyme défini au tableau 1

p. 68

## RRCD
Régime de retraite à cotisations déterminées. Acronyme défini au tableau 1

p. 68

## RRI
Régime de retraite individuel. Acronyme défini au tableau 1

p. 68

## RRPD
Régime de retraite à prestations déterminées. Acronyme défini au tableau 1

p. 68

## RRS
Régime de retraite simplifié. Acronyme défini au tableau 1

p. 68

# S

## SCORE BEACON
Résultat de la notation effectuée au sujet de la solvabilité d'une personne qui tient compte de ses obligations financières, de ses dettes actuelles, de la ponctualité de ses paiements, du type de crédit utilisé et de ses récentes demandes de crédit

p. 122

## SÉPARATION
Situation survenant lors de la rupture d'un couple marié civilement ou religieusement

p. 48

## SÉPARATION DE BIENS
Régime matrimonial par lequel chacun des conjoints demeure propriétaire des biens et des placements qu'il acquiert, sauf ceux faisant partie du patrimoine familial

p. 47

## SOCIÉTÉ D'ACQUÊTS
Régime matrimonial par lequel chacun des conjoints est copropriétaire des biens et des placements acquis par le couple, sauf ceux obtenus par donation ou succession

p. 47

## SOCIÉTÉ PAR ACTIONS
Société distincte et indépendante de ses actionnaires, dont le capital est divisé en actions, chaque actionnaire n'engageant sa responsabilité que jusqu'à concurrence de son apport.

p. 126

## SPÉCULATEUR
Personne portant un jugement sur le cours futur des événements

p. 23

## STRATÉGIE DE PLACEMENT
Plan d'affectation des actifs d'un investisseur visant à atteindre ses objectifs financiers

p. 97

## SUBROGATION
Opération permettant de changer de créancier hypothécaire en cours d'emprunt, sans engager de frais juridiques pour signer un nouvel acte d'hypothèque

p. 78

**SUCCESSION**
Entité regroupant tous les actifs et toutes les obligations financières d'une personne décédée

p. 58

# T

**TAUX DE CHANGE**
Rapport d'échange d'une devise à une autre

p. 30

**TAUX D'EMPRUNT**
Pourcentage d'intérêt versé au prêteur pour pouvoir lui louer son argent

p. 18

**TAUX D'IMPOSITION**
Pourcentage d'impôt prélevé sur un revenu

p. 65

**TAUX D'INTÉRÊT**
Pourcentage d'intérêt appliqué à une somme placée ou empruntée

p. 16

**TAUX EFFECTIF MARGINAL D'IMPOSITION**
Taux d'imposition qui tient compte de l'impôt à payer sur une certaine tranche de revenus et de la perte de crédits fiscaux liés à cette même tranche de revenus

p. 124

**TAUX HYPOTHÉCAIRE**
Pourcentage d'intérêt versé au prêteur hypothécaire pour pouvoir lui louer son argent

p. 76

**TAUX MARGINAL D'IMPÔT**
Pourcentage d'impôt prélevé sur la tranche de revenu imposable la plus élevée

p. 39

**TAUX PRÉFÉRENTIEL**
Taux d'intérêt demandé par les établissements financiers à leurs meilleurs clients

p. 18

**TERME**
Période de temps déterminé pendant laquelle un taux est garanti

p. 18

**TESTAMENT**
Document par lequel une personne indique comment seront disposés ses actifs à la suite de son décès

p. 61

**TESTAMENT FIDUCIAIRE**
Testament prévoyant la création de fiducies testamentaires au profit des héritiers

p. 65

**TUTEUR**
Personne chargée du soutien ou de la protection d'un mineur jusqu'à sa majorité

p. 66

# V

**VALEUR COMPTABLE**
Valeur qui tient compte des transactions effectuées dans un placement et servant à calculer le gain ou la perte en capital découlant d'un rachat

p. 22

**VALEUR DE RACHAT**
Montant pouvant être obtenu d'une police d'assurance vie lorsque son propriétaire décide d'y mettre fin volontairement avant son décès

p. 56

**VALEUR MARCHANDE**
Valeur d'un bien, d'un service ou d'un placement fondée sur l'évaluation actuelle du marché

p. 17

**VOLATILITÉ**
L'amplitude des fluctuations de la valeur d'un placement dans le temps

p. 23

# Index lexique
## —sur la pêche au saumon atlantique

## A

**AMONT**
Partie d'un cours d'eau située près de la source

p. 28

**ARDILLON**
Contrepointe destinée à s'opposer au décrochage de l'hameçon

p. 34

**AVAL**
Partie d'un cours d'eau située près de l'embouchure

p. 28

## B

**BAIE DE GASPÉ**
Échancrure profonde du littoral de Gaspé au Québec

p. 9

**BAS DE LIGNE**
Partie terminale de la ligne à laquelle on attache l'hameçon

p. 14

**BOMBER**
Mouche sèche imitant un gros insecte bombé comme un bourdon

p. 137

**BOTTES-PANTALONS**
Bottes de pêche couvrant pratiquement tout le corps jusqu'à la poitrine, le tout étant maintenu par des bretelles

p. 14

## C

**COLLERETTE**
Partie inférieure de la mouche située près de la tête

p. 30

## D

**DÉSHABITUATION**
Annihilation de l'habituation à la suite de la présence d'un nouveau stimulus

p. 137

**DIBERMARIN**
Saumon qui revient en rivière pour frayer une première fois, après avoir passé deux hivers consécutifs en mer

p. 120

**DOUBLE TRACTION**
Mouvement complexe des deux bras du pêcheur à la mouche en vue d'augmenter la puissance normale de son lancer

p. 119

## F

**FOSSE DE REPOS**
Dépression d'au moins 1 m dans le lit d'une rivière, favorisant le repos du saumon adulte en eau calme

p. 14

## G

**GALETS**
Fragment de roche, arrondie ou partiellement arrondie, de 7,5 à 25 cm de diamètre

p. 28

**GRACIATION**
Procédure délicate de remise à l'eau d'un saumon à la suite de sa capture

p. 120

## H

**HABITUATION**
Phénomène par lequel un stimulus, qui sollicite normalement l'attention d'un animal, perd ce pouvoir à la suite de sa présentation répétée

p. 137

## L

**LANCER PARACHUTE**
Lancer permettant de retarder le dragage d'une mouche sèche lorsqu'on est confronté à des courants forts. Il a l'inconvénient de manquer de précision

p. 47

**LUNETTES À VERRES POLARISÉS**
Lunettes permettant d'éliminer les reflets à la surface de l'eau afin de mieux voir la position de chaque saumon dans la rivière

p. 14

## M

**MADELEINEAU**
Saumon adulte retournant en rivière pour frayer la première fois, après avoir passé un seul hiver en mer

p. 42

**MONTAISON**
Migration de certaines espèces de poissons remontant un cours d'eau afin de rejoindre leur lieu de reproduction

p. 99

**MORPHOLOGIE DE LA FOSSE**
Forme de la fosse

p. 28

**MOUCHE À SAUMON**
Mouche artificielle composée de poils ou de plumes permettant d'attirer et de capturer le saumon

p. 9

**MOUCHE FLOTTANTE**
Mouche artificielle qui flotte à la surface de l'eau

p. 42

**MOUCHE NOYÉE**
Mouche artificielle qui cale dans l'eau

p. 30

**MOUCHE SÈCHE**
Autre nom donné à la mouche artificielle flottante

p. 42

**MOUSTACHUE**
Mouche sèche enroulée de poils hérissés lui servant d'ailes afin de maintenir sa flottabilité.

p. 43

## N

**NYMPHE**
Dernier stade de développement d'un insecte pour lequel ses ailes et son appareil génital sont incomplets

p. 30

## O

**ONDIN**
Génie des eaux, dans les mythologies germanique et scandinave

p. 116

## P

**PROTOCOLE DE ROTATION**
Ensemble des règles à observer afin de permettre à tous les pêcheurs se trouvant dans une même fosse de bénéficier d'opportunités égales pour la capture d'un saumon

p. 38

## S

**SAUMONEAU**
Stade de développement d'un jeune saumon de rivière normalement prêt à quitter sa rivière natale afin d'entreprendre un long voyage dans la mer

p. 120

**SAUMONIÈRE**
Pêcheuse sportive du saumon

p. 84

**SAUMON PRENEUR**
Saumon dont le comportement indique un certain intérêt pour la mouche qu'on lui présente

p. 72

**SCION**
Extrémité la plus fine d'une canne à pêche

p. 81

**SOCIÉTÉ DE GESTION DES RIVIÈRES DE GASPÉ**
Nom d'une zec (zone d'exploitation contrôlée) à saumon située en Gaspésie, responsable de la gestion des rivières Dartmouth, Saint-Jean et York

p. 10

**SOIE À FUSEAU DÉCENTRÉ**
Ligne à pêche, généralement faite de nylon et recouverte de plastique, dont la majeure partie du poids est répartie près de l'avant où l'on attache l'avançon. Ce poids excédentaire est relié à un renflement de la ligne («le ventre») dont l'extrémité, située près de l'avançon, se termine en fuseau

p. 14

## T

**TACON**
Stade de développement du jeune saumon de rivière précédant celui du saumoneau

p. 30

**TRIBERMARIN**
Saumon qui revient en rivière pour frayer la première fois, après avoir passé trois hivers consécutifs en mer

p. 120

**TROLL**
Dans la mythologie norvégienne, le troll est un être vivant dans les forêts, les montagnes et en eau douce ou salée. Ce sont des géants incarnant les forces naturelles, au même titre que les Titans de la mythologie grecque

p. 46

# Bibliographie

**1 —**

CÔTÉ, Y. 2008. *Le saumon au Québec : une présence immémorable*, p. 13-42. Dans B. Beaudin et Y. CÔTÉ (ed.) *Le Saumon, 400 ans d'histoire et de passion au Québec*. Saumon illimité (FQSA), Ancienne-Lorette.

p. 13

**2 —**

$FV = PV (1+i)^n$

p. 23

**3 —**

Aller à <u>tdcanadatrust.com/francais</u>, faire une recherche avec le mot « Einstein » et se rendre au résultat de la recherche (3ᵉ paragraphe).

p. 24

**4 —**

Aller à <u>us.spindices.com/documents/spiva/spiva-canada-year-end-2011.pdf</u> pour le Canada et à <u>us.spindices.com/documents/spiva/spiva-us-mid-year-2012.pdf</u> pour les États-Unis.

p. 29

**5 —**

AUBERT, G., A.A. BELLEMARE, et G. BILODEAU. 1988. *Saumon atlantique*. Groupe Polygone, Montréal.

p. 31

**6 —**

Aller à <u>desjardins.com/fr/particuliers/evenements/declaration-revenus/quebec_2013.pdf</u> (changer l'année dans cette adresse pour accéder à la table d'impôt de l'année désirée).

p. 39

**7 —**

L'adresse d'Equifax est la suivante : C.P. 190, succursale Jean-Talon, Montréal (Québec) H1S 2Z2. L'adresse de TransUnion Canada est la suivante : 1, place Laval, bureau 370, Laval (Québec) H7N 1A1.

p. 40

**8 —**

STANLEY, T.J. et W.D. DANKO, 2010, *Ma voisine la millionnaire : les nombreux parcours de femmes d'affaires américaines prospères*, AdA, Varennes.

p. 41

**9—**
Selon Statistique Canada, l'Insurance Corporation of British Columbia, l'Association canadienne des compagnies d'assurances de personnes et l'Institut canadien des actuaires, dans le segment d'âge des 25-45 ans, 1 Canadien sur 4 sera invalide pour une période d'au moins 90 jours.

p. 53

**10—**
WALTON, I. *The Complete Angler*, publication originale de 1620. Ouvrage traduit en 1986 par Charles Chassé. Jérôme Millom, Paris.

p. 74

**11—**
Aller à schl.ca/fr/co/asprhy/asprhy_010.cfm, genworth.ca/fr/about-us/mortgage-de fault-insurance.aspx ou canadaguaranty.ca/fr/produits-dassurance

p. 76

**12—**
Aller à nouvelles.gc.ca/web/article-fra.do?nid=681529

p. 78

**13—**
Bloomberg a déterminé que, pour les 1007 jours de négociation à la Bourse entre juin 2003 et juin 2007, il y a eu 6 jours comportant un niveau de turbulence important, alors que pour les 1009 jours de négociation à la Bourse entre juin 2007 et juin 2011, il y a eu 166 jours comportant un niveau de turbulence important.

p. 92

**14—**
Selon une étude d'Option consommateurs, sous le titre « L'incompétence règne », publiée dans *Protégez-vous*, octobre 2007, pp. 9-17. Option consommateurs avait publié une étude semblable dans le magazine *Consommation*, printemps-été 2000, et avait obtenu sensiblement les mêmes résultats.

p. 93

**15—**
Aller à http://www.trading-school.eu/glossaire-bourse/fiche-Theorie-du-portefeuille-de-Markowitz-350.

p. 97

**16—**
CHILTON, D. 1997. *Un barbier riche : Le bon sens appliqué à la planification financière*, Éditions du Trécarré.

p. 98

**17—**
L'action de Berkshire Hathaway Inc. (BRK-A), le conglomérat de M. Buffet, se vendait 20,50 $, le 31 décembre 1967 et 134 060 $, le 31 décembre 2012.

p. 106

**18—**
HO, K., M.A. MILEVSKY et C. ROBINSON, *How to Avoid Outliving Your Money*, Canadian Investment Review, Volume 7(3), automne 1994, pages 35-38. Réimprimé dans *The Advisor's Guide to Financial Research*, publié par Rogers Media Inc, 1999.

p. 110

**19—**
Aller à wealthadviser.ca/index.php/newsletters/133-dalbar-2012-report.

p. 111

**20—**
KETILSSON, E. 1989. *Troll*, J.M. Stenersens Forlag a.s., Oslo.

p. 116

**21—**
Aller à iqpf.org/userfiles/File/outils/normes-projection2012-fr%281%29.pdf, p. 12.

p. 124

**22—**
Aller à cqff.com/claude_laferriere/courbe2012.htm.

p. 124

**23—**
Aller à lesaffaires.com/secteurs-d-activite/gouvernement/ottawa-lache-le-fonds-de-solidarite-et-fondaction/555600

p. 136

**24—**
Aller à escholarship.org/uc/item/9jv108xp
(cours gratuit offert sur Internet par l'Université de Californie).

p. 141

**25—**
Aller à corporate.morningstar.com/cf/documents/SampleContent/CANAndexSampleContent.pdf.

p. 141

**26—**
Aller à planificationfinance.com/sensibilite

p. 142

# À propos des auteurs

**MARC BEAUDOIN** a œuvré une dizaine d'années en direction générale d'entreprises et travaille dans le domaine du placement de capitaux depuis près de 25 ans. Il est détenteur d'un MBA, d'une maîtrise en fiscalité et d'un post-MBA spécialisé en services financiers. Il s'inspire de la philosophie de placement et de gestion de Warren Buffett, qu'il a rencontré en 2001. Cette même année, il fonde à Sherbrooke son propre cabinet de services financiers : BEAUDOIN, RIGOLT + ASSOCIÉS INC., dont il est président du Conseil et contrôleur, ainsi que représentant de courtier en épargne collective.

Marc est reconnu par ses clients comme un excellent vulgarisateur. Dans ce livre, il rassemble des idées publiées dans une grande quantité de bulletins d'information financière destinés à sa clientèle, ainsi que des concepts véhiculés dans les nombreux cours et conférences qu'il a donnés.

**PHILIPPE BEAUDOIN** est détenteur d'une maîtrise en sciences, option finance, de l'Université de Sherbrooke. Il a complété deux des trois examens menant au titre de CFA et détient également le titre de CPA - CGA (comptable général licencié). Il est actuellement président et personne désignée responsable, ainsi que représentant de courtier en épargne collective du cabinet BEAUDOIN, RIGOLT + ASSOCIÉS INC.

Philippe gère des placements depuis plusieurs années en s'inspirant de l'approche utilisée par les meilleurs gestionnaires professionnels. Il contribue à cet ouvrage en expliquant simplement certaines théories financières et nouveautés dans le domaine financier.

**PIERRE-LUC BERNIER** est détenteur d'un baccalauréat en administration des affaires, option finance, de l'Université de Sherbrooke. Il est présentement vice-président et chef de la conformité, ainsi que représentant de courtier en épargne collective du cabinet BEAUDOIN, RIGOLT + ASSOCIÉS INC.

Pierre-Luc a œuvré en finance corporative et a contribué au démarrage de différentes entreprises. Il a donné de nombreuses conférences traitant de finance et de fiscalité. Il a également collaboré à cet ouvrage en y incorporant certaines idées avantageuses à l'égard des placements.

**PIERRE-PHILIPPE MORIN** est détenteur d'un doctorat en biologie de l'Université Laval, dont la thèse s'adressait particulièrement à la nature de l'empreinte olfactive du saumon atlantique. Par la suite, il a fait trois stages d'études postdoctorales, dont l'un au département de physiologie générale de l'Université d'Oslo (Norvège), dans des domaines aussi spécialisés que la neurophysiologie et l'endocrinologie. Dans le cadre d'un changement de carrière, il a décidé, en 1997, d'œuvrer dans le domaine des services financiers. En janvier 2012, il s'est joint au cabinet BEAUDOIN, RIGOLT + ASSOCIÉS INC., à titre de représentant de courtier en épargne collective.

Comme Pierre-Philippe connaissait aussi bien le saumon atlantique que les finances personnelles, il a participé à cet ouvrage en y apportant une contribution liée à la pêche au saumon, tout en tentant d'établir certains liens entre le pêcheur, le saumon et le domaine de l'investissement financier.

Les coauteurs, Marc Beaudoin, Philippe Beaudoin, Pierre-Luc Bernier et Pierre-Philippe Morin, photographiés par Renay Photographe de Sherbrooke.

# Remerciements

Les auteurs tiennent à remercier les personnes suivantes qui ont collaboré gracieusement à la réalisation de la première édition de cet ouvrage : MM. Michel Carrier, Jean-Paul Kachour, Sébastien Lafond, Jean-François Proulx, Félix Provost et Jean-Claude Thouin. Les auteurs désirent également manifester leur reconnaissance aux très nombreux lecteurs des trois premières éditions qui leur ont fait part de leurs commentaires en vue d'enrichir cette nouvelle édition, ainsi que Gérard Bilodeau, Geneviève Fournier, Benjamin Gagnon, Ann Smith, Matthieu Vanhoutte et Steeve Whiting. Finalement, les auteurs tiennent à remercier M$^{me}$ Lise Labbé, œuvrant aux éditions Un monde différent ltée, pour sa précieuse collaboration.

Les auteurs vous prient de bien vouloir leur signaler toute éventuelle erreur ou omission, ainsi que tout autre commentaire, afin qu'ils puissent les prendre en considération dans les prochaines réimpressions de cet ouvrage. À cette fin, vous pouvez utiliser l'un des moyens suivants :

**PAR TÉLÉPHONE AU**
819 566-5470 ou, sans frais, 1 866 566-5470 ;

**PAR TÉLÉCOPIE AU**
819 566-5445 ;

**PAR COURRIEL À**
Marc@planificationfinance.com,
Philippe@planificationfinance.com,
Pierre-Luc@planificationfinance.com ou
Pierre-Philippe@planificationfinance.com

**PAR COURRIER AU**
4050, rue Lesage, bureau 150
Sherbrooke (Québec)  J1L 0B6

# MARQUIS

Québec, Canada